RAMSÈS

★ ★ ★ ★ ★

Sous l'acacia d'Occident

DU MÊME AUTEUR

Romans

Le Moine et le Vénérable, Robert Laffont et Pocket.
Champollion l'Égyptien, Éditions du Rocher et Pocket.
La Reine Soleil, Julliard (prix Jeand'heurs 1989) et Pocket.
Maître Hiram et le Roi Salomon, Éditions du Rocher et Pocket.
Pour l'amour de Philae, Grasset et Pocket.
L'Affaire Toutankhamon, Grasset (prix des Maisons de la Presse 1992) et Pocket.
Le Juge d'Égypte, Plon.
 * *La Pyramide assassinée.*
 ** *La Loi du désert.*
 *** *La Justice du vizir.*
Barrage sur le Nil, Robert Laffont.
La Prodigieuse Aventure du lama Dancing (épuisé).
L'Empire du pape blanc (épuisé).

Ouvrages pour la jeunesse

La Fiancée du Nil, Magnard (prix Saint-Affrique 1993).
Contes et légendes du temps des pyramides, Nathan.

Essais sur l'Égypte ancienne

L'Égypte des grands pharaons (couronné par l'Académie française), Perrin.
Pouvoir et Sagesse selon l'Égypte ancienne, Éditions du Rocher.
Le Monde magique de l'Égypte ancienne, Éditions du Rocher.
Les Grands Monuments de l'Égypte ancienne, Perrin.
L'Égypte ancienne au jour le jour, Perrin.
Le Voyage dans l'autre monde selon l'Égypte ancienne, Éditions du Rocher.
Néfertiti et Akhénaton, le couple solaire, Perrin.
La Vallée des Rois. Histoire et découverte d'une demeure d'éternité, Perrin.
L'Enseignement du sage égyptien Ptahhotep. Le plus ancien livre du monde, Éditions de la Maison de Vie.
Initiation à l'égyptologie, Éditions de la Maison de Vie.
Rubrique « Archéologie égyptienne », dans le *Grand Dictionnaire encyclopédique*, Larousse.
Le Petit Champollion illustré, Les hiéroglyphes à la portée de tous ou Comment devenir scribe amateur tout en s'amusant, Robert Laffont.
Les Égyptiennes. Portraits de femmes de l'Égypte pharaonique, Perrin.

Autres essais

Le Message des bâtisseurs de cathédrales (épuisé).
Le Message des constructeurs de cathédrales, Éditions du Rocher.
Saint-Bertrand-de-Comminges (épuisé).
Saint-Just-de-Valcabrère (épuisé).
Le Livre des Deux Chemins, symbolique du Puy-en-Velay (épuisé).
Le Voyage initiatique, ou les Trente-Trois Degrés de la sagesse, Éditions du Rocher.
Le Message initiatique des cathédrales, Éditions de la Maison de Vie.

Albums

Le Voyage sur le Nil, Perrin.
Sur les pas de Champollion, l'Égypte des hiéroglyphes, Trinckvel.
Le Voyage aux Pyramides, Perrin.
Karnak et Louxor, Pygmalion.
La Vallée des Rois. Images et mystères, Perrin.
Sur les pas de Ramsès, Robert Laffont.

CHRISTIAN JACQ

RAMSÈS

★ ★ ★ ★ ★

Sous l'acacia d'Occident

Roman

RAMSÈS

* *Le Fils de la lumière*
** *Le Temple des millions d'années*
*** *La Bataille de Kadesh*
**** *La Dame d'Abou Simbel*
***** *Sous l'accacia d'Occident*

ISBN 2-221-08157-9

CARTE DE L'ÉGYPTE

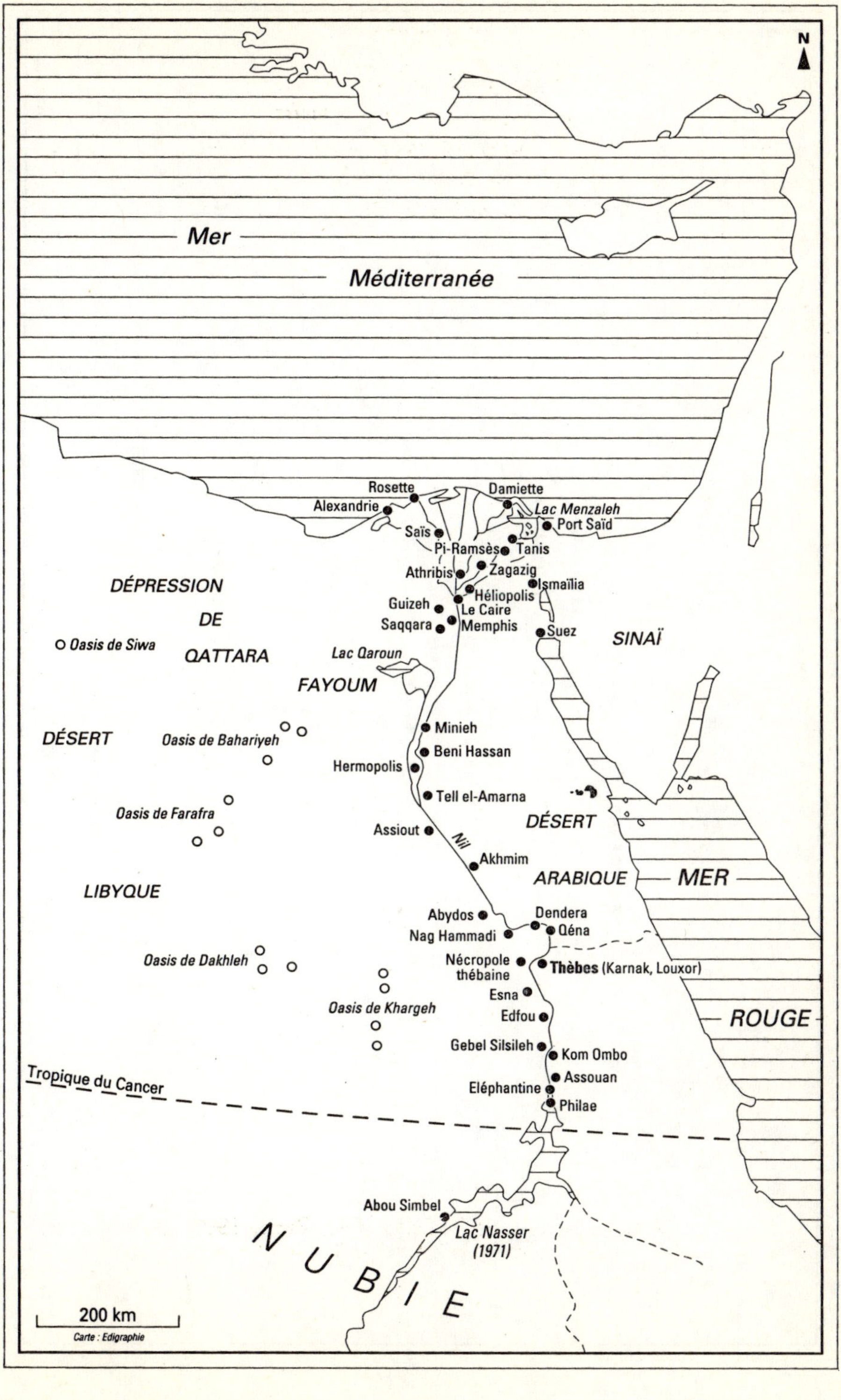

CARTE DE L'ANCIEN PROCHE-ORIENT
au Nouvel Empire

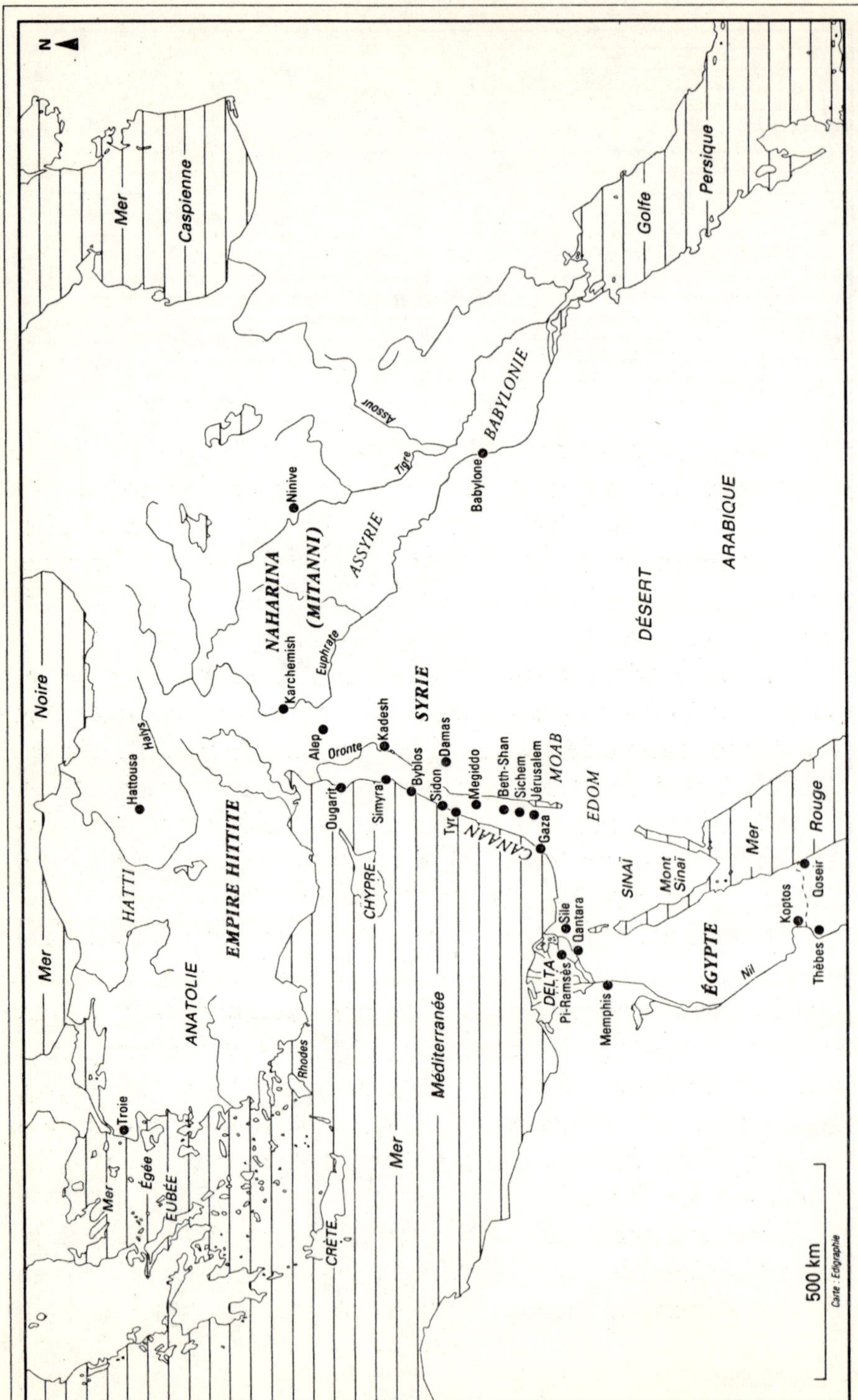

1

Les rayons du soleil couchant recouvraient d'or céleste les façades des temples de Pi-Ramsès, la capitale que Ramsès le Grand avait fait bâtir dans le Delta. La cité de turquoise, ainsi nommée en raison de la couleur des tuiles vernissées qui ornaient la façade des demeures, incarnait la richesse, la puissance et la beauté.

Il faisait bon y vivre, mais ce soir-là le géant sarde Serramanna ne goûtait ni la douceur de l'air ni la tendresse d'un ciel qui se teintait de rose. Coiffé d'un casque orné de cornes, l'épée au côté, les moustaches frisées, l'ancien pirate devenu le chef de la garde personnelle de Ramsès galopait de fort méchante humeur vers la villa du prince hittite Ouri-Téchoup, assigné à résidence depuis plusieurs années.

Ouri-Téchoup, fils déchu de l'empereur du Hatti, Mouwattali, ennemi juré de Ramsès. Ouri-Téchoup, qui avait assassiné son propre père pour prendre sa place. Mais il avait été moins rusé qu'Hattousil, le frère de l'empereur. Alors qu'Ouri-Téchoup croyait tenir le pays dans son poing, Hattousil s'était emparé du trône, contraignant son rival à la fuite. Une fuite organisée par le diplomate Âcha, ami d'enfance de Ramsès.

Serramanna sourit. L'implacable guerrier anatolien, un fuyard ! Comble de l'ironie, c'était Ramsès, l'homme qu'Ouri-Téchoup haïssait le plus au monde, qui lui avait accordé l'asile politique, en échange d'informations sur les troupes hittites et leur armement.

Lorsque, en l'an 21 du règne de Ramsès et à la surprise des deux peuples, l'Égypte et le Hatti avaient conclu un traité de paix et d'assistance mutuelle en cas d'agression extérieure, Ouri-Téchoup avait cru sa dernière heure arrivée. Ne serait-il pas la victime expiatoire par excellence et un parfait cadeau offert par Ramsès à Hattousil, afin de sceller leur entente ? Mais, respectueux du droit d'asile, le pharaon avait refusé d'extrader son hôte.

Aujourd'hui, Ouri-Téchoup ne comptait plus. Et Serramanna n'aimait pas du tout la mission que lui avait confiée Ramsès.

La villa du Hittite se trouvait à la lisière nord de la ville, au cœur d'une palmeraie ; au moins aurait-il joui d'une existence luxueuse sur cette terre des pharaons qu'il avait rêvé de détruire.

Serramanna admirait Ramsès et lui serait fidèle jusqu'à son dernier jour ; aussi exécuterait-il l'ordre terrible que lui avait donné le roi, mais à contrecœur.

À l'entrée de la villa, deux policiers armés de poignards et de bâtons. Deux hommes choisis par Serramanna.

– Rien à signaler ?

– Rien, chef. Le Hittite cuve son vin dans le jardin, près du bassin.

Le géant sarde franchit le seuil du domaine et, à pas pressés, s'engagea dans l'allée sablée qui menait au bassin. Trois autres policiers surveillaient en permanence l'ex-général en chef de l'armée hittite qui passait son temps à manger, à boire, à nager et à dormir.

Des hirondelles jouaient haut dans le ciel, une huppe frôla l'épaule de Serramanna. Les mâchoires crispées, les poings serrés, l'œil mauvais, il se préparait à agir. Pour la première fois, il regrettait d'être au service de Ramsès.

Tel un fauve sentant l'approche du danger, Ouri-Téchoup se réveilla avant d'entendre le pas lourd du géant.

Grand, musclé, Ouri-Téchoup portait les cheveux longs ; sur son torse, une toison de poils roux. Ignorant le froid, même pendant l'hiver anatolien, il n'avait rien perdu de sa force.

Allongé sur les dalles qui bordaient le bassin, les yeux mi-clos, le Hittite regarda s'approcher le chef de la garde personnelle de Ramsès le Grand.

Ainsi, c'était l'heure.

Depuis la signature du monstrueux traité de paix entre l'Égypte et le Hatti, Ouri-Téchoup ne se sentait plus en sécurité. Cent fois il avait songé à s'évader, mais les hommes de Serramanna ne lui en avaient pas laissé l'occasion. S'il avait échappé à l'extradition, c'était pour être saigné comme un porc par une brute aussi implacable que lui-même.

– Lève-toi, ordonna Serramanna.

Ouri-Téchoup n'avait pas l'habitude de recevoir des ordres. Avec lenteur, comme s'il savourait ses derniers gestes, il se leva et fit face à l'homme qui allait lui trancher la gorge.

Dans le regard du Sarde, une fureur contenue à grand-peine.

– Frappe, boucher, dit le Hittite avec dédain, puisque ton maître l'exige. Je ne t'accorderai même pas le plaisir de me défendre.

Les doigts de Serramanna se crispèrent sur le pommeau de son épée courte.

– Décampe.

Ouri-Téchoup crut avoir mal entendu.

– Que veux-tu dire ?

– Tu es libre.

– Libre... Comment, libre ?

– Tu quittes cette maison et tu vas où bon te semble. Le pharaon applique la loi. Il n'existe plus aucune raison de te retenir ici.

– Tu plaisantes !

– C'est la paix, Ouri-Téchoup. Mais si tu commets

l'erreur de rester en Égypte et si tu y causes le moindre trouble, je t'arrêterai. Tu ne seras plus considéré comme un dignitaire étranger, mais comme un criminel de droit commun. Quand le moment sera venu de te plonger mon épée dans le ventre, je n'hésiterai pas.

– Pour le moment, tu n'as pas le droit de me toucher. C'est ça, c'est bien ça ?

– Décampe !

Une natte, un pagne, des sandales, une miche de pain, une botte d'oignons et deux amulettes en faïence qu'il échangerait contre de la nourriture : tel était le maigre bagage accordé à Ouri-Téchoup qui, pendant plusieurs heures, erra dans les rues de Pi-Ramsès à la manière d'un somnambule. La liberté retrouvée agissait comme l'ivresse, le Hittite ne parvenait plus à raisonner.

« Il n'existe pas de plus belle cité que Pi-Ramsès, affirmait une chanson populaire ; le petit y est considéré comme le grand, l'acacia et le sycomore dispensent leur ombre aux promeneurs, les palais resplendissent d'or et de turquoise, le vent est doux, les oiseaux jouent autour des étangs. » Ouri-Téchoup se laissa envoûter par le charme de la capitale bâtie dans une région fertile, près d'un bras du Nil, encadrée par deux larges canaux. Prairies abondant en herbages généreux, vergers nombreux abritant de fameux pommiers, vastes oliveraies dont on disait qu'elles fournissaient davantage d'huile qu'il n'y avait de sable sur le rivage, vignobles donnant un vin doux et fruité, maisons fleuries... Pi-Ramsès était bien différente de la rugueuse Hattousa, la capitale de l'Empire hittite, cité fortifiée érigée sur un haut plateau d'Anatolie.

Une pensée douloureuse comme une morsure arracha Ouri-Téchoup à sa torpeur. Jamais il ne deviendrait empereur du Hatti, mais il se vengerait de Ramsès qui avait commis l'erreur de lui accorder la liberté. S'il supprimait le pharaon, considéré comme l'égal d'un dieu depuis sa victoire de Kadesh sur la coalition qui aurait dû l'écraser, Ouri-Téchoup plongerait l'Égypte dans le chaos, et peut-être le Proche-Orient tout entier. Que lui restait-il, sinon son désir brûlant de nuire et de détruire, qui le consolerait d'avoir été le jouet d'un destin contraire ?

Autour de lui, une foule bigarrée où se mêlaient Égyptiens, Nubiens, Syriens, Libyens, Grecs et d'autres encore venus admirer cette capitale que les Hittites avaient voulu raser avant de s'incliner devant Ramsès.

Abattre Ramsès... Ouri-Téchoup n'avait aucune chance d'y parvenir. Il n'était plus qu'un guerrier vaincu.

– Seigneur..., murmura une voix derrière lui.

Ouri-Téchoup se retourna.

– Seigneur... Me reconnaissez-vous ?

Ouri-Téchoup baissa les yeux sur un homme de taille moyenne, aux yeux marron et vivaces ; un bandeau de lin serrait ses cheveux épais, une barbe rousse, courte et pointue, ornait son menton. Le personnage obséquieux portait une robe à bandes colorées tombant aux chevilles.

– Raia... C'est bien toi ?

Le marchand syrien s'inclina.

– Toi, un espion hittite... Tu es revenu à Pi-Ramsès ?

– C'est la paix, seigneur ; une nouvelle ère s'est ouverte, les fautes anciennes sont effacées. J'étais un commerçant riche et considéré, j'ai repris mon négoce. Personne ne me l'a reproché, je suis de nouveau estimé de la bonne société.

Membre du réseau d'espionnage hittite en Égypte, chargé de déstabiliser Ramsès mais demantelé par les enquêteurs égyptiens, Raia avait réussi à s'enfuir. Après un séjour à Hattousa, il avait regagné son pays d'adoption.

– Tant mieux pour toi.

– Tant mieux pour nous.

– Qu'est-ce que ça signifie ?

– Croyez-vous que cette rencontre soit le fruit du hasard ?

Ouri-Téchoup considéra Raia avec davantage d'attention.

– M'aurais-tu suivi ?

– Des bruits divers couraient à votre sujet : soit une élimination brutale, soit une libération. Depuis plus d'un mois, mes hommes surveillaient constamment la villa où vous étiez assigné à résidence. Je vous ai laissé reprendre goût à ce monde et... me voici. Puis-je vous offrir une bière fraîche ?

Ouri-Téchoup vacilla, tant la journée se révélait fertile en émotions fortes. Mais son instinct lui affirma que le marchand syrien pouvait l'aider à concrétiser ses projets.

Dans la taverne, les discussions allaient bon train. Raia assista à la métamorphose d'Ouri-Téchoup : peu à peu, l'exilé redevint un guerrier cruel, prêt à toutes les conquêtes. Le marchand syrien ne s'était pas trompé ; malgré les années d'exil, l'ex-général en chef de l'armée hittite n'avait rien perdu de sa hargne et de sa violence.

– Je n'ai pas l'habitude de me répandre en palabres, Raia ; qu'attends-tu de moi ?

Le marchand syrien s'exprima à voix basse.

– Je n'ai qu'une seule question à vous poser, seigneur : désirez-vous vous venger de Ramsès ?

– Il m'a humilié. Moi, je n'ai pas fait la paix avec l'Égypte ! Mais terrasser ce pharaon semble impossible.

Raia hocha la tête.

– Cela dépend, seigneur, cela dépend...

– Douterais-tu de mon courage ?

– Sauf votre respect, il ne suffira pas.

– Pourquoi toi, un marchand, prendrais-tu le risque de te lancer dans une aventure si dangereuse ?

Raia eut un sourire crispé.

– Parce que ma haine n'est pas moins ardente que la vôtre.

2

Portant un large collier d'or, vêtu d'un pagne blanc semblable à celui qu'aimaient les pharaons du temps des pyramides, chaussé de sandales blanches, Ramsès le Grand célébra les rites de l'aube dans son temple des millions d'années, le Ramesseum, bâti sur la rive occidentale de Thèbes. Il y éveilla en paix la puissance divine cachée dans le naos. Grâce à elle, l'énergie circulerait entre le ciel et la terre, l'Égypte serait à l'image du cosmos, et le désir de détruire, inné dans l'espèce humaine, serait entravé.

À cinquante-cinq ans, Ramsès était un athlète d'un mètre quatre-vingts, à la tête allongée, couronné d'une chevelure blond vénitien, au front large, aux arcades sourcilières saillantes, aux yeux perçants, au nez long, mince et busqué, aux oreilles rondes et finement ourlées. Il émanait de sa personne magnétisme, force et autorité naturelle. En sa présence, les caractères les mieux trempés perdaient contenance ; un dieu n'animait-il pas ce pharaon qui avait couvert le pays de monuments et terrassé tous ses ennemis ?

Trente-trois ans de règne... Seul Ramsès connaissait le poids véritable des épreuves qu'il avait endurées. Elles avaient commencé par la mort de son père, Séthi, dont l'absence l'avait laissé désemparé, au moment où les Hittites préparaient la guerre ; sans l'aide d'Amon, son père céleste, Ramsès, trahi par ses propres troupes, n'aurait pas triomphé à Kadesh. Il y avait eu le bonheur et la paix, certes, mais sa mère Touya, qui incarnait la légitimité du pouvoir, avait rejoint son illustre mari dans la contrée de lumière où vivaient éternellement les âmes des justes. Et le destin, inexorable, avait de nouveau frappé de la manière la plus atroce, en infligeant au roi une blessure dont il ne guérirait jamais. Sa grande épouse royale, Néfertari, était morte dans ses bras à Abou Simbel, en Nubie, où Ramsès avait fait édifier deux temples pour glorifier l'unité indestructible du couple royal.

Pharaon avait perdu les trois êtres qui lui étaient les plus chers, les trois êtres qui l'avaient façonné et dont l'amour était sans limites. Pourtant, il devait continuer à régner, à incarner l'Égypte avec la même foi et le même enthousiasme.

Quatre autres compagnons l'avaient quitté, après avoir remporté tant de victoires à ses côtés : ses deux chevaux, si courageux sur le champ de bataille ; son lion, Massacreur, qui lui avait sauvé la vie plus d'une fois, et son chien jaune or, Veilleur, qui avait bénéficié d'une momification de première classe. Un autre Veilleur lui avait succédé, puis un troisième, qui venait de naître.

Disparu, aussi, le poète grec Homère, qui avait fini ses jours dans son jardin d'Égypte, en contemplant son citronnier. Ramsès songeait avec nostalgie à ses entretiens avec l'auteur de *L'Iliade* et de *L'Odyssée*, qui s'était épris de la civilisation des pharaons.

Après la mort de Néfertari, Ramsès avait eu la tentation de renoncer au pouvoir et de le confier à son fils aîné, Khâ ; mais son cercle d'amis s'y était opposé, rappelant au monarque qu'un pharaon était désigné à vie et qu'il ne s'appartenait plus. Quelles que fussent ses souffrances d'homme, il devait accomplir sa tâche jusqu'au terme de son existence. Ainsi l'exigeait la Règle, et Ramsès, comme ses prédécesseurs, s'y conformerait.

C'était ici, dans son temple des millions d'années, émetteur du flux magique qui protégeait son règne, ici que

Ramsès avait puisé la force nécessaire pour continuer. Bien qu'une importante cérémonie l'attendît, le monarque s'attarda dans les salles du Ramesseum entouré d'une enceinte longue de trois cents mètres, abritant deux grandes cours avec des piliers représentant le roi en Osiris, une vaste salle à quarante-huit colonnes, profonde de trente et un mètres et large de quarante, et un sanctuaire où résidait la présence divine. Marquant l'accès au temple, des pylônes hauts de soixante-dix mètres dont les textes disaient qu'ils montaient jusqu'au ciel ; sur le côté sud de la première cour, le palais. Autour du lieu saint, une vaste bibliothèque, des entrepôts, un trésor contenant des métaux précieux, les bureaux des scribes et les maisons des prêtres. Cette ville-temple fonctionnait jour et nuit, car le service des dieux ne connaissait pas de repos.

Ramsès demeura de trop courts instants dans la partie du sanctuaire consacrée à son épouse, Néfertari, et à sa mère, Touya ; il contempla les bas-reliefs décrivant l'union de la reine avec le parfum du dieu Amon-Râ, à la fois secret et lumineux, et l'allaitement du pharaon, ainsi assuré d'une perpétuelle jeunesse.

Au palais, on devait s'impatienter. Le roi s'arracha aux souvenirs, ne s'arrêta ni devant le colosse haut de dix-huit mètres, taillé dans un seul bloc de granit rose et nommé « Ramsès, lumière des rois », ni devant l'acacia planté en l'an deux de son règne, et se dirigea vers la salle d'audience à seize colonnes où se rassemblaient les diplomates étrangers.

Les yeux verts et piquants, le nez petit et droit, les lèvres fines, le menton à peine marqué, Iset la belle, la cinquantaine passée, demeurait vive et enjouée. Les années n'avaient pas de prise sur elle ; sa grâce et son pouvoir de séduction étaient intacts.

– Le roi est-il enfin sorti du temple ? demanda-t-elle, inquiète, à sa femme de chambre.

– Pas encore, Majesté.

– Les ambassadeurs vont être furieux !

– Ne vous tourmentez pas ; voir Ramsès est un tel privilège que personne n'osera s'impatienter.

Voir Ramsès... Oui, c'était le plus grand des privilèges ! Iset se souvint de son premier rendez-vous d'amour avec le prince Ramsès, ce jeune homme fougueux qui semblait écarté du pouvoir. Comme ils avaient été heureux, dans leur hutte de roseaux, au bord d'un champ de blé, goûtant le secret d'un plaisir partagé ! Puis était apparue la sublime Néfertari qui, sans le savoir, possédait les qualités d'une grande épouse royale. Ramsès ne s'y était pas trompé ; pourtant c'était Iset la belle qui lui avait donné deux fils, Khâ et Mérenptah. Pendant une brève période, elle avait éprouvé un ressentiment à l'égard de Ramsès ; mais Iset se sentait incapable d'assumer la fonction écrasante d'une reine et n'avait d'autre ambition que de partager, aussi peu que ce fût, l'existence de l'homme qu'elle aimait à la folie.

Ni Néfertari ni Ramsès ne l'avaient repoussée ; « épouse secondaire », selon le protocole, Iset avait eu le bonheur incomparable de côtoyer le monarque et de vivre dans son ombre. D'aucuns jugeaient qu'elle gâchait sa vie, mais Iset se moquait des critiques ; pour elle, mieux valait être la servante de Ramsès que l'épouse d'un dignitaire stupide et prétentieux.

La mort de Néfertari l'avait plongée dans une profonde détresse ; la reine n'était pas une rivale, mais une amie envers laquelle elle éprouvait respect et admiration. Sachant qu'aucun mot n'atténuerait le déchirement du monarque, elle était demeurée dans l'ombre, muette et discrète.

Et l'inconcevable s'était produit.

Au terme de la période de deuil, après avoir lui-même fermé la porte du tombeau de Néfertari, Ramsès avait demandé à Iset la belle de devenir la nouvelle grande épouse royale. Nul souverain ne pouvait régner seul, car Pharaon était l'union des principes masculin et féminin, conciliés et harmonisés.

Jamais la belle Iset n'avait envisagé de devenir reine d'Égypte ; la comparaison avec Néfertari la terrifiait. Mais la volonté de Ramsès ne se discutait pas ; Iset s'était inclinée, malgré son angoisse. Elle devenait « la douce d'amour, celle qui voyait les dieux Horus et Seth enfin apaisés dans l'être de Pharaon, la souveraine des Deux Terres, la Haute et la Basse-Égypte, celle dont la voix offrait de la joie »... Mais ces titres traditionnels n'avaient aucune importance. Le vrai miracle, c'était de partager l'existence de Ramsès, ses espérances et ses souffrances. Iset était l'épouse du plus grand monarque que la terre ait jamais connu, et la confiance qu'il lui accordait suffisait à son bonheur.

– Sa Majesté vous demande, dit la femme de chambre.

Coiffée d'une perruque en forme de dépouille de vautour surmontée de deux hautes plumes, vêtue d'une longue robe blanche serrée à la taille par une ceinture rouge à pans flottants, parée d'un collier et de bracelets d'or, la grande épouse royale se dirigea vers la salle d'audience. Son éducation de jeune fille noble et fortunée lui avait appris à faire bonne figure lors des cérémonies officielles ; cette fois, elle serait, comme Pharaon, le point de mire de dignitaires sans indulgence.

Iset la belle s'immobilisa à un mètre de Ramsès.

Lui, son premier et son unique amour, continuait à l'impressionner. Il était trop grand pour elle, elle ne percevrait jamais l'ampleur de sa pensée, mais la magie de la passion comblait cet infranchissable fossé.

– Es-tu prête ?

La reine d'Égypte s'inclina.

Quand le couple royal apparut, les conversations s'interrompirent. Ramsès et Iset la belle prirent place sur leur trône.

Ami d'enfance du pharaon et ministre des Affaires étrangères, le très élégant Âcha, qui lançait volontiers la mode, s'avança. En observant ce personnage raffiné, à la petite moustache soignée, aux yeux brillants d'intelligence et à l'allure presque dédaigneuse, qui aurait imaginé qu'il était épris d'aventure et n'avait pas hésité à risquer sa vie en territoire hittite, lors d'une périlleuse mission d'espionnage ? Amateur de jolies femmes, de beaux vêtements et de bonne chère, Âcha jetait sur le monde un regard ironique, parfois désabusé, mais il brûlait d'un désir que rien ni personne ne parviendraient à éteindre : œuvrer à la gloire de Ramsès, le seul être envers lequel il éprouvait, sans le lui avoir jamais avoué, une admiration sans bornes.

– Majesté, le Sud se soumet à vous et vous apporte ses richesses, en vous demandant le souffle de vie ; le Nord implore le miracle de votre présence ; l'Est rassemble ses terres pour vous les offrir ; l'Ouest s'agenouille humblement, ses chefs s'avancent courbés.

L'ambassadeur du Hatti se détacha de la masse des diplomates et ploya l'échine devant le couple royal.

– Pharaon est le maître du rayonnement, déclara-t-il, le souffle de feu qui fait vivre ou qui détruit. Que son *ka* existe éternellement, que son temps soit heureux, que la crue vienne pour lui à son heure, car il met en œuvre l'énergie divine, lui qui participe à la fois du ciel et de la terre. Sous le règne de Ramsès, il n'existe plus de rebelles, chaque pays est en paix.

Les cadeaux succédèrent aux discours. Du plus profond de la Nubie aux protectorats de Canaan et de Syrie, l'empire de Ramsès le Grand rendit hommage à son maître.

Le palais était endormi ; seul le bureau du roi était encore illuminé.

– Que se passe-t-il, Âcha ? demanda Ramsès.

– Les Deux Terres sont prospères, l'abondance règne dans chaque province, les greniers touchent le ciel, tu es la vie de ton peuple, tu...

– Les discours sont terminés. Pourquoi l'ambassadeur hittite se lance-t-il dans des éloges appuyés ?

– La diplomatie...

– Non, il y a davantage. N'est-ce pas ton avis ?

Âcha passa un index manucuré sur sa moustache parfumée.

– J'avoue que je suis troublé.

– Hattousil remettrait-il la paix en question ?

– Il nous ferait parvenir des messages d'un autre ordre.

– Donne-moi ta véritable opinion.

– Crois-moi, je suis perplexe.

– Avec les Hittites, demeurer dans le doute serait une erreur fatale.

– Dois-je comprendre que tu me charges de découvrir la vérité ?

– Nous avons connu trop d'années paisibles ; ces derniers temps, tu t'endormais.

3

Petit, fluet et maigre malgré les énormes quantités de nourriture qu'il absorbait à n'importe quelle heure du jour ou de la nuit, Améni était, comme Âcha, un ami d'enfance de Ramsès. Scribe dans l'âme, travailleur infatigable, il régnait sur une équipe restreinte d'une vingtaine de spécialistes qui, sur tous les sujets essentiels, préparaient des synthèses à l'intention du pharaon. Améni faisait preuve d'une remarquable efficacité et, malgré les envieux qui n'étaient pas avares de critiques infondées, Ramsès lui gardait toute sa confiance.

Souffrant du dos, mais s'obstinant à porter lui-même des piles de tablettes de bois et de papyrus, le scribe avait le teint si pâle qu'il semblait souvent au bord du malaise. Pourtant il épuisait ses subordonnés, n'avait besoin que de brèves périodes de sommeil et maniait des heures durant des pinceaux pour rédiger des notes confidentielles dont seul Ramsès prenait connaissance.

Puisque Pharaon avait décidé de passer plusieurs mois à Thèbes, Améni s'était déplacé avec ses assistants. Officiellement porte-sandales du roi, le scribe se moquait des titres et des honneurs ; à l'instar du maître de l'Égypte, son unique obsession était la prospérité du pays. Aussi ne s'accordait-il aucun moment de repos, de peur de commettre une erreur fatale.

Améni avalait de la bouillie d'orge et du fromage frais lorsque Ramsès pénétra dans son bureau encombré de documents.

– As-tu fini de déjeuner ?

– Aucune importance, Majesté. Ta présence ici ne présage rien de bon.

– Tes derniers rapports semblaient plutôt rassurants.

– « Semblaient »... Pourquoi cette restriction ? Ta Majesté n'imagine quand même pas que je lui dissimule le moindre détail !

Avec l'âge, Améni devenait bougon. Il tolérait mal la critique, se plaignait de ses conditions de travail et n'hésitait pas à rabrouer ceux qui tentaient de lui donner des conseils.

– Je n'imagine rien de tel, dit Ramsès avec sérénité, je cherche à comprendre.

– Comprendre quoi ?

– N'existe-t-il pas un domaine qui te cause quelques soucis ?

Améni réfléchit à haute voix.

– L'irrigation est assurée à la perfection, de même que l'entretien des digues... Les chefs de province obéissent aux directives et ne manifestent aucune volonté d'indépendance mal venue... L'agriculture est bien gérée, la population mange à sa faim, elle est correctement logée, l'organisation des fêtes ne présente aucun défaut, les communautés des maîtres d'œuvre, de carriers, de tailleurs de pierre, de sculpteurs et de peintres sont au travail dans tout le pays... Non, je ne vois pas.

Ramsès aurait dû être rassuré, car Améni n'avait pas d'égal pour percevoir une faille dans le système administratif et économique du pays ; pourtant le roi demeurait soucieux.

– Ta Majesté me cacherait-elle une information essentielle ?

– Tu sais bien que j'en suis incapable.

– Alors, que se passe-t-il ?

– L'ambassadeur hittite s'est montré beaucoup trop flatteur à l'égard de l'Égypte.

– Bah ! Ces gens-là ne savent que faire la guerre et mentir.

– J'ai ressenti l'approche d'un orage naissant à l'intérieur même de l'Égypte, un orage porteur de grêlons dévastateurs.

Améni prit au sérieux l'intuition du monarque ; comme son père Séthi, Ramsès entretenait des liens particuliers avec le terrifiant dieu Seth, maître des perturbations célestes et de la foudre, mais aussi défenseur de la barque solaire contre les monstres qui essayaient de la détruire.

– « À l'intérieur même de l'Égypte », répéta le scribe, troublé. Que signifie ce présage ?

– Si Néfertari était encore de ce monde, son regard déchiffrerait l'avenir.

Améni roula un papyrus et rangea ses pinceaux. Gestes dérisoires pour dissiper la tristesse qui s'emparait de son âme comme de celle de Ramsès. Néfertari était la beauté, l'intelligence et la grâce, le sourire paisible d'une Égypte accomplie ; lorsqu'il avait eu la chance de la voir, Améni en avait presque oublié son travail. Mais le secrétaire particulier du pharaon n'appréciait guère Iset la belle ; Ramsès avait sans doute eu raison de l'associer au trône, quoique la fonction de reine fût trop lourde pour les épaules de cette femme si éloignée des réalités du pouvoir. Au moins, elle aimait Ramsès ; et cette qualité-là effaçait bien des défauts.

– Ta Majesté a-t-elle une piste à me proposer ?

– Hélas, non !

– Il faudra donc redoubler de vigilance.

– Je n'aime pas beaucoup attendre les coups.

– Je sais, je sais, bougonna Améni ; moi qui voulais prendre une journée de repos, je remettrai ce privilège à plus tard.

De dominante blanche, du rouge sur le dos, les flancs teintés de vert, longue d'un mètre vingt, la vipère à cornes, à la tête aplatie et à la queue épaisse, rampa latéralement en direction du couple qui faisait l'amour à l'abri d'un palmier. Après avoir passé la journée enfoui dans le sable, le reptile partait en chasse à la nuit tombée. Aux périodes chaudes, sa morsure provoquait une mort immédiate.

Ni l'homme ni la femme, enlacés avec ardeur, ne paraissaient conscients du danger. Féline, souple comme une liane, rieuse, la jolie Nubienne obligeait son amant, un quinquagénaire robuste et trapu, aux cheveux noirs et à la peau mate, à déployer toutes les ressources de sa virilité. Tantôt douce, tantôt pressante, la Nubienne ne laissait aucun répit à l'Égyptien qui l'assaillait avec la fougue d'une première rencontre. Dans la tiédeur de la nuit, ils partageaient un plaisir brûlant comme un soleil d'été.

La vipère n'était plus qu'à un mètre du couple.

Avec une brutalité feinte, l'homme renversa la femme sur le dos et l'embrassa sur les seins. Épanouie, elle l'accueillit. Les yeux dans les yeux, ils se dévoraient avec gourmandise.

D'un geste rapide et ferme, Lotus empoigna la vipère à cornes par le cou. Le reptile siffla et mordit dans le vide.

– Belle prise, commenta Sétaou, sans cesser de faire l'amour à son épouse. Du venin de première qualité obtenu sans nous fatiguer.

Soudain la jolie Lotus se montra moins empressée.

– J'ai un mauvais pressentiment.

– À cause de cette vipère ?

– Ramsès est en danger.

Charmeur de serpents, ami d'enfance du pharaon, et chargé par lui d'administrer une province nubienne, Sétaou prenait très au sérieux les avertissements de la belle sorcière qu'il avait épousée. À eux deux, ils avaient capturé un nombre incalculable de reptiles plus dangereux les uns que les autres et recueilli le venin indispensable à la fabrication de remèdes actifs contre de graves maladies.

Indépendants, farouches, Sétaou et Lotus avaient pourtant accompagné Ramsès sur les champs de bataille, au Sud comme au Nord, et soigné les soldats blessés. Placés à la tête d'un laboratoire d'État, ils avaient connu un bonheur sans limites lorsque Pharaon leur avait demandé de mettre en valeur le territoire nubien qu'ils aimaient tant. Certes, le vice-roi de Nubie, fonctionnaire conformiste et frileux, tentait d'entraver leurs initiatives, mais il craignait ce couple qui faisait garder sa demeure par des cobras.

– De quel danger s'agit-il? s'inquiéta Sétaou.

– Je l'ignore.

– Vois-tu un visage?

– Non, répondit Lotus, c'est une sorte de malaise, mais j'ai su, l'espace d'un instant, que Ramsès était menacé.

Tenant toujours la vipère d'un poing ferme, elle se leva.

– Tu dois intervenir, Sétaou.

– Ici, que puis-je faire?

– Partons pour la capitale.

– Le vice-roi de Nubie profitera de notre absence pour annuler nos réformes.

– Tant pis; si Ramsès a besoin de notre aide, nous devons être à ses côtés.

Depuis longtemps, le rugueux Sétaou, auquel aucun haut fonctionnaire ne pouvait dicter sa conduite, ne discutait plus les directives de la douce Lotus.

Le grand prêtre de Karnak, Nébou, avait atteint le grand âge. Comme l'avait écrit le sage Ptah-hotep dans ses célèbres *Maximes*, l'extrême vieillesse se traduisait par un perpétuel épuisement, une faiblesse qui ne cessait de se renouveler et une tendance à s'endormir, même pendant la journée. La vue baissait, on devenait dur d'oreille, la force manquait, le cœur se lassait, la bouche ne parlait plus, l'ossature faisait souffrir, le goût disparaissait, le nez se bouchait, il était aussi pénible de se lever que de s'asseoir.

Malgré ces maux, le vieux Nébou continuait à remplir la mission que lui avait confiée Ramsès : veiller sur les richesses du dieu Amon et de sa cité-temple de Karnak. Le grand prêtre déléguait la quasi-totalité des tâches matérielles à Bakhen, le deuxième prophète qui exerçait son autorité sur quatre-vingt mille personnes employées sur les chantiers, dans les ateliers, aux champs, dans les vergers et dans les vignes.

Lorsque Ramsès l'avait nommé grand prêtre, Nébou n'avait pas été dupe ; le jeune monarque exigeait que Karnak lui obéît et ne manifestât aucune velléité d'indépendance. Mais Nébou n'était pas un homme de paille, et il avait lutté pour que Karnak ne fût pas spolié au profit d'autres temples. Comme Pharaon s'était préoccupé de maintenir l'harmonie dans le pays entier, Nébou avait été un pontife heureux.

Informé par Bakhen, le vieillard ne sortait plus guère de sa modeste demeure de trois pièces bâtie près du lac sacré de Karnak. Le soir, il aimait arroser le parterre d'iris plantés de part et d'autre de sa porte d'entrée ; quand il n'aurait plus la force de s'en occuper, il demanderait au roi de le démettre de ses fonctions.

Accroupi, un jardinier ôtait les mauvaises herbes. Nébou ne cacha pas son mécontentement.

– Personne n'est autorisé à toucher à mes iris !

– Pas même le pharaon d'Égypte ?

Ramsès se releva et se retourna.

– Majesté, je vous prie de...

– Tu as raison de veiller toi-même sur ce trésor, Nébou. Tu as bien œuvré pour l'Égypte et pour Karnak. Planter, voir croître, entretenir cette vie fragile et si belle... Est-il tâche plus noble ? Après la mort de Néfertari, j'ai songé à devenir jardinier, loin du trône, loin du pouvoir.

– Vous n'en avez pas le droit, Majesté.

– J'espérais davantage de compréhension.

– Qu'un vieillard comme moi aspire au repos est légitime, mais vous...

Ramsès contempla la lune montante.

– L'orage approche, Nébou ; j'ai besoin d'hommes sûrs et compétents pour affronter les éléments déchaînés. Quels que soient ton âge et ton état de santé, remets à plus tard tes projets de retraite. Continue à contrôler Karnak d'une main ferme.

4

L'ambassadeur du Hatti, petit homme sec d'une soixantaine d'années, se présenta à l'entrée du ministère des Affaires étrangères. Conformément à la coutume, il déposa un bouquet de chrysanthèmes et de lys sur un autel en pierre, aux pieds d'une statue de babouin, incarnation de Thot, dieu des scribes, de la langue sacrée et de la connaissance. Puis il s'adressa à un gradé armé d'une lance.

– Le ministre m'attend, déclara-t-il sur un ton sec.

– Je le préviens.

Vêtu d'une robe rouge et bleu à franges, les cheveux noirs rendus brillants par une gomme aromatique, le visage assombri par un collier de barbe, l'ambassadeur fit les cent pas.

Souriant, Âcha vint à sa rencontre.

– Je ne vous ai pas fait trop attendre, j'espère ? Allons dans le jardin, cher ami, nous y serons tranquilles.

Autour d'un bassin couvert de lotus bleus, des palmiers et des jujubiers dispensaient une ombre agréable. Sur un guéridon, un serviteur posa des coupes d'albâtre remplies de bière fraîche, une corbeille de figues, et s'éclipsa.

– Soyez rassuré, dit Âcha, personne ne peut nous entendre.

L'ambassadeur hittite hésita à s'asseoir sur un pliant en bois agrémenté d'un coussin de lin vert.

– Que redoutez-vous ?

– Vous, Âcha.

Le chef de la diplomatie égyptienne ne se départit pas de son sourire.

– J'ai rempli des missions d'espionnage, il est vrai, mais cette époque est révolue. Je suis devenu un personnage officiel, qui tient à sa respectabilité et n'a plus la moindre envie de se lancer dans des entreprises tortueuses.

– Pourquoi vous croirais-je ?

– Parce que, comme vous, je n'ai qu'un seul but : renforcer la paix entre nos deux peuples.

– Pharaon a-t-il répondu à la dernière lettre de l'empereur Hattousil ?

– Bien entendu. Ramsès lui a donné d'excellentes nouvelles de la reine Iset et de ses chevaux, et s'est félicité du parfait respect du traité qui unit à jamais l'Égypte et le Hatti.

Le visage de l'ambassadeur se ferma.

– De notre point de vue, c'est tout à fait insuffisant.

– Qu'espériez-vous ?

– L'empereur Hattousil a été choqué par le ton des dernières lettres du pharaon ; il a eu le sentiment que Ramsès le considérait comme un sujet et non comme un égal.

L'agressivité du diplomate était à peine masquée.

– Ce mécontentement a-t-il pris des proportions alarmantes ? interrogea Âcha.

– Je le crains.

– Un si mince différend pourrait-il remettre en cause nos alliances ?

– Les Hittites sont fiers. Quiconque blesse leur orgueil s'attire leur vindicte.

– N'est-il pas aberrant de grossir ainsi un incident mineur ?

– De notre point de vue, il est majeur.

– J'ai peur de comprendre... Cette position ne serait-elle pas matière à négociations ?

– Elle ne l'est pas.

Âcha redoutait cette éventualité. À Kadesh, Hattousil avait commandé la coalition vaincue par Ramsès; sa rancœur ne s'était pas éteinte, il cherchait n'importe quel prétexte pour réaffirmer sa suprématie.

– Iriez-vous jusqu'à... ?

– Jusqu'à dénoncer le traité, précisa l'ambassadeur hittite.

Âcha se décida à utiliser son arme secrète.

– Ce texte vous ramènerait-il à des sentiments plus conciliants ?

L'Égyptien remit au Hittite une lettre rédigée par Ramsès. Intrigué, le diplomate lut à haute voix la missive :

Puisses-tu bien te porter, mon frère Hattousil, ainsi que ton épouse, ta famille, tes chevaux et tes provinces. Je viens d'examiner tes reproches : tu crois que je t'ai traité comme l'un de mes sujets, et cela m'afflige. Sois certain que je t'accorde les égards dus à ton rang; qui d'autre que toi est l'empereur des Hittites ? Sois assuré que je te considère comme mon frère.

L'ambassadeur parut étonné.

– Ramsès est-il l'auteur de cette lettre ?

– N'en doutez pas.

– Le pharaon d'Égypte reconnaîtrait-il son erreur ?

– Ramsès veut la paix. Et j'ai une décision importante à vous annoncer : l'ouverture, à Pi-Ramsès, d'un palais des pays étrangers où vous-même et les autres diplomates bénéficierez d'une administration permanente et d'un personnel qualifié. La capitale égyptienne sera ainsi le centre d'un dialogue permanent avec ses alliés et ses vassaux.

– Remarquable, concéda le Hittite.

– Puis-je espérer que vos intentions belliqueuses s'estomperont rapidement ?

– Je crains que non.

Cette fois, Âcha fut vraiment inquiet.

– Dois-je en conclure que rien n'atténuera la susceptibilité de l'empereur ?

– Pour en venir à l'essentiel, Hattousil souhaite, lui aussi, consolider la paix, mais il y met une condition.

L'ambassadeur hittite révéla les véritables intentions de l'empereur. Âcha n'avait plus envie de sourire.

Comme chaque matin, des ritualistes célébraient le culte du *ka* de Séthi, dans son magnifique temple de Gournah, sur la rive occidentale de Thèbes. Le responsable de cette fondation funéraire s'apprêtait à déposer sur un autel une offrande de raisins, de figues et de bois de genévrier, lorsqu'un de ses subordonnés lui murmura quelques mots à l'oreille.

– Pharaon, ici ? Mais on ne m'a pas prévenu !

En se retournant, le prêtre aperçut la haute stature du monarque, vêtu d'une robe de lin blanc. La puissance et le magnétisme de Ramsès suffisaient à le distinguer des autres célébrants.

Pharaon prit le plateau d'offrandes et pénétra dans la chapelle où vivait l'âme de son père. C'était dans ce temple que Séthi avait annoncé le couronnement de son fils cadet, mettant ainsi un terme à l'initiation menée avec amour et rigueur depuis l'adolescence. Les deux couronnes, « les grandes de magie », avaient été solidement fixées sur la tête du Fils de la Lumière dont le destin était devenu celui de l'Égypte.

Succéder à Séthi semblait impossible. Mais la vraie liberté de Ramsès avait consisté à ne pas choisir, à vivre la Règle et à satisfaire les dieux, de sorte que les hommes fussent heureux.

Aujourd'hui, Séthi, Touya et Néfertari parcouraient les beaux chemins de l'éternité et voguaient dans des barques célestes ; sur terre, leurs temples et leurs tombes immortalisaient leur nom. C'est vers leur *ka* que les humains se tourneraient lorsqu'ils éprouveraient le désir de percer les mystères de l'autre monde.

Le rite achevé, Ramsès se dirigea vers le jardin du temple que dominait un sycomore où nichaient des hérons cendrés.

La mélodie douce et grave du hautbois l'enchanta. Un air lent, des inflexions tristes qu'égayait un sourire, comme si l'espoir parvenait toujours à dissiper l'affliction.

Assise sur un muret, à l'abri du feuillage, la musicienne jouait les yeux fermés. Les cheveux noirs et brillants, les traits du visage purs et réguliers comme ceux d'une déesse, Méritamon, âgée de trente-trois ans, était à l'apogée de sa beauté.

Le cœur de Ramsès se serra. Elle ressemblait à sa mère, Néfertari, au point d'être son sosie. Douée pour la musique, Méritamon avait choisi, très jeune, d'entrer au temple et d'y vivre une existence de recluse au service de la divinité. Tel avait été le rêve de Néfertari que Ramsès avait brisé en lui demandant d'être sa grande épouse royale. Méritamon aurait pu occuper le premier rang des musiciennes sacrées du temple de Karnak, mais préférait résider ici, auprès de l'âme de Séthi.

Les dernières notes s'envolèrent vers le soleil ; la musicienne posa son hautbois sur le muret et ouvrit ses yeux vert-bleu.

– Père ! Tu es là depuis longtemps ?

Ramsès prit sa fille dans ses bras et l'étreignit longuement.

– Tu me manques, Méritamon.

– Pharaon est l'époux de l'Égypte, son enfant est le peuple entier. Toi qui as plus de cent fils et filles, te souviens-tu encore de moi ?

Il s'écarta et l'admira.

– Les « enfants royaux »... Il ne s'agit que de titres honorifiques. Toi, tu es la fille de Néfertari, mon unique amour.

– À présent, ton épouse est Iset la belle.

– Me le reproches-tu ?

– Non, tu as bien agi ; elle ne te trahira pas.

– Acceptes-tu de venir à Pi-Ramsès ?

– Non, père. Le monde extérieur m'ennuie. Qu'y a-t-il de plus essentiel que la célébration des rites ? Chaque jour, je pense à ma mère : je réalise son rêve et je suis persuadée que mon bonheur nourrit son éternité.

– Elle t'a légué sa beauté et son caractère ; me reste-t-il une chance de te convaincre ?

– Aucune, tu le sais bien.

Il lui prit doucement les mains.

– Vraiment aucune ?

Elle sourit, avec la grâce de Néfertari.

– Oseras-tu me donner un ordre ?

– Tu es le seul être auquel Pharaon renonce à imposer sa volonté.

– Ce n'est pas une défaite, père ; au temple, je suis plus utile qu'à la cour. Faire vivre l'esprit de mes grands-parents et de ma mère m'apparaît comme une tâche majeure. Sans lien avec les ancêtres, quel monde bâtirions-nous ?

– Continue à jouer cette musique céleste, Méritamon ; l'Égypte en aura besoin.

L'angoisse étreignit le cœur de la jeune femme.

– Quel danger redoutes-tu ?

– Un orage menace.

– N'en es-tu pas le maître ?

– Joue, Méritamon, joue aussi pour Pharaon ; crée de l'harmonie, enchante les divinités, attire-les vers le double pays. L'orage menace, et il sera terrifiant.

5

Serramanna frappa du poing le mur de la salle des gardes. Une plaque de plâtre se détacha.

– Comment, disparu ?

– Disparu, chef, confirma le soldat chargé de la surveillance du prince hittite Ouri-Téchoup.

Le géant sarde empoigna son subordonné par les épaules, et le malheureux, quoique robuste, crut être broyé.

– Tu te moques de moi ?

– Non, chef, je vous jure que non !

– Alors, il t'a filé sous le nez ?

– Il s'est évanoui dans la foule.

– Pourquoi n'as-tu pas fait fouiller les maisons du quartier ?

– Cet Ouri-Téchoup est un homme libre, chef ! Nous n'avons aucune raison de lancer la police contre lui. Le vizir nous inculperait pour intervention abusive.

Serramanna grogna comme un taureau furieux et relâcha son subordonné. Le maladroit avait raison.

– Quels sont les ordres, chef ?

– La protection autour du pharaon est doublée. Le premier qui manque à la discipline, je lui enfonce son casque dans le crâne !

Les membres de la garde rapprochée de Ramsès ne prirent pas la menace à la légère. Dans un accès de fureur, l'ancien pirate était capable de la mettre à exécution.

Pour passer sa rage, Serramanna planta une série de poignards dans le cœur d'une cible en bois. Cette disparition d'Ouri-Téchoup ne présageait rien de bon. Rongé par la haine, le Hittite userait de sa liberté retrouvée comme d'une arme contre le maître de l'Égypte. Mais quand et de quelle manière ?

Assisté d'Âcha, Ramsès en personne inaugura le palais des pays étrangers en présence d'une cohorte de diplomates. Avec son brio habituel, Âcha prononça un discours chaleureux où les mots de « paix », d' « entente cordiale », de « coopération économique » revinrent à intervalles réguliers. Comme il se devait, un somptueux banquet clôtura une cérémonie qui marquait l'avènement de Pi-Ramsès comme capitale du Proche-Orient, accueillante à tous les peuples.

Ramsès avait hérité de son père Séthi le pouvoir de percer à jour le secret des êtres ; malgré les dons de comédien d'Âcha, il sut que son ami était angoissé et que ses soucis étaient en rapport avec l'orage que le souverain avait prévu.

À peine les mondanités achevées, les deux hommes s'isolèrent.

– Brillante péroraison, Âcha.

– Les obligations du métier, Majesté. Cette initiative te rendra encore plus populaire.

– Comment l'ambassadeur hittite a-t-il réagi à ma lettre ?

– D'excellente façon.

– Mais Hattousil exige davantage, n'est-ce pas ?

– Ce n'est pas impossible.

– Nous ne sommes pas entre diplomates, Âcha. J'exige la vérité.

– Autant te prévenir : si tu n'acceptes pas les conditions d'Hattousil, ce sera la guerre.

– Du chantage ! En ce cas, je ne veux même pas les connaître.

– Écoute-moi, je t'en prie ! Nous avons trop travaillé à la paix, toi et moi, pour la voir détruire en un instant.

– Parle sans rien me cacher.

– Tu sais qu'Hattousil et son épouse Poutouhépa ont une fille. À ce qu'on dit, une jeune femme d'une grande beauté et à l'intelligence déliée.

– Tant mieux pour elle.

– Hattousil souhaite renforcer la paix ; d'après lui, le meilleur moyen est de célébrer un mariage.

– Dois-je comprendre... ?

– Tu as compris dès mes premiers mots. Pour sceller définitivement notre entente, Hattousil exige non seulement que tu épouses sa fille, mais surtout que tu en fasses ta grande épouse royale.

– Oublies-tu qu'Iset la belle remplit cette fonction ?

– Pour un Hittite, ce genre de détail importe peu. La femme doit obéissance à son mari ; s'il la répudie, elle ne peut que s'incliner et se taire.

– Nous sommes en Égypte, Âcha, non dans un pays barbare. Me recommanderais-tu d'écarter Iset pour me remarier avec une Hittite, la fille de mon pire ennemi ?

– Aujourd'hui ton meilleur allié, rectifia le ministre des Affaires étrangères.

– Cette exigence est absurde et révoltante !

– En apparence, oui ; en réalité, elle n'est pas dépourvue d'intérêt.

– Je n'infligerai pas pareille humiliation à Iset.

– Tu n'es pas un mari comme les autres ; la grandeur de l'Égypte doit passer avant tes sentiments.

– N'as-tu pas fréquenté trop de femmes, Âcha, au point d'en devenir cynique ?

– La fidélité m'est étrangère, je le concède, mais mon opinion est celle de ton ministre et de ton ami.

– Inutile de demander l'avis de mes fils Khâ et Mérenptah ; je connais d'avance leur réponse.

– Qui pourrait leur reprocher de vénérer leur mère, Iset la belle, grande épouse royale de Ramsès ? La paix ou la guerre... Voilà le choix auquel tu es confronté.

– Dînons avec Améni ; je désire le consulter.

– Tu auras également l'avis de Sétaou qui vient d'arriver de Nubie.

– Enfin une excellente nouvelle !

Sétaou le charmeur de serpents amoureux de la Nubie, Âcha le diplomate à la vue perçante, Améni le scribe rigoureux et dévoué... Il ne manquait plus que Moïse pour que fût reconstituée la communauté d'étudiants de l'université de Memphis qui, bien des années auparavant, partageaient les bonheurs de l'amitié et s'interrogeaient sur la nature de la véritable puissance.

Le cuisinier de Ramsès s'était surpassé : carré de poireaux et de courgettes au jus de viande, agneau grillé au thym accompagné d'une purée de figues, rognons marinés, fromage de chèvre, gâteau au miel nappé de jus de caroube. En l'honneur de ces retrouvailles, Ramsès avait fait servir un vin rouge de l'an 3 de Séthi, dont le bouquet provoqua chez Sétaou une sorte d'extase.

– Séthi mérite tous les éloges ! s'exclama l'ami des cobras, vêtu de son inusable tunique de peau d'antilope, aux multiples poches saturées de remèdes contre le venin. Quand un règne produit de telles merveilles, c'est qu'il est béni des dieux.

– Dans le domaine de l'élégance, déplora Âcha, tu n'as fait aucun progrès.

– Exact, approuva Améni.

– Toi, le scribe, contente-toi de manger deux fois ton poids ! Quel est ton secret pour ne pas grossir ?

– Le travail au service du royaume.

– As-tu quelque chose à reprocher à ma mise en valeur de la Nubie ?

– Si tel était le cas, j'aurais rédigé un rapport négatif depuis longtemps.

– Quand vos habituelles passes d'armes seront terminées, intervint Âcha, nous pourrons peut-être aborder des sujets sérieux.

– Moïse est le seul absent, rappela Ramsès, songeur ; où se trouve-t-il, Âcha ?

– Il continue à errer dans le désert et à livrer bataille ; jamais il n'atteindra sa Terre Promise.

– Moïse s'est trompé de route, mais cette route mène à un but qu'il atteindra.

– Comme toi, avoua Améni, j'éprouve de la nostalgie ; mais comment oublier que notre ami hébreu a trahi l'Égypte ?

– L'heure n'est pas aux souvenirs, trancha Sétaou. Pour moi, un ami qui s'éloigne ainsi n'en est plus un.

– Le repousserais-tu, s'il faisait amende honorable ? demanda Ramsès.

– Quand un homme a franchi certaines bornes, il ne peut plus revenir en arrière. Le pardon est l'alibi des faibles.

– Par bonheur, apprécia Âcha, Ramsès ne t'a pas confié notre diplomatie.

– Avec les serpents, pas de demi-mesures ; ou le venin guérit, ou il fait mourir.

– Moïse n'est plus à l'ordre du jour, estima Améni.

– Si je suis ici, expliqua Sétaou, c'est à cause de Lotus ; grâce à ses dons de voyante, elle m'a alerté. Ramsès est en danger, n'est-ce pas ?

Le pharaon n'opposa pas de démenti. Sétaou se tourna vers Améni.

– Au lieu de dévorer ce gâteau, dis-nous ce que tu as déniché !

– Mais... rien ! Pour moi, tout est en ordre.

– Et de ton côté, Âcha ?

Le diplomate se rinça les doigts dans un bol d'eau citronnée.

– Hattousil exprime une exigence inattendue : marier sa fille à Ramsès.

– Où est le problème ? s'amusa Sétaou. Ce type de mariage diplomatique a été pratiqué avec bonheur dans le passé, et cette Hittite ne sera qu'une épouse secondaire de plus !

– Dans le cas présent, la situation est plus complexe.

– La promise serait-elle hideuse ?

– L'empereur hittite veut faire de sa fille une grande épouse royale.

Sétaou s'emporta.

– Ça veut dire... que notre vieil ennemi impose au pharaon de répudier Iset !

– Ta formulation est un peu brutale, estima Âcha, mais elle ne manque pas de perspicacité.

– Je déteste les Hittites, avoua Sétaou en vidant une nouvelle coupe de vin. Iset la belle n'est pas Néfertari, certes, mais elle ne mérite pas un tel sort.

– Pour une fois, déclara Améni d'un ton bourru, je suis d'accord avec toi.

– Vous êtes trop impulsifs, déclara Âcha ; c'est la paix qui est en jeu.

– Les Hittites ne nous imposeront pas leur loi ! protesta Sétaou.

– Ils ne sont plus nos ennemis, rappela le ministre des Affaires étrangères.

– Tu te trompes ! Hattousil et ses congénères ne renonceront jamais à s'emparer de l'Égypte.

– C'est toi qui t'égares ; l'empereur hittite veut la paix, mais il pose ses conditions. Pourquoi les refuser sans réfléchir ?

– Je ne crois qu'à l'instinct.

– Moi, affirma Améni, j'ai réfléchi. Je n'apprécie guère Iset la belle, mais elle est la reine d'Égypte, la grande épouse royale qu'a choisie Ramsès après le décès de Néfertari. Personne, fût-ce l'empereur des Hittites, n'a le droit de l'offenser.

– Attitude insensée ! jugea Âcha. Avez-vous envie d'envoyer à la mort des milliers d'Égyptiens, d'ensanglanter nos protectorats du Nord et de mettre en péril le pays lui-même ?

Améni et Sétaou interrogèrent Ramsès du regard.

– Je prendrai seul ma décision, dit le pharaon.

6

Le chef du convoi hésitait.

Longerait-il la côte en passant par Beyrouth pour se diriger vers le sud, traverser Canaan et atteindre Silé, ou bien emprunterait-il la piste en bordure de l'Anti-Liban et du mont Hermon, en laissant Damas à l'est ?

La Phénicie ne manquait pas de charme : forêts de chênes et de cèdres, noyers à l'ombre fraîche, figuiers aux fruits délicieux, villages accueillants où il était agréable de séjourner.

Mais il fallait livrer au plus vite l'oliban à Pi-Ramsès, cet oliban récolté dans la péninsule arabique au terme de pénibles efforts.

À cet encens blanc que les Égyptiens appelaient *sonter*, « celui qui divinise », s'ajoutait la myrrhe rougeâtre, non moins précieuse. Les temples avaient besoin de ces substances rares pour célébrer les rites ; dans les sanctuaires se répandaient leurs parfums qui montaient jusqu'au ciel et enchantaient les dieux. Embaumeurs et médecins en faisaient également usage.

L'arbre à encens d'Arabie, aux petites feuilles vert sombre, mesurait de cinq à huit mètres de haut ; en août et en septembre s'épanouissaient ses fleurs dorées au cœur pourpre tandis que, sous l'écorce, perlaient des gouttelettes de résine blanche. Un expert capable de gratter l'écorce obtenait trois récoltes par an en récitant la vieille formule magique : « Sois heureux avec moi, arbre à encens, Pharaon te fera croître. »

Les convoyeurs transportaient aussi du cuivre d'Asie, de l'étain et du verre, mais ces matériaux, recherchés et faciles à négocier, n'avaient pas la valeur de l'oliban. Cette livraison effectuée, le patron se reposerait dans sa belle villa du Delta.

Le front dégarni, le ventre dilaté, le fournisseur d'oliban était un bon convive, mais ne plaisantait pas avec le travail. Il vérifiait lui-même l'état des chariots et la bonne santé des ânes ; quant à ses employés, correctement nourris et bénéficiant de longues haltes, ils n'étaient pas autorisés à gémir sous peine de perdre leur place.

Le chef du convoi opta pour la petite route montagneuse, plus difficile mais moins longue que le chemin côtier ; l'ombre y serait généreuse et les bêtes profiteraient d'une relative fraîcheur.

Les ânes avançaient d'un bon pas, les vingt convoyeurs chantonnaient, le vent facilitait la marche.

– Patron...

– Qu'est-ce qu'il y a ?

– J'ai l'impression qu'on nous suit.

Le chef du convoi haussa les épaules.

– Quand oublieras-tu ton passé de mercenaire ? Aujourd'hui, c'est la paix, et nous voyageons en sécurité.

– Je ne dis pas, mais on nous suit quand même. C'est bizarre.

– Nous ne sommes pas les seuls marchands !

– Si ce sont des vagabonds, qu'on ne compte pas sur moi pour leur donner ma ration.

– Cesse de te faire du souci et surveille tes ânes.

La tête du convoi s'immobilisa brusquement.

Furieux, son chef remonta la colonne. Il constata qu'un amas de branchages empêchait les ânes de progresser.

– Déblayez-moi ça !

Au moment où les convoyeurs de l'avant commençaient la besogne, une volée de flèches les coucha sur le sol. Abasourdis, leurs collègues tentèrent de s'enfuir, mais n'échappèrent pas aux agresseurs. L'ex-mercenaire brandit un poignard, escalada la pente rocailleuse et se jeta sur l'un des archers. Mais un athlète aux cheveux longs lui fendit le crâne avec le tranchant d'une hache à manche court.

Le drame n'avait duré que quelques minutes. Seul le chef du convoi avait été épargné. Tremblant, incapable de s'enfuir, il regarda approcher le tueur au large torse couvert d'une toison de poils roux.

– Laisse-moi vivre... Je ferai de toi un homme riche!

Ouri-Téchoup éclata de rire et plongea son épée dans le ventre du malheureux. Le Hittite détestait les marchands.

Ses acolytes, des Phéniciens, récupérèrent leurs flèches sur les cadavres. Les ânes obéirent aux ordres de leurs nouveaux maîtres.

Le Syrien Raia redoutait la violence d'Ouri-Téchoup, mais il n'avait pas trouvé de meilleur allié pour défendre la cause des factions qui refusaient la paix et souhaitaient renverser Ramsès par n'importe quel moyen. Pendant cette trêve, Raia s'enrichissait; mais il était persuadé que la guerre reprendrait et que les Hittites se lanceraient à l'assaut de l'Égypte. L'ancien général en chef Ouri-Téchoup serait plébiscité par ses troupes et leur insufflerait le goût de la victoire. L'avoir aidé à sortir du gouffre vaudrait à Raia, dans un avenir plus ou moins lointain, une position privilégiée.

Quand le Hittite apparut dans son entrepôt, Raia ne put réprimer un imperceptible mouvement de recul. Il avait le sentiment que cet être cruel, à la fois bouillant et glacé, pouvait lui trancher la gorge pour le simple plaisir de tuer.

– Déjà de retour!

– N'es-tu pas content de me revoir, Raia?

– Au contraire, mon prince ! Mais votre tâche n'était pas simple et...

– Je l'ai simplifiée.

La barbiche du marchand syrien frissonna. Il avait demandé à Ouri-Téchoup de prendre contact avec des Phéniciens et de leur racheter la livraison d'oliban en provenance de la péninsule arabique. Les négociations risquaient d'être longues, mais Raia avait donné suffisamment de plaques d'étain à Ouri-Téchoup pour convaincre le chef du convoi de céder son chargement. Le Syrien avait également mis dans la balance une plaque d'argent de contrebande, des vases rares et de belles pièces d'étoffe.

– Simplifiée... De quelle manière ?

– Les marchands palabrent ; moi, j'agis.

– Vous avez donc facilement persuadé le chef du convoi de vous vendre l'oliban.

Le sourire d'Ouri-Téchoup fut celui d'un carnassier.

– Très facilement.

– Pourtant, il est rude en affaires.

– Personne ne discute avec mon épée.

– Vous n'avez quand même pas... ?

– J'ai engagé des mercenaires et nous avons supprimé les convoyeurs, leur chef compris.

– Mais pourquoi... ?

– Je n'aime pas parlementer et j'ai l'oliban. N'est-ce pas l'essentiel ?

– Il y aura une enquête !

– Nous avons jeté les corps au fond d'un ravin.

Raia se demanda s'il n'aurait pas dû mener l'existence tranquille d'un marchand ; mais il était trop tard pour reculer. À la moindre réticence, Ouri-Téchoup n'hésiterait pas à se débarrasser de lui.

– Et maintenant ?

– Nous devons détruire l'oliban, estima Raia.

– Ce chargement ne vaut-il pas une fortune ?

– Si, mais l'acheteur, quel qu'il soit, nous trahirait ; cet oliban était destiné aux temples.

– J'ai besoin d'armes, de chevaux et de mercenaires.

– Ne prenez pas le risque de vendre !

– Les conseils des marchands sont toujours détestables ! Tu vas vendre pour moi, par petites quantités, à des négociants en partance pour la Grèce et pour Chypre. Et nous commencerons à former des réseaux de fidèles décidés à ruiner cette maudite paix.

Le plan d'Ouri-Téchoup n'était pas déraisonnable. Grâce à des intermédiaires phéniciens, Raia écoulerait l'oliban sans trop de risques. Foncièrement hostile à l'Égypte, la Phénicie abritait nombre de déçus de la politique d'Hattousil.

– J'ai besoin de respectabilité, poursuivit le Hittite ; Serramanna ne cessera pas de me harceler, sauf si j'apparais oisif et décidé à jouir des plaisirs de la vie.

Raia réfléchit.

– Il vous faut donc épouser une femme riche et honorable. Seule solution : une veuve fortunée en mal d'amour.

– En aurais-tu une sous la main ?

Raia gratta sa barbichette.

– Ma clientèle est vaste... J'ai deux ou trois idées. La semaine prochaine, j'organiserai un banquet et je vous présenterai.

– À quelle date le prochain chargement d'oliban partira-t-il de la péninsule arabique ?

– Je l'ignore encore, mais nous avons du temps. Mon réseau d'informateurs ne manquera pas de nous prévenir. Mais... une nouvelle action violente ne déclenchera-t-elle pas une réaction de l'armée égyptienne ?

– Il ne restera aucune trace de violence, et les autorités égyptiennes seront perplexes. Nous, nous aurons mis la main sur toute la récolte de l'année. Mais pourquoi es-tu si persuadé que ce manque d'oliban va faire vaciller Ramsès ?

– Pour l'Égypte, le juste accomplissement des rites est

essentiel ; lorsqu'ils ne sont pas célébrés selon les règles établies depuis le temps des ancêtres, l'équilibre du pays est en péril. Quand les prêtres s'apercevront qu'ils manquent d'oliban et de myrrhe, ils se retourneront contre Ramsès. Que pourra-t-il faire, sinon constater son imprévoyance ? Il sera accusé de mépriser les dieux, mécontentera le clergé et le peuple. Si nous parvenons à répandre quelques fausses nouvelles qui ajouteront à la confusion et à priver Ramsès de un ou deux soutiens majeurs, des troubles graves éclateront dans les principales villes.

Ouri-Téchoup imagina une Égypte à feu et à sang, livrée aux pillards, les couronnes de Pharaon piétinées par l'armée hittite, le regard de Ramsès en proie à la terreur.

La haine déforma le visage du Hittite au point d'effrayer le marchand syrien ; pendant quelques instants, Ouri-Téchoup était entré dans le royaume des ténèbres, perdant contact avec le monde des hommes.

– Je veux frapper vite et fort, Raia.

– La patience est indispensable, seigneur ; Ramsès est un adversaire redoutable. La précipitation nous conduirait à l'échec.

– J'ai entendu parler de ses protections magiques... Mais elles s'affaiblissent avec l'âge, et Néfertari n'est plus là pour aider ce maudit monarque.

– Notre réseau d'espionnage avait réussi à manipuler le frère de Ramsès et le ministre Méba, rappela Raia ; eux sont morts, mais j'ai gardé de précieux contacts dans la haute administration. Les fonctionnaires sont parfois bavards ; l'un d'eux m'a appris que les relations diplomatiques entre le Hatti et l'Égypte risquaient de se dégrader.

– C'est une formidable nouvelle ! Quelle est la cause de la discorde ?

– Le secret est encore bien gardé, mais j'en saurai plus.

– La chance est en train de tourner, Raia ! Et crois-tu que je sois moins redoutable que Ramsès ?

7

La servante d'Iset la belle savonna longuement le dos de la reine avant de verser sur son corps élancé une eau tiède et parfumée. Elle utilisait une substance riche en saponine, extraite de l'écorce et de la chair du fruit du balanite, arbre précieux et généreux. Rêveuse, la reine d'Égypte se confia à son manucure et à sa coiffeuse. Un serviteur lui apporta une coupe de lait frais.

À Pi-Ramsès, Iset la belle se sentait plus à l'aise qu'à Thèbes. Là-bas, sur la rive occidentale, il y avait la tombe de Néfertari, dans la vallée des Reines, et sa chapelle du Ramesseum où Ramsès en personne célébrait souvent le culte ; ici, dans la capitale cosmopolite créée par Pharaon, l'existence était tourbillonnante, et l'on songeait moins au passé et à l'au-delà.

Iset se contempla dans un miroir en bronze poli, en forme de disque et dont le manche représentait une femme nue, aux longues jambes, la tête couronnée d'une ombelle de papyrus.

Oui, elle était encore belle ; sa peau était douce comme une étoffe précieuse, son visage avait gardé une extraordinaire fraîcheur, l'amour brillait dans son regard. Mais sa beauté n'égalerait jamais celle de Néfertari, et elle savait gré à Ramsès de ne pas lui avoir menti en prétendant qu'il oublierait un jour sa première grande épouse royale. Iset n'était pas jalouse de Néfertari ; au contraire, cette dernière lui manquait. Jamais Iset la belle n'avait convoité sa place ; avoir donné deux fils à Ramsès suffisait à son bonheur.

Comme ils étaient différents ! L'aîné, Khâ, âgé de trente-sept ans, titulaire de hautes fonctions religieuses, passait le plus clair de son temps dans les bibliothèques des temples ; à vingt-sept ans, le cadet, Mérenptah, était aussi athlétique que son père et manifestait un goût prononcé pour le commandement. Peut-être l'un des deux serait-il appelé à régner ; mais le pharaon pouvait aussi choisir comme successeur l'un de ses nombreux « fils royaux », dont la plupart étaient de brillants administrateurs.

Iset se moquait du pouvoir et de l'avenir. Elle savourait chaque instant du miracle que lui offrait le destin. Vivre auprès de Ramsès, participer à ses côtés aux cérémonies officielles, le voir régner sur les Deux Terres... Était-il existence plus merveilleuse ?

La servante tressa les cheveux de la reine, les parfuma avec de la myrrhe, puis posa une perruque courte sur laquelle elle ajouta un diadème de perles et de cornaline.

– Pardonnez-moi cette familiarité... Mais Votre Majesté est ravissante !

Iset sourit. Elle devait rester belle pour Ramsès, lui faire oublier le plus longtemps possible que sa jeunesse avait disparu.

À l'instant où elle se levait, il apparut. Aucun homme ne pouvait se comparer à lui, aucun ne possédait son intelligence, sa force et sa prestance. Les dieux lui avaient tout donné, et il restituait cette offrande à son pays.

– Ramsès ! Je ne suis pas encore habillée.

– Je dois te parler d'une affaire grave.

Iset la belle avait redouté cette épreuve. Néfertari savait gouverner, pas elle ; être associée à la conduite du navire de l'État la terrorisait.

– Ta décision sera la bonne.

– Tu es directement concernée, Iset.

– Moi ? Mais je peux te jurer que je ne suis intervenue d'aucune façon, que...

– C'est ta propre personne qui est en cause, et c'est la paix qui est en jeu.

– Explique-toi, je t'en prie !

– Hattousil exige que j'épouse sa fille.

– Une épouse diplomatique... Pourquoi pas ?

– Il exige bien davantage : qu'elle devienne ma grande épouse royale.

Iset la belle demeura figée quelques instants, puis ses yeux s'emplirent de larmes. Le miracle venait de cesser. Il fallait qu'elle s'efface et qu'elle cède la place à une jeune et jolie Hittite, symbole de l'entente cordiale entre l'Égypte et le Hatti. Dans la balance, Iset la belle pesait moins qu'une plume.

– La décision t'appartient, déclara Ramsès ; acceptes-tu de quitter ta fonction et de te retirer ?

La reine eut un pauvre sourire.

– Cette princesse hittite doit être très jeune...

– Son âge importe peu.

– Tu m'as rendue très heureuse, Ramsès ; ta volonté est celle de l'Égypte.

– Donc, tu t'inclines.

– Être un obstacle à la paix serait criminel.

– Eh bien, moi, je ne m'incline pas ! Ce n'est pas l'empereur du Hatti qui dictera ses décisions au pharaon d'Égypte. Nous ne sommes pas un peuple de barbares qui traite les femmes comme des créatures inférieures. Quel maître des Deux Terres a jamais osé répudier sa grande épouse royale, elle qui participe de l'être de Pharaon ? Et c'est à moi, Ramsès, qu'un guerrier d'Anatolie ose demander de violer la loi de nos ancêtres !

Ramsès prit tendrement les mains d'Iset la belle.

– Tu as parlé pour l'Égypte, comme devait le faire une véritable reine ; à présent, c'est à moi d'agir.

Passant par l'une des trois grandes fenêtres *a claustra* qui éclairaient le vaste bureau de Ramsès, la lumière du couchant enveloppa d'or la statue de Séthi. Rendue vivante par la magie du sculpteur et l'ouverture rituelle de la bouche et des yeux, l'effigie du monarque continuait à transmettre un message de rectitude que seul son fils captait, lorsque la paix du soir se parait de la splendeur divine.

Des murs blancs, une grande table sur laquelle était déployée une carte du Proche-Orient, un fauteuil à dossier droit pour le pharaon, des chaises paillées pour ses visiteurs, une bibliothèque contenant les livres consacrés à la protection de l'âme royale et une armoire à papyrus : tel était le décor austère dans lequel Ramsès le Grand prenait, seul, les décisions engageant l'avenir de son pays.

Le monarque avait consulté les sages de la Maison de Vie d'Héliopolis, les grands prêtres placés à la tête des sanctuaires majeurs, Améni, le vizir et les ministres, puis s'était enfermé dans son bureau et avait dialogué avec l'âme de son père. Naguère, il se serait entretenu avec Néfertari et Touya ; Iset la belle connaissait ses limites et ne lui était d'aucun secours. Le poids de la solitude s'accroissait ; bientôt il lui faudrait mettre à l'épreuve ses deux fils afin de savoir si l'un ou l'autre serait apte à poursuivre l'œuvre commencée depuis le premier pharaon.

L'Égypte était forte et fragile. Forte, parce que la loi de Maât perdurait, au-delà des petitesses humaines ; fragile, parce que le monde changeait, accordant une part de plus en plus large à la tyrannie, à l'avidité et à l'égoïsme. Les pharaons seraient sans doute les derniers à lutter pour que règne la déesse Maât, incarnation de la Règle universelle, de la justice, de l'amour qui liait entre eux les éléments et les composants de la vie. Car ils savaient que, sans Maât, ce monde ne serait qu'un champ clos où des barbares se battraient avec des armes de plus en plus destructrices pour accroître leurs privilèges et détruire tout lien avec les dieux.

Mettre Maât à la place du désordre, de la violence, de l'injustice, du mensonge et de la haine : telle était la tâche de Pharaon, accomplie en sympathie avec les puissances invisibles. Et ce qu'exigeait l'empereur du Hatti était contraire à Maât.

Un garde introduisit Âcha, vêtu d'une robe de lin et d'une chemise à manches longues dont la finesse d'exécution était exceptionnelle.

– Je n'aimerais pas travailler dans un endroit comme celui-là, dit-il à Ramsès ; il est vraiment trop austère.

– Mon père n'aimait pas les décors chargés, et moi non plus.

– Être Pharaon ne laisse pas assez de place à la fantaisie ; ceux qui t'envient sont des imbéciles ou des inconscients. Ta Majesté a-t-elle pris sa décision ?

– Mes consultations sont terminées.

– Ai-je réussi à te convaincre ?

– Non, Âcha.

Le ministre des Affaires étrangères regarda la carte du Proche-Orient.

– C'est bien ce que je craignais.

– Les exigences d'Hattousil sont une insulte. Y céder serait renier l'institution pharaonique.

Âcha posa l'index sur le territoire de l'Empire hittite.

– Un refus équivaut à une déclaration de guerre, Majesté.

– Condamnes-tu ma décision ?

– Elle est celle de Pharaon et de Ramsès le Grand. Ton père n'en aurait pas pris d'autre.

– Me tendais-tu un piège ?

– Je faisais mon travail de diplomate, en faveur de la paix. Serais-je l'ami de Ramsès, si je ne le mettais pas à l'épreuve ?

Les lèvres du roi esquissèrent un sourire.

– Quand Ta Majesté donnera-t-elle l'ordre de mobilisation générale ?

– Le chef de ma diplomatie est bien pessimiste.

– Ta réponse officielle provoquera la fureur d'Hattousil et il n'hésitera pas un instant à ouvrir les hostilités.

– Tu manques de confiance en toi, Âcha.

– Je suis réaliste.

– Si quelqu'un peut encore sauver la paix, c'est bien toi.

– Autrement dit, Pharaon m'ordonne de partir pour Hattousa, de préciser ta position à l'empereur hittite et de le faire revenir sur sa décision.

– Tu lis dans ma pensée.

– Aucune chance de succès.

– Âcha... n'as-tu pas réussi d'autres exploits ?

– J'ai vieilli, Majesté.

– Tu as donc de l'expérience ! Se contenter d'une controverse à propos de cet impossible mariage ne suffira pas ; il convient de se montrer plus offensif.

Le diplomate fronça les sourcils ; il croyait bien connaître Ramsès mais, une fois de plus, le pharaon le surprenait.

– Nous avons conclu un traité d'assistance mutuelle avec notre grand ami Hattousil, poursuivit le roi ; tu lui expliqueras que je redoute une attaque libyenne sur notre frontière occidentale. Or, depuis l'instauration de la paix, notre armement a vieilli et nous manquons de fer. Tu demanderas donc à l'empereur hittite de nous en fournir une importante quantité. Grâce à lui, et selon nos conventions, nous pourrons nous défendre contre l'agresseur.

Interloqué, Âcha croisa les bras.

– C'est vraiment ma mission ?

– J'oubliais un détail : j'exige que ce fer nous soit livré dans les meilleurs délais.

8

Khâ, le fils de Ramsès et d'Iset la belle, avait refusé de faire carrière dans l'armée et l'administration. Ces tâches profanes ne le captivaient pas, tandis qu'il éprouvait une véritable passion pour les écrits des sages et les monuments de l'Ancien Empire. Le visage anguleux et sévère, le crâne rasé, les yeux bleu foncé, plutôt maigre, la démarche un peu raide en raison d'articulations parfois douloureuses, Khâ était un chercheur-né. Il s'était illustré en luttant contre Moïse et ses tours de magie et régnait avec fermeté sur le clergé du dieu Ptah de Memphis. Depuis longtemps, Khâ avait délégué l'aspect temporel de sa charge pour scruter les forces cachées qui se manifestaient dans l'air et dans la pierre, dans l'eau et dans le bois.

La Maison de Vie d'Héliopolis conservait « les âmes de la lumière », c'est-à-dire les archives sacrées datant de l'âge d'or pendant lequel les pharaons avaient édifié des pyramides et les sages rédigé des rituels. À cette époque bénie, n'avaient-ils pas percé les secrets de la vie et de la mort ? Non contents d'avoir exploré les mystères de l'univers, ces sages les avaient transcrits en hiéroglyphes afin de transmettre leur vision aux générations futures.

Reconnu par tous comme le meilleur expert de la tradition, Khâ avait été choisi comme organisateur de la première fête-*sed* de Ramsès, marquant sa trentième année de règne. À l'issue d'une si longue période d'exercice du pouvoir, la puissance magique du pharaon était considérée comme épuisée ; il avait donc fallu rassembler autour de lui tous les dieux et toutes les déesses afin que cette communauté surnaturelle lui redonnât une nouvelle énergie. Bien des démons avaient tenté, en vain, de s'opposer à la régénération de Ramsès *.

Khâ ne se contentait pas de déchiffrer les grimoires ; de vastes projets le hantaient, si vastes qu'il aurait besoin de l'aval du pharaon. Avant de soumettre ses rêves à son père, il devait peu à peu les amener à la réalité. C'est pourquoi, dès l'aube, il arpentait la carrière de la Montagne rouge, près d'Héliopolis, pour y découvrir des blocs de quartzite. En ces lieux, selon le mythe, les dieux avaient massacré les hommes révoltés contre la lumière et leur sang s'était à jamais imprégné dans la pierre.

Bien qu'il n'eût pas reçu la formation d'un carrier ou d'un sculpteur, Khâ communiait d'instinct avec le matériau brut ; il percevait l'énergie latente qui courait dans les veines de la pierre.

– Que cherches-tu, mon fils ?

Jaillissant de la lumière du jeune soleil qui, vainqueur des ténèbres, imprimait son empire au désert, Ramsès contempla Khâ.

Le fils aîné du roi cessa de respirer. Khâ n'ignorait pas que Néfertari avait sacrifié sa vie pour le sauver des maléfices d'un mage noir, et il se demandait parfois si Ramsès n'éprouvait pas quelque ressentiment à son égard.

– Tu as tort, Khâ. Je n'ai nul reproche à t'adresser.

– Tu déchiffres mes pensées les plus secrètes !

– Ne souhaitais-tu pas me voir ?

– Je te croyais à Thèbes, et te voici, à la Montagne rouge.

---

* Sur cet épisode, voir ma trilogie *Le Juge d'Égypte* : 1. *La Pyramide assassinée* ; 2. *La Loi du désert* ; 3. *La Justice du vizir* (Plon et Pocket).

– Un grave danger menace l'Égypte, je dois faire face. Méditer en ce lieu était indispensable.

– Ne sommes-nous pas en paix avec les Hittites ?

– Il ne s'agit peut-être que d'une trêve.

– Tu éviteras la guerre ou tu la gagneras... Quoi qu'il arrive, tu sauras protéger l'Égypte du malheur.

– N'as-tu pas envie de m'aider ?

– La politique... Non, j'en suis incapable. Et ton règne durera longtemps, si tu respectes les rites ancestraux. C'est de cette nécessité-là que je désirais t'entretenir.

– Qu'as-tu à me proposer ?

– Il faut d'ores et déjà préparer ta prochaine fête de régénération.

– Trois ans après la première ?

– Désormais, il faudra célébrer ce rite à intervalles réguliers et rapprochés. Telle est la conclusion de mes recherches.

– Fais le nécessaire.

– Tu ne pouvais me donner de plus grande joie, mon père ; pas une divinité ne manquera à ton prochain jubilé. La joie se répandra dans les Deux Terres, la déesse Nout sèmera dans les cieux la malachite et la turquoise.

– Tu as un autre projet, Khâ ; à quel temple destines-tu les blocs de quartzite que tu recherches ?

– Depuis plusieurs années, je me penche sur nos origines ; parmi nos premiers rites, il y avait la course d'un taureau nommé Apis qui incarnait la capacité du roi à franchir tous les espaces. Il convient d'honorer davantage cet animal extraordinaire et de lui accorder une sépulture digne de sa puissance... Sans oublier de restaurer de vieux monuments, comme certaines pyramides qui ont subi les injures du temps et de l'envahisseur hyksôs. M'accordes-tu des équipes de bâtisseurs pour mener à bien ces travaux ?

– Choisis toi-même le maître d'œuvre et les tailleurs de pierre.

Le visage sévère de Khâ s'illumina.

– Cet endroit est étrange, remarqua Ramsès ; le sang des révoltés imprègne ces pierres. Ici, l'éternel combat de la lumière contre les ténèbres a laissé des traces profondes. La Montagne rouge est un lieu de pouvoir où il convient de s'aventurer avec prudence. Tu n'es pas ici par hasard, Khâ : quel trésor cherches-tu ?

Le fils aîné du roi s'assit sur un bloc brunâtre.

– Le livre de Thot. Le livre qui contient le secret des hiéroglyphes. Il se trouve quelque part dans la nécropole de Saqqara ; je le trouverai, même si ma quête doit durer plusieurs années.

À cinquante-quatre ans, la dame Tanit était une fort belle Phénicienne dont les formes plantureuses attiraient le regard d'hommes beaucoup plus jeunes ; veuve d'un riche commerçant, ami du Syrien Raia, elle avait hérité d'une fortune considérable dont elle jouissait sans retenue en organisant banquet sur banquet dans sa somptueuse villa de Pi-Ramsès.

La pulpeuse Phénicienne s'était vite consolée de la mort d'un mari qu'elle jugeait vulgaire et ennuyeux. Après avoir feint la tristesse pendant quelques semaines, Tanit s'était consolée dans les bras d'un magnifique Nubien aux avantages évidents. Mais il l'avait lassée, comme ses amants précédents ; malgré leur virilité, ils s'épuisaient plus vite qu'elle. Et une maîtresse aussi avide de plaisir que Tanit ne pouvait leur pardonner ce déplorable manque d'endurance.

Tanit aurait pu retourner en Phénicie, mais elle aimait de plus en plus l'Égypte. Grâce à l'autorité et au rayonnement de Ramsès, la terre des pharaons avait un parfum de paradis. Nulle part ailleurs une femme n'était aussi libre de vivre comme elle l'entendait.

À la tombée du jour, les invités arrivèrent. Riches Égyptiens en affaires avec la dame Tanit, hauts fonctionnaires fascinés par la Phénicienne, compatriotes guignant sa fortune, sans parler des têtes nouvelles que la maîtresse de maison s'amusait à découvrir. Quoi de plus excitant que de sentir sur elle le regard d'un homme chargé de désir ? Tanit savait se montrer tantôt enjouée, tantôt lointaine, ne laissant jamais deviner à son interlocuteur l'issue de leur rencontre. En toutes circonstances, elle gardait l'initiative et prenait la décision. Le mâle qui tentait de la dominer n'avait aucune chance de la séduire.

Comme d'habitude, les mets seraient succulents, notamment le râble de lièvre cuit dans une sauce à la bière et accompagné de caviar d'aubergine, et les vins remarquables ; grâce à ses relations au palais, Tanit avait même obtenu quelques jarres de vin rouge de Pi-Ramsès, datant de l'an 21 de Ramsès, date du traité de paix avec les Hittites. Et comme d'habitude, la Phénicienne jetterait un œil lascif sur les plus beaux hommes, en quête de sa future proie.

– Comment vous portez-vous, grande amie ?

– Raia ! C'est une joie de vous revoir. Je me porte à merveille.

– Si je ne craignais pas de vous flatter, je dirais que votre beauté ne cesse de croître.

– Le climat me convient. Et puis la douleur d'avoir perdu mon regretté mari commence à s'estomper.

– Par bonheur, telle est la loi de la nature ; une femme comme vous n'est pas faite pour la solitude.

– Les hommes sont menteurs et brutaux, minauda-t-elle ; je dois m'en méfier.

– Vous avez raison d'être prudente, mais je suis persuadé que le destin vous accordera un nouveau bonheur.

– Et vos affaires ?

– Du travail, beaucoup de travail... Fabriquer des conserves de luxe exige une main-d'œuvre très qualifiée qui réclame de hauts salaires. Quant aux vases exotiques qu'apprécie tant la bonne société, les importer nécessite bien des négociations et des voyages. Les artisans sérieux ne sont pas bon marché. Comme ma réputation repose sur la qualité, je dois sans cesse investir ; c'est pourquoi je ne serai jamais riche.

– La chance vous a souri... Je crois que vos ennuis sont terminés.

– On m'a accusé, à tort, de sympathies marquées pour les Hittites ; en fait, j'ai commercé avec eux, sans m'occuper de politique. L'instauration de la paix a lavé ces vieilles querelles. À présent, la collaboration avec nos partenaires étrangers est même encouragée. N'est-ce pas la plus belle victoire de Ramsès ?

– Pharaon est si séduisant... Dommage qu'il soit inaccessible.

La paix, le traité conclu par Ramsès et Hattousil, la perte de l'esprit de conquête de l'Empire hittite, l'Égypte triomphante... Raia ne supportait plus les lâchetés et les défections qui avaient été la cause de ce désastre. Il avait lutté pour que s'étendît sur tout le Proche-Orient la suprématie de l'armée anatolienne et ne renonçait pas à ce combat.

– Pourrais-je vous présenter un ami ? demanda-t-il à Tanit, aussitôt intriguée.

– Qui est-ce ?

– Un prince hittite qui séjourne en Égypte. Il a beaucoup entendu parler de vous, mais c'est un homme plutôt timide ; j'ai dû insister pour qu'il accepte de participer à ce banquet, tant les mondanités l'effraient.

– Montrez-le-moi.

– Il se trouve là-bas, près du massif de lauriers-roses.

Posée sur un pilier, une lampe éclairait Ouri-Téchoup, à l'écart des groupes d'invités qui échangeaient des banalités. La lumière vacillante révélait la brutalité de son visage, l'abondance de ses cheveux longs, la virilité de son torse couvert de poils roux, la rudesse de sa musculature de guerrier.

Tanit demeura muette d'émotion. Jamais elle n'avait contemplé un animal sauvage dégageant une sensualité aussi intense. Le banquet cessa d'exister, elle n'eut plus qu'une idée en tête : faire au plus vite l'amour avec cet étalon.

9

Ramsès assistait au combat que se livraient Serramanna et Mérenptah. Équipé d'une cuirasse articulée, d'un casque à cornes surmonté d'un disque en bronze et d'un bouclier rond, le Sarde frappait à coups d'épée sur le bouclier rectangulaire du fils cadet de Ramsès, contraint de reculer. Pharaon avait demandé au chef de sa garde de ne pas ménager son adversaire ; puisque Mérenptah voulait prouver sa valeur au combat, il ne pouvait rêver un meilleur adversaire.

Âgé de vingt-sept ans, Mérenptah, « l'Aimé du dieu Ptah », était un bel athlète, courageux, réfléchi, doté d'excellents réflexes. Bien que le Sarde eût dépassé la cinquantaine, il n'avait rien perdu de sa force et de son dynanisme ; lui résister était déjà un exploit.

Mérenptah cédait du terrain, revenait à l'assaut, parait les coups, se déplaçait latéralement ; peu à peu, il usait Serramanna.

Brusquement, le géant s'immobilisa et jeta sur le sol sa longue épée à lame triangulaire et son bouclier.

– Assez d'escarmouches. On se bat à mains nues.

Mérenptah hésita un instant, puis imita le Sarde. Ramsès revécut l'affrontement au cours duquel, sur le rivage de la Méditerranée, il avait vaincu le pirate Serramanna avant d'en faire le chef de sa garde personnelle.

Le fils du roi fut surpris par la ruade du colosse, tête en

avant ; à l'école militaire, Mérenptah n'avait pas appris à se battre comme un fauve. Renversé à plat dos dans la poussière de la caserne, il crut étouffer sous le poids de l'ancien pirate.

– L'instruction est terminée, déclara Ramsès.

Les deux hommes se relevèrent. Mérenptah était furieux.

– Il m'a pris en traître !

– L'ennemi agit toujours ainsi, mon fils.

– Je veux reprendre le combat.

– Inutile, j'ai vu ce que je voulais voir. Puisqu'une leçon profitable t'a été donnée, je te nomme général en chef de l'armée d'Égypte.

Serramanna approuva d'un hochement de tête.

– Dans moins d'un mois, poursuivit Ramsès, tu me remettras un rapport complet et détaillé sur l'état de nos troupes et la qualité de leur armement.

Pendant que Mérenptah reprenait son souffle, Ramsès s'éloigna sur son char qu'il conduisait lui-même. À qui confier le destin de l'Égypte : à Khâ l'érudit ou à Mérenptah le guerrier ? Si leurs qualités respectives avaient été réunies dans un seul et même être, le choix eût été facile. Et Néfertari n'était plus là pour conseiller le monarque. Quant aux nombreux « fils royaux », non dépourvus de qualités, aucun ne possédait une personnalité aussi forte que celle des deux fils d'Iset la belle. Et Méritamon, la fille de Néfertari, avait choisi de vivre en recluse dans un temple.

Ramsès devait tenir compte de l'avis qu'avait formulé Améni le matin même : « Que Ta Majesté se régénère par les rites pour continuer à régner jusqu'à l'épuisement total de son énergie ; pour Pharaon, il n'y a jamais eu d'autre chemin, et il n'y en aura jamais d'autre. »

Raia sortit de son entrepôt, traversa le quartier des ateliers, passa devant le palais royal et emprunta la grande allée qui menait aux temples de Pi-Ramsès. Bordée d'acacias et de sycomores dispensant une ombre bienfaisante, elle était à l'image de la capitale de Ramsès, majestueuse et rassurante.

Le marchand laissa sur la gauche le temple d'Amon et sur la droite le temple de Râ ; d'un pas qui se voulait tranquille, il se dirigea vers le temple de Ptah. À proximité de l'édifice, il faillit battre en retraite ; dans le mur extérieur étaient encastrées des stèles sur lesquelles les sculpteurs avaient gravé des oreilles et des yeux. Le dieu n'entendait-il pas les paroles les plus secrètes et ne voyait-il pas les intentions les plus cachées ?

« Superstition », pensa Raia, pourtant mal à l'aise ; il évita le retour d'angle du mur où avait été aménagée une niche qui abritait une statuette de la déesse Maât. Ainsi le peuple pouvait-il contempler le secret majeur de la civilisation pharaonique, cette Règle immuable, née au-delà du temps et de l'espace.

Raia se présenta à la porte des artisans ; le gardien le connaissait. Ils échangèrent quelques propos anodins sur la beauté de la capitale, le marchand se plaignit de l'avarice de certains clients, puis fut autorisé à entrer dans la partie du temple réservée aux orfèvres. Spécialiste des vases précieux, Raia fréquentait bon nombre d'entre eux, et il ne manqua pas de demander des nouvelles de la famille de l'un et de la santé de l'autre.

– Tu voudrais bien nous arracher nos secrets, marmonna un vieux technicien qui rangeait des lingots sur un chariot.

– J'y ai renoncé, avoua Raia ; vous voir travailler suffit à mon bonheur.

– Tu ne viens quand même pas ici pour te reposer ?

– J'aimerais bien acquérir une ou deux belles pièces.

– Pour les revendre trois fois plus cher !

– C'est le commerce, ami.

Le vieux technicien tourna le dos à Raia, habitué à ces rebuffades. Discret, presque invisible, il observa les apprentis qui apportaient les lingots à des compagnons, lesquels les pesaient sous le contrôle de scribes spécialisés. Le métal précieux était ensuite déposé dans un vase clos, mis au feu ; un chalumeau attisait la flamme. Les souffleurs avaient souvent les joues gonflées pour ne pas perdre le rythme. D'autres techniciens versaient le métal en fusion dans des réceptacles de formes diverses et confiaient le matériau aux orfèvres qui le travaillaient sur une enclume, avec des marteaux de pierre pour façonner colliers, bracelets, vases, décor de portes de temples et de statues. Les secrets de métier se transmettaient de maître à disciple, tout au long d'une initiation qui réclamait de nombreuses années.

– Magnifique, dit Raia à un orfèvre qui venait de terminer un pectoral.

– Il ornera la statue d'un dieu, précisa l'artisan.

Le marchand s'exprima à voix basse.

– On peut parler ?

– Il y a suffisamment de bruit dans l'atelier. Personne ne nous entendra.

– Tes deux garçons veulent se marier, m'a-t-on dit.

– Possible.

– Si je leur offrais quelques meubles, ne serais-tu pas content ?

– Quel est le prix à payer ?

– Un simple renseignement.

– Ne compte pas sur moi pour te révéler nos procédés de fabrication.

– Je ne demande rien de tel !

– Que veux-tu savoir ?

– Il y a un certain nombre de Syriens qui se sont installés en Égypte et que j'aimerais aider à mieux s'intégrer ; n'en as-tu pas engagé un ou deux, dans ton atelier ?

– Un, c'est vrai.

– Satisfait de son sort ?

– Plus ou moins.

– Si tu acceptes de me donner son nom, je lui parlerai.

– C'est tout ce que tu veux, Raia ?

– Je commence à vieillir, je n'ai pas d'enfant, je possède quelques biens et j'aimerais favoriser un compatriote.

– L'Égypte t'a appris à être moins égoïste... Tant mieux. Lors du jugement de l'âme, le grand dieu apprécie la générosité. Ton Syrien est l'un des souffleurs. Le plus gros, avec des oreilles décollées.

– J'espère que mes cadeaux contribueront au bonheur de tes fils.

Raia attendit la fin du travail pour s'entretenir avec son compatriote. Après deux échecs auprès d'un charpentier et d'un maçon satisfaits de leur condition, le succès fut total.

Le souffleur syrien, ex-prisonnier capturé près de Kadesh, refusait d'admettre la défaite des Hittites et souhaitait que la paix fût rompue. Aigri, rancunier et revanchard, il était le type d'homme dont Ouri-Téchoup et Raia avaient besoin. De plus, l'ouvrier avait quelques amis qui partageaient ses vues.

Raia n'eut guère de peine à le convaincre de travailler pour lui et d'entrer dans un groupe de résistants dont la mission serait de s'attaquer aux intérêts vitaux de l'Égypte.

Ouri-Téchoup mordit sa maîtresse dans le cou et la pénétra avec violence. Tanit soupira d'aise. Enfin, elle connaissait la passion, ce mélange de brutalité et de désir sans cesse insatisfait.

– Encore, supplia-t-elle.

Le Hittite jouissait sans retenue du corps épanoui de la belle Phénicienne. Dans les forteresses d'Anatolie, Ouri-Téchoup avait appris à se servir des femmes comme elles le méritaient.

Un instant, Tanit ressentit une certaine frayeur ; pour la première fois, elle ne contrôlait plus la situation. Cet homme bestial, à la sève inépuisable, était presque effrayant. Jamais elle ne retrouverait un pareil amant, capable de partager ses vices les plus délirants.

Au milieu de la nuit, elle céda.

– Assez... Je n'en peux plus.

– Déjà ?

– Tu es un monstre !

– Tu n'as connu que des gamins, ma belle ; moi, je suis un homme.

Elle se blottit contre son ventre.

– Tu es merveilleux... J'aimerais que l'aube ne se lève jamais.

– Quelle importance ?

– Mais... il te faudra partir ! Nous nous reverrons la nuit prochaine.

– Je reste.

– Sais-tu ce que ça signifie, en Égypte ?

– Quand un homme et une femme vivent sous le même toit, au su et au vu de tous, ils sont mariés. Nous sommes donc mariés.

Choquée, elle s'écarta.

– Nous nous reverrons, mais...

Ouri-Téchoup la força à s'allonger sur le dos et s'étendit sur elle.

– Tu vas m'obéir, femelle ; je suis le fils du défunt empereur du Hatti et l'héritier légitime de l'empire. Toi, tu n'es qu'une catin phénicienne qui me donnera du plaisir et satisfera tous mes besoins. As-tu conscience de l'honneur que je t'accorde, en te prenant pour épouse ?

Tanit tenta de protester, mais Ouri-Téchoup viola son intimité avec la hargne d'un bouc, et elle fut emportée dans un tourbillon de délices.

– Si tu me trahis, murmura le Hittite d'une voix rauque, je te tue.

10

D'un panier de jonc, Sétaou sortit une miche de pain triangulaire, un bol de bouillie d'avoine, du poisson séché, un pigeon cuit à l'étouffée, une caille rôtie, deux rognons cuits au vin, une côte de bœuf sur un lit d'oignons frits, des figues et un fromage aux herbes. Avec lenteur, il posa les mets un à un sur le bureau d'Améni, contraint d'écarter les papyrus qu'il consultait.

– Qu'est-ce que c'est ?

– Es-tu aveugle ? Un repas convenable qui éteindra ton appétit pendant deux ou trois heures.

– Je n'avais pas besoin de...

– Si, le plus grand besoin. Ton cerveau ne fonctionne pas de façon correcte si tu n'as pas le ventre plein.

Le scribe au teint pâle se révolta.

– Tu m'insultes ?

– C'est la seule manière d'attirer ton attention.

– Tu ne vas pas encore me parler de...

– Si, justement ! Je veux davantage de crédits pour la Nubie et je ne m'amuserai pas à remplir une cinquantaine de formulaires comme n'importe quel fonctionnaire.

– Tu as un supérieur hiérarchique, le vice-roi de Nubie.

– Un imbécile et un paresseux ! Il ne pense qu'à sa carrière et se moque de cette province que Ramsès m'a chargé de mettre en valeur. Pour la couvrir de temples et de chapelles, pour augmenter la surface cultivable, il me faut des hommes et du matériel.

– Il faudrait aussi respecter certains règlements.

– Ah, les règlements ! Ils étouffent la vie. Oublie-les, Améni !

– Je ne suis pas tout-puissant, Sétaou ; le vizir Pazair et le roi lui-même exigent des comptes.

– Donne-moi ce que je demande, et tu compteras après.

– Autrement dit, tu me rends responsable de tes erreurs futures.

Sétaou parut surpris.

– Mais... bien entendu ! Toi, avec le langage obscur des scribes, tu pourras nous justifier.

Le pigeon cuit à l'étouffée était une merveille ; Améni ne bouda pas son plaisir.

– C'est Lotus qui l'a cuisiné, n'est-ce pas ?

– Ma femme est une véritable sorcière.

– Nous sommes au bord de la corruption de fonctionnaire.

– M'accordes-tu satisfaction, Améni ?

– Si Ramsès n'avait pas tant d'affection pour la Nubie...

– Grâce à moi, dans quelques années, elle sera plus riche qu'une province d'Égypte !

Améni attaqua la caille rôtie.

– Puisque ces petits problèmes sont réglés, dit Sétaou, je peux t'avouer que je suis très inquiet.

– Pour quelle raison ?

– Hier soir, je faisais l'amour avec Lotus ; soudain, elle s'est redressée et elle a crié : « Il y a un monstre qui rôde ! » Elle ne parlait ni de nos deux cobras qui veillent au pied du lit, ni de l'armée hittite que Ramsès vaincra une seconde fois, s'il le faut.

– As-tu identifié ce monstre ?

– Pour moi, aucun doute : il s'agit de la brute hittite, Ouri-Téchoup.

– Nous n'avons rien à lui reprocher.

– As-tu alerté Serramanna ?

– Bien entendu.

– Sa réaction ?

– Il déteste Ouri-Téchoup, comme toi, et il pense que sa libération fut une erreur ; mais le Hittite n'a commis aucun forfait. Pour moi, ce guerrier vaincu est un prince châtré. Qu'avons-nous à craindre de lui ?

Lorsque les premiers rayons du soleil illuminèrent sa chambre, Serramanna ouvrit les yeux. À sa gauche, une jeune Nubienne endormie. À sa droite, une Libyenne un peu plus jeune. Le géant sarde ne se souvenait plus de leur nom.

– Debout, gamines !

Comme il mesurait mal sa force, la claque que le géant administra sur le délicat postérieur de ses deux compagnes d'une nuit fut moins caressante qu'il ne l'avait souhaité. Leurs cris de volaille apeurée lui donnèrent la migraine.

– Habillez-vous et décampez.

Serramanna plongea dans le bassin qui occupait la plus grande partie de son jardin et nagea une vingtaine de minutes. Il ne connaissait pas de meilleur remède pour dissiper les effets du vin et des ébats amoureux.

Remis en forme, il s'apprêtait à dévorer une miche de pain frais, des oignons, du lard et du bœuf séché quand son domestique lui annonça la visite d'un de ses subordonnés.

– Du nouveau, chef; on a retrouvé la trace d'Ouri-Téchoup.

– Mort, j'espère ?

– Bien vivant et... marié.

– Avec qui ?

– Une riche veuve phénicienne, Tanit.

– C'est une des plus grosses fortunes de Pi-Ramsès ! Tu dois te tromper.

– Allez voir vous-même, chef.

– En route.

Un énorme morceau de bœuf séché entre les dents, Serramanna sauta sur son cheval.

Le gardien de la villa de la dame Tanit aurait dû demander au géant sarde un document officiel l'autorisant à interroger la propriétaire ; le regard courroucé de Serramanna l'en dissuada. Il appela le jardinier et le pria de conduire le chef de la garde personnelle de Ramsès auprès de la maîtresse de maison.

Vêtue d'une robe de lin transparent qui ne cachait presque rien de ses charmes abondants, Tanit prenait son petit déjeuner sur une terrasse ombragée en compagnie d'Ouri-Téchoup, habillé de sa seule toison de poils roux.

– L'illustre Serramanna ! s'exclama le Hittite, visiblement réjoui par cette visite. L'invitons-nous à partager notre repas, ma chérie ?

Le géant sarde s'immobilisa devant la Phénicienne qui se blottit contre Ouri-Téchoup.

– Savez-vous qui est cet homme, dame Tanit ?

– Oui, je le sais.

– Soyez plus précise.

– Ouri-Téchoup est un prince hittite, fils du défunt empereur.

– Il était aussi le général en chef de l'armée hittite et le barbare le plus acharné à la destruction de l'Égypte.

– C'est un lointain passé, intervint Ouri-Téchoup, goguenard ; Ramsès et Hattousil ont conclu une belle paix, le pharaon m'a accordé la liberté, et nous vivons tous heureux ! N'est-ce pas ton avis, Serramanna ?

Le Sarde nota que le cou de la Phénicienne portait des traces de morsure.

– Ce Hittite a passé la nuit sous votre toit et il semble décidé à habiter ici... Savez-vous ce que ça signifie, dame Tanit ?

– Bien sûr.

– Il vous force à l'épouser, n'est-ce pas, sous peine de vous torturer ?

– Réponds, chérie, ordonna Ouri-Téchoup ; dis-lui que tu es une femme libre, comme n'importe quelle Égyptienne, et que tu prends seule tes décisions.

La Phénicienne se fit virulente.

– J'aime Ouri-Téchoup et je le choisis pour époux ! Aucune loi ne peut s'y opposer.

– Réfléchissez bien, dame Tanit ; si vous avouez que cet individu vous a brutalisée, je l'arrête sur-le-champ et vous ne courrez plus aucun danger. Je le présenterai immédiatement au tribunal, et la sanction ne sera pas légère. Maltraiter une femme est un crime.

– Sortez de chez moi !

– Je suis surpris, ajouta Ouri-Téchoup, ironique ; je croyais que nous recevions un ami et je m'aperçois que nous sommes interrogés par un policier agressif. As-tu un document officiel qui t'autorise à pénétrer dans une propriété privée, Serramanna ?

– Prenez garde, dame Tanit ; vous vous exposez à de graves ennuis.

– Mon épouse et moi-même pourrions porter plainte, ajouta le Hittite. Mais va pour cette fois ! Disparais, Serramanna, et laisse tranquille un couple honnête qui ne songe qu'à jouir de son bonheur.

Ouri-Téchoup embrassa avec fougue la Phénicienne. Oubliant la présence du Sarde, elle commença à caresser son mari sans la moindre retenue.

Les étagères et les armoires du bureau d'Améni menaçaient de s'écrouler sous le poids des documents administratifs. Jamais le secrétaire particulier du roi n'avait eu à traiter autant de dossiers importants en même temps ; comme il vérifiait chaque détail par lui-même, il ne dormait plus que deux heures par nuit et, malgré les protestations de ses collaborateurs, avait supprimé les congés pendant le trimestre à venir. Des primes substantielles avaient calmé les esprits.

Améni s'occupait des exigences de Sétaou concernant la Nubie et repoussait les arguments du vice-roi, partisan de l'immobilisme ; il donnait son avis au vizir Pazair qui se méfiait des spécialistes de l'économie ; il voyait chaque jour Ramsès pour solliciter mille et une décisions, après avoir préparé avec soin les données concrètes qu'exigeait le souverain ; et il y avait le reste, tout le reste, parce que l'Égypte devait rester un grand pays, une terre irremplaçable qu'il fallait servir sans songer à son propre bien-être.

Pourtant, quand Serramanna fit irruption dans son bureau, le scribe au teint pâle et aux traits creusés se demanda si ses épaules supporteraient une nouvelle charge.

– Quoi encore ?

– Ouri-Téchoup est bel et bien marié avec la Phénicienne Tanit.

– Il n'est pas mal tombé. La fortune est aussi rondelette que la dame.

– C'est la catastrophe, Améni !

– Pourquoi donc ? Notre ex-général en chef s'alanguira dans le plaisir et l'oisiveté.

– Je ne peux plus le surveiller de manière efficace. S'il repère mes hommes, il portera plainte et obtiendra gain de cause. Aujourd'hui, il est un homme libre ; officiellement, je n'ai rien à lui reprocher, alors qu'il prépare un mauvais coup.

– As-tu conversé avec Tanit ?

– Il l'a frappée et menacée, j'en suis sûr ! Mais elle est tombée amoureuse de lui.

– Et dire qu'il existe des désœuvrés qui ont le temps de songer à l'amour ! Rassure-toi, Serramanna ; Ouri-Téchoup a enfin réussi une conquête, mais celle-ci l'écartera à jamais des chemins de la guerre.

11

Hattousa *, la capitale de l'Empire hittite, n'avait pas changé. Bâtie sur le plateau d'Anatolie centrale, exposée aux étés brûlants et aux hivers glacés, la cité fortifiée se composait d'une ville basse, dont le monument le plus remarquable était le temple du dieu de l'Orage et de la déesse du Soleil, et d'une ville haute, que dominait l'austère palais de l'empereur, désireux de surveiller en permanence les neuf kilomètres de remparts hérissés de tours et de créneaux.

Ce ne fut pas sans émotion qu'Âcha revit Hattousa, incarnation en pierre de la puissance militaire hittite ; n'avait-il pas failli y perdre la vie, lors d'une mission d'espionnage particulièrement dangereuse qui avait précédé la bataille de Kadesh ?

Le convoi du chef de la diplomatie égyptienne avait dû traverser des steppes arides et s'engager dans des défilés inhospitaliers avant d'atteindre la capitale, entourée de massifs montagneux dont la présence était une gêne considérable pour un éventuel agresseur. Hattousa se présentait comme une forteresse imprenable bâtie sur des pitons rocheux, au prix d'incroyables prouesses techniques. Comme on était loin de l'Égypte et de ses villes ouvertes, accueillantes et chaleureuses !

* L'actuelle Bogazköy, 150 km à l'est d'Ankara (Turquie).

Cinq portes fortifiées donnaient accès à l'intérieur d'Hattousa, deux percées dans les murailles de la ville basse, trois dans celles de la ville haute. L'escorte hittite qui accompagnait l'ambassade égyptienne depuis une centaine de kilomètres la conduisit au point d'accès le plus élevé, la porte des Sphinx.

Avant de la franchir, Âcha célébra le rite hittite. Il rompit trois pains, versa du vin sur la pierre et prononça la formule obligatoire : « Que ce rocher soit éternel. » L'Égyptien nota la présence de récipients remplis d'huile et de miel, destinés à empêcher les démons de répandre leurs miasmes sur la cité. L'empereur Hattousil n'avait pas modifié les traditions.

Cette fois, Âcha avait souffert des fatigues du voyage. Plus jeune, il détestait rester en place, aimait le danger et n'hésitait pas à prendre des risques. La maturité venant, quitter l'Égypte devenait un fardeau. Ce séjour à l'étranger le privait d'un plaisir irremplaçable : voir gouverner Ramsès. Respectant la règle de Maât, Pharaon savait qu'« écouter est meilleur que tout », selon la maxime du sage Ptah-hotep, l'auteur préféré de Néfertari ; il laissait ses ministres s'exprimer longuement, attentif à chaque intonation, à chaque attitude. Soudain, avec la vitesse du crocodile Sobek montant du fond des eaux pour faire renaître le soleil, Ramsès décidait. Une simple phrase, lumineuse, évidente, définitive. Il maniait le gouvernail avec un doigté incomparable, car il était à lui seul le navire de l'État et son pilote. Les dieux qui l'avaient choisi ne s'étaient pas trompés ; et les hommes avaient eu raison de leur obéir.

Deux gradés, casqués, cuirassés et bottés guidèrent Âcha vers la salle d'audience de l'empereur Hattousil. Le palais trônait sur un imposant piton rocheux formé de trois pics ; aux créneaux des hautes tours veillaient en permanence des soldats d'élite. Le maître du pays était à l'abri de toute agression extérieure ; c'est pourquoi les prétendants au pouvoir suprême avaient souvent préféré le poison à une attaque du palais, qui n'avait aucune chance d'aboutir.

Hattousil y aurait eu recours pour supprimer Ouri-Téchoup si Âcha, remplissant sa mission avec une rare dextérité, n'avait réussi à favoriser la fuite du général en chef, responsable de la mort de son père, l'empereur Mouwattali. Ouri-Téchoup, réfugié en Égypte, avait fourni à Ramsès d'utiles renseignements sur l'armée hittite.

Une seule entrée permettait de pénétrer dans « la grande forteresse », selon l'appellation du peuple qui la regardait avec frayeur ; lorsque la lourde porte de bronze se referma derrière lui, Âcha eut l'impression d'être prisonnier. Le message qu'il devait délivrer à Hattousil ne l'incitait pas à l'optimisme.

Signe réconfortant, l'empereur ne lui infligea aucune attente ; Âcha fut introduit dans une salle glaciale, aux lourds piliers, et dont les murs s'ornaient de trophées militaires.

Petit, chétif, les cheveux retenus par un bandeau, le cou paré d'un collier d'argent, un bracelet de fer au coude gauche, Hattousil était vêtu de son habituelle longue robe rouge et noir. Un observateur superficiel aurait conclu qu'il était plutôt insignifiant, voire inoffensif ; c'était mal connaître le caractère obstiné et les capacités de stratège du prêtre de la déesse du Soleil qui, après un long conflit, avait fini par prendre le pas sur le redoutable Ouri-Téchoup. Au cours de cette lutte implacable, il avait reçu l'aide de son épouse, la belle Poutouhépa, dont l'intelligence était redoutée de la caste des militaires comme de celle des marchands.

Âcha s'inclina devant les souverains, assis sur des trônes massifs, dépourvus d'élégance.

– Que toutes les divinités de l'Égypte et du Hatti soient favorables à Vos Majestés, et que leur règne soit durable comme le ciel.

– Nous te connaissons depuis assez longtemps, Âcha, pour te dispenser des formules de politesse ; viens t'asseoir près de nous. Comment se porte mon frère Ramsès ?

– Au mieux, Majesté ; puis-je avouer à l'impératrice que sa beauté illumine ce palais ?

Poutouhépa sourit.

– La flatterie demeure l'une des armes du chef de la diplomatie égyptienne.

– Nous sommes en paix, je n'ai plus besoin de vous flatter ; ma déclaration est sans doute irrespectueuse, mais sincère.

L'impératrice rosit.

– Si tu es toujours amateur de jolies femmes, conclut l'empereur, je devrai me méfier.

– Ce goût prononcé ne m'a pas quitté, et je ne suis pas doué pour la fidélité.

– Tu as pourtant sauvé Ramsès des pièges que le Hatti lui tendait et démantelé notre réseau d'espionnage.

– N'exagérons rien, Majesté ; j'ai appliqué le plan de Pharaon, et le destin me fut favorable.

– Tout cela, c'est du passé ! Aujourd'hui, il nous faut construire l'avenir.

– Tel est bien l'avis de Ramsès : il accorde la plus grande importance au renforcement de la paix avec le Hatti. C'est d'elle que dépend le bonheur de nos deux peuples.

– Nous sommes heureux d'entendre ces paroles, dit Poutouhépa.

– Permettez-moi d'insister sur la volonté de Pharaon, poursuivit Âcha ; pour lui, le temps des conflits est terminé, et rien ne doit les rallumer.

Hattousil s'assombrit.

– Que cache cette insistance ?

– Rien, Majesté. Votre frère Ramsès tient à ce que vous connaissiez ses pensées les plus intimes.

– Tu le remercieras pour la confiance qu'il m'accorde et lui préciseras que nous sommes en parfaite harmonie.

– Nos peuples et leurs alliés s'en réjouiront. Néanmoins...

Le chef de la diplomatie égyptienne posa le menton sur ses mains jointes, à la hauteur de sa poitrine, dans une attitude méditative.

– Qu'y a-t-il, Âcha ?

– L'Égypte est un pays riche, Majesté ; cessera-t-elle jamais d'être l'objet des convoitises ?

– Qui la menace ? interrogea l'impératrice.

– En Libye, l'agitation a repris.

– Pharaon n'est-il pas capable d'écraser cette rébellion ?

– Ramsès souhaiterait agir vite et utiliser un armement efficace.

Le regard inquisiteur d'Hattousil scruta Âcha.

– Le sien serait-il insuffisant ?

– Pharaon souhaite que son frère, l'empereur du Hatti, lui fasse parvenir une grande quantité de fer avec lequel il fera fabriquer des armes offensives et anéantira la menace libyenne.

Un long silence succéda à la demande du chef de la diplomatie égyptienne. Puis Hattousil se leva, nerveux, et arpenta la salle d'audience.

– Mon frère Ramsès me réclame une véritable fortune ! Du fer, je n'en ai pas ; et si j'en avais, je le garderais pour ma propre armée ! Pharaon cherche-t-il à m'appauvrir et à ruiner le Hatti, lui qui est si riche ? Mes réserves sont vides, et ce n'est pas le bon moment pour fabriquer du fer.

Âcha demeura impassible.

– Je comprends.

– Que mon frère Ramsès se débarrasse des Libyens avec ses armes habituelles ; plus tard, s'il a encore besoin de fer, je lui en enverrai une quantité raisonnable. Dis-lui bien que cette demande me surprend et me choque.

– Je lui en ferai part, Majesté.

Hattousil revint s'asseoir.

– Venons-en à l'essentiel : à quelle date ma fille quittera-t-elle le Hatti pour devenir la grande épouse royale de Ramsès ?

– Eh bien... cette date n'a pas été fixée.

– N'es-tu pas venu ici pour me l'annoncer ?

– Une décision de cette importance demande réflexion, et...

– Trêve de diplomatie, intervint l'impératrice. Ramsès accepte-t-il ou non de répudier Iset la belle et d'élever notre fille au rang de reine d'Égypte ?

– La situation est délicate, Majesté. La justice égyptienne n'admet pas la répudiation.

– Est-ce une femme qui va faire la loi ? questionna sèchement Hattousil. Je me moque de cette Iset et de ses désirs ; Ramsès ne l'a épousée que pour remplacer Néfertari, une véritable reine dont le rôle fut déterminant dans la construction de la paix. Iset ne compte pas. Pour sceller définitivement notre alliance, Ramsès doit épouser une Hittite.

– Peut-être votre fille pourrait-elle devenir une épouse secondaire et...

– Elle sera reine d'Égypte ou bien...

Hattousil s'interrompit, comme si les mots qu'il allait prononcer l'effrayaient lui-même.

– Pourquoi Ramsès s'obstine-t-il à refuser notre proposition ? demanda l'impératrice sur un ton conciliant.

– Parce qu'un pharaon ne répudie pas une grande épouse royale. C'est contraire à la loi de Maât.

– Cette position est-elle définitive ?

– Je le crains, Majesté.

– Ramsès est-il conscient des conséquences de son intransigeance ?

– Ramsès n'a qu'un souci : agir en rectitude.

Hattousil se leva.

– Cet entretien est terminé. Dis bien ceci à mon frère le pharaon : ou bien il fixe au plus tôt une date pour son mariage avec ma fille, ou bien ce sera la guerre.

12

Améni souffrait du dos, mais il n'avait jamais le temps de se faire masser. Comme si sa charge de travail n'était pas suffisante, il lui fallait aussi prêter main-forte à Khâ pour préparer la deuxième fête de régénération du roi. Arguant de son excellente santé, Ramsès souhaitait différer l'événement ; mais son fils aîné invoquait l'autorité des textes traditionnels.

Améni appréciait la rigueur de Khâ et il aimait s'entretenir avec lui de littérature ; mais les soucis quotidiens accablaient trop le secrétaire particulier et porte-sandales officiel du pharaon pour qu'il savourât les plaisirs d'une belle prose.

Au terme d'un grand conseil au cours duquel Ramsès avait lancé un vaste programme de plantation d'arbres dans les provinces du Sud et sermonné le responsable de la réparation des digues qui prenait du retard sur le calendrier prévu, Améni se promenait avec le roi dans le jardin du palais.

– Ta Majesté a-t-elle des nouvelles d'Âcha ?

– Il est bien arrivé à Hattousa.

– Convaincre Hattousil de renoncer ne sera pas facile.

– Âcha n'a-t-il pas accompli de nombreux exploits ?

– Cette fois, sa marge de manœuvre est plutôt étroite.

– Quelles sont les informations trop confidentielles pour être entendues par les membres du grand conseil ?

– D'abord Moïse ; ensuite, un incident.

– Moïse ?

– En mauvaise posture, avec ses Hébreux. Tout le monde les craint, ils sont obligés de se battre pied à pied pour survivre. Si nous intervenions, le problème serait vite réglé. Mais il s'agit de Moïse, notre ami d'enfance, et je sais que tu laisseras faire le destin.

– Puisque tu connais la réponse, pourquoi me poser la question ?

– La police du désert reste vigilante ; si les Hébreux voulaient rentrer en Égypte, que déciderais-tu ?

– Quand ils reviendront, ni Moïse ni moi-même ne serons plus de ce monde. L'incident ?

– Le chargement d'oliban que nous attendions n'arrivera pas.

– Pour quelle raison, Améni ?

– J'ai reçu un long rapport du marchand phénicien qui traite avec les producteurs : un violent orage de grêle a frappé les arbres, déjà atteints d'une maladie. Cette année, aucune récolte.

– Une telle catastrophe s'est-elle déjà produite ?

– J'ai consulté les archives et je peux te répondre par l'affirmative. Par bonheur, le phénomène est rare.

– Nos réserves sont-elles suffisantes ?

– Aucune restriction ne sera imposée aux temples. J'ai déjà donné l'ordre aux marchands phéniciens de nous livrer au plus tôt la prochaine récolte, afin que nous puissions reconstituer nos stocks.

Raia jubilait. Lui, si sobre d'ordinaire, s'était laissé aller à boire coup sur coup deux coupes de bière forte ; la tête lui tournait un peu, mais comment ne pas s'enivrer de l'enchaînement de petits succès qui conduisaient vers la victoire finale ?

Le contact avec ses compatriotes syriens avait dépassé toutes ses espérances. La flamme propagée par Raia avait ranimé les énergies défaillantes des vaincus, des jaloux et des envieux ; aux Syriens s'ajoutaient des Hittites, déçus par la politique d'Hattousil, coupable de mollesse et incapable de repartir à la conquête de l'Égypte. Quand les uns et les autres avaient rencontré Ouri-Téchoup en grand secret, dans l'un des entrepôts de Raia, l'enthousiasme avait été général. Avec un chef de cette envergure, le pouvoir serait un jour à leur portée.

Et il y avait bien d'autres nouvelles réjouissantes que Raia communiquerait à Ouri-Téchoup, lorsque ce dernier aurait cessé d'admirer les trois Nubiennes nues qui dansaient en l'honneur des invités du nouveau couple à la mode de Pi-Ramsès, le prince hittite et la dame Tanit.

La riche Phénicienne vivait en même temps le paradis et l'enfer. Le paradis, parce que son amant la comblait, à n'importe quelle heure du jour et de la nuit, avec une fougue inépuisable et une violence qui la faisaient délirer de plaisir ; l'enfer, parce qu'elle redoutait d'être frappée par ce monstre aux réactions imprévisibles. Elle, qui avait su mener son existence à sa guise, était devenue une esclave, à la fois consentante et angoissée.

La centaine d'invités de Tanit et d'Ouri-Téchoup n'avaient d'yeux que pour les trois jeunes danseuses. Leurs seins ronds et fermes ne tressautaient pas. Leurs longues jambes fines émoustillaient les plus blasés. Mais ces délicieuses artistes étaient intouchables ; leur prestation terminée, elles disparaîtraient sans parler à quiconque. Et il faudrait attendre leur prochaine apparition, lors d'un banquet aussi somptueux que celui-ci, pour apprécier à nouveau un spectacle d'une telle qualité.

Ouri-Téchoup s'écarta de son épouse, en discussion avec deux hommes d'affaires prêts à signer n'importe quel contrat pour ne pas perdre une miette de la chorégraphie. Le Hittite s'empara d'une grappe de raisin et s'assit sur des coussins, près d'une colonne sur laquelle étaient peints des rinceaux de vigne. De l'autre côté, Raia. Sans se regarder, les deux hommes pouvaient se parler à voix basse, pendant que l'orchestre jouait.

– Qu'y a-t-il de si urgent, Raia ?

– J'ai discuté avec un vieux courtisan auquel je fais de bons prix sur mes plus beaux vases ; le palais est en émoi, à cause d'une rumeur. Depuis deux jours, j'ai tenté d'obtenir confirmation. L'affaire me paraît sérieuse.

– De quoi s'agit-il ?

– Pour consolider la paix, l'empereur Hattousil exige que sa fille épouse Ramsès.

– Encore un mariage diplomatique... Quelle importance ?

– Non, non... Hattousil veut qu'elle devienne grande épouse royale !

– Une Hittite sur le trône d'Égypte ?

– Exactement.

– Impensable !

– Ramsès aurait refusé de répudier Iset la belle et de céder à l'ultimatum d'Hattousil.

– Autrement dit...

– Mais oui, seigneur : un espoir de guerre !

– Voilà qui bouleverse nos plans.

– Trop tôt pour le dire ; à mon avis, il est préférable de ne rien modifier aussi longtemps que nous n'aurons pas obtenu de certitudes. Âcha se trouverait à Hattousa pour négocier avec l'empereur ; j'ai encore beaucoup d'amis, là-bas, et nous serons bientôt informés de la tournure des événements. Ce n'est pas tout... J'aimerais vous faire rencontrer un personnage intéressant.

– Où est-il ?

– Caché dans le jardin. Nous pourrions...

– Amène-le dans ma chambre et attendez-moi. Passe derrière la vigne et entre dans la maison par la lingerie. Aussitôt ce banquet terminé, je vous rejoindrai.

Le dernier invité parti, Tanit se suspendit au cou d'Ouri-Téchoup. En elle brûlait un feu que seul son amant saurait apaiser. D'une main presque tendre, il l'entraîna vers leur chambre, un nid d'amour peuplé de meubles luxueux, de bouquets montés et de brûle-parfum. Avant d'en franchir le seuil, la Phénicienne arracha sa robe.

Ouri-Téchoup la poussa dans la pièce.

Tanit crut à un nouveau jeu, mais elle se figea en découvrant Raia, le marchand Syrien, en compagnie d'un homme étrange au visage carré, aux cheveux ondulés et aux yeux noirs où luisaient la cruauté et la folie.

– Qui... qui êtes-vous ? demanda-t-elle.

– Ce sont des amis, répondit Ouri-Téchoup.

Terrorisée, Tanit s'empara d'un drap de lin et cacha ses formes généreuses. Interloqué, Raia ne comprenait pas pourquoi le Hittite mêlait la Phénicienne à cette entrevue. L'homme aux yeux cruels était resté immobile.

– Je veux que Tanit entende tout ce qui se dira ici, déclara Ouri-Téchoup, et qu'elle devienne notre complice et notre alliée. Désormais, sa fortune servira notre cause. À la moindre incartade de sa part, qu'elle soit supprimée. Sommes-nous bien d'accord ?

L'inconnu hocha la tête affirmativement, Raia l'imita.

– Tu vois, ma chérie, tu n'as aucune chance d'échapper à l'un de nous trois ou à ceux qui nous obéissent. Me suis-je bien fait comprendre ?

– Oui... Oh oui !

– Ton appui inconditionnel nous est-il acquis ?

– Tu as ma parole, Ouri-Téchoup !

– Tu ne le regretteras pas.

De la main droite, le Hittite effleura les seins de son épouse. Ce simple geste effaça la panique qui s'était emparée de Tanit.

Le Hittite se tourna vers Raia.

– Présente-moi ton invité.

Rassuré, le marchand syrien s'exprima avec lenteur.

– Nous avons de la chance, beaucoup de chance... Notre réseau d'espionnage était dirigé par un mage libyen nommé Ofir. Malgré ses pouvoirs exceptionnels et les coups qu'il a portés à la famille royale, il fut arrêté et exécuté. Pour notre clan, une perte sévère. Mais quelqu'un est décidé à reprendre le flambeau et à venger Ofir : son frère, Malfi.

Ouri-Téchoup examina le Libyen de la tête aux pieds.

– Louable projet... Mais de quels moyens dispose-t-il ?

– Malfi est le chef de la tribu la mieux armée de Libye. Combattre l'Égypte est sa seule raison de vivre.

– Acceptera-t-il de m'obéir sans discuter ?

– Il se placera sous vos ordres, à condition que vous détruisiez Ramsès et son empire.

– Marché conclu. Tu serviras d'intermédiaire entre moi et notre allié libyen. Que ses hommes s'entraînent et se tiennent prêts à agir.

– Malfi saura se montrer patient, seigneur ; il y a tellement d'années que la Libye espère laver dans le sang les affronts infligés par Pharaon !

– Qu'il attende mes instructions.

Le Libyen disparut sans avoir prononcé un mot.

13

Bien que le soleil fût levé depuis longtemps, le palais de Pi-Ramsès était plongé dans un profond silence. Certes, chacun vaquait à ses occupations, mais en évitant le moindre bruit ; des cuisiniers aux femmes de chambre, les employés se déplaçaient comme des ombres.

La colère de Ramsès avait frappé de terreur la totalité du personnel. Les vieux serviteurs, qui connaissaient le monarque depuis sa jeunesse, ne l'avaient jamais vu dans cet état ; la puissance de Seth s'était manifestée avec la violence d'un orage qui laissait ses victimes hébétées.

Ramsès avait mal aux dents.

Pour la première fois, à cinquante-cinq ans, il se sentait handicapé par une souffrance physique. Rendu furieux par la médiocrité des soins que prodiguaient les dentistes du palais, il leur avait ordonné de disparaître de sa vue. À l'exception d'Améni, nul ne savait qu'un autre motif nourrissait le courroux du pharaon : Hattousil retenait Âcha dans la capitale hittite, sous le prétexte de poursuivre les négociations. Ne s'agissait-il pas plutôt d'une prise d'otage ?

Les espoirs de la cour ne reposaient plus que sur une seule personne : le médecin-chef du royaume. S'il ne parvenait pas à soulager le monarque, l'humeur de ce dernier risquait de s'altérer davantage.

Malgré la douleur, Ramsès continuait à travailler avec le

seul être capable de le supporter en un pareil moment : Améni, lui-même bougon et qui détestait les minauderies des courtisans. Quand on travaillait, on n'avait pas besoin d'être aimable ; et que le roi fût désagréable n'empêchait pas de traiter les dossiers urgents.

– Hattousil se moque de l'Égypte, affirma le pharaon.

– Peut-être cherche-t-il une porte de sortie, suggéra Améni. Ton refus est une offense intolérable, mais c'est l'empereur du Hatti qui prendra la décision d'ouvrir un nouveau conflit.

– Ce vieux renard rejettera la responsabilité sur moi !

– Âcha a joué la partie avec finesse ; je suis persuadé qu'Hattousil est perplexe.

– Tu te trompes ! C'est un revanchard.

– Dès qu'Âcha t'aura fait parvenir un message, nous connaîtrons la vérité. Grâce au code qu'il utilise, tu sauras s'il négocie en toute liberté ou s'il est prisonnier.

– Il est retenu contre son gré, c'est évident.

On frappa discrètement à la porte.

– Je ne veux voir personne, décréta le roi.

– C'est peut-être le médecin-chef, objecta Améni en allant ouvrir.

Sur le seuil, le grand chambellan mourait de peur à l'idée de déranger le monarque.

– Le médecin-chef est arrivé, murmura-t-il ; Sa Majesté accepte-t-elle de le recevoir ?

Le grand chambellan et Améni s'effacèrent pour laisser le passage à une jeune femme belle comme une aurore de printemps, comme un lotus qui éclôt, comme une vague scintillante au milieu du Nil. Les cheveux tirant sur le blond, un visage très pur aux lignes tendres, elle avait un regard droit et des yeux d'un bleu d'été. À son cou élancé, un collier de lapis-lazuli ; à ses poignets et à ses chevilles, des bracelets de cornaline. Sa robe de lin laissait deviner des seins fermes et haut placés, des hanches sans épaisseur modelées à la perfection et des jambes longues et fines. Néféret, « la Belle, la Parfaite, l'Accomplie »... Quel autre nom aurait-elle pu porter ? Même Améni, qui n'avait guère le temps de s'intéresser aux femmes, créatures volages et incapables de se concentrer des heures durant sur un papyrus technique, dut admettre que celle-là aurait pu rivaliser de beauté avec Néfertari.

– Vous arrivez bien tard, se plaignit Ramsès.

– Désolée, Majesté ; je me trouvais en province pour y pratiquer une intervention chirurgicale qui, je l'espère, aura sauvé la vie d'une fillette.

– Vos collègues sont des imbéciles et des incapables !

– La médecine est à la fois un art et une science ; peut-être ont-ils manqué de doigté.

– Par bonheur, le vieux docteur Pariamakhou est à la retraite ; tous ceux qu'il ne soigne plus ont une chance d'être sauvés.

– Mais vous, vous souffrez.

– Je n'ai pas le temps de souffrir, Néféret ! Guérissez-moi au plus vite.

Améni roula le papyrus comptable qu'il venait de soumettre à Ramsès, salua Néféret et regagna son bureau. Le porte-sandales de Pharaon ne supportait ni les cris de douleur ni la vue du sang.

– Votre Majesté consent-elle à ouvrir la bouche ?

Néféret examina son illustre patient. Avant d'accéder au rang envié de médecin généraliste, elle avait étudié et pratiqué de nombreuses spécialités, de la dentisterie à la chirurgie en passant par l'ophtalmologie.

– Un dentiste compétent vous soulagera, Majesté.

– Ce sera vous, et personne d'autre.

– Je peux vous proposer un spécialiste à la main très sûre...

– Vous, immédiatement. C'est votre poste qui est en jeu.

– Venez avec moi, Majesté.

Le centre de soins du palais était aéré et ensoleillé ; sur les murs blancs, des représentations de plantes médicinales.

Le roi était installé dans un confortable fauteuil, la tête penchée en arrière ; sa nuque reposait sur un coussin.

– Pour l'anesthésie locale, expliqua Néféret, j'utiliserai l'un des produits fabriqués par Sétaou ; vous ne sentirez rien.

– Quelle est la nature du mal ?

– Une carie avec complications infectieuses qui a entraîné un abcès que je vais drainer. Extraire la dent ne sera pas nécessaire, je ferai une obsturation avec un mélange de résine et de substances minérales. Pour l'autre dent malade, je pulvériserai un remède spécifique qui « gavera le mal », comme nous disons dans notre jargon : ocre médicinal, miel, poudre de quartzite, fruit entaillé du sycomore, farine de fève, cumin, coloquinte, bryone, gomme d'acacia et « sueur » du grattilier sont les ingrédients utilisés.

– Comment les avez-vous choisis ?

– Je dispose de traités de médecine écrits par les sages des temps anciens, Majesté, et je vérifie la composition avec mon instrument favori.

Entre le pouce et l'index, Néféret tenait un fil de lin au bout duquel oscillait un petit morceau de granit taillé en losange ; il se mettait à tourner très vite au-dessus du remède approprié.

– Vous pratiquez la radiesthésie, comme mon père.

– Et comme vous-même, Majesté ; n'avez-vous pas trouvé de l'eau dans le désert ? Ce n'est pas tout : après cette petite opération, il faudra soigner vos gencives en mastiquant chaque jour une pâte à base de bryone, de genévrier, d'absinthe, de fruit du sycomore, d'encens et d'ocre médicinal. En cas de douleur, vous boirez une décoction à base d'écorce de saule * ; c'est un analgésique très efficace.

* D'où provient notre moderne aspirine.

– D'autres mauvaises nouvelles ?

– L'examen de votre pouls et de votre fond d'œil prouve que vous êtes doté d'une énergie exceptionnelle qui vous permettra d'étouffer dans l'œuf bien des maladies ; mais votre vieillesse s'accompagnera de rhumatismes... Et il faudra les accepter.

– J'espère mourir avant cette déchéance !

– Vous incarnez la paix et le bonheur, Majesté ; l'Égypte souhaite vous voir atteindre un grand âge. Vous soigner est un devoir impérieux. L'âge des sages n'est-il pas cent dix ans ? Ptah-hotep attendit de les avoir atteints avant de rédiger ses *Maximes*.

Ramsès sourit.

– À vous regarder et à vous écouter, la douleur s'estompe.

– C'est l'effet de l'anesthésie, Majesté.

– Êtes-vous satisfaite de ma politique de santé ?

– Je rédigerai bientôt mon rapport annuel. Dans l'ensemble, la situation est satisfaisante, mais l'on ne développera jamais assez l'hygiène publique et privée. C'est grâce à elle que l'Égypte reste à l'écart des épidémies. Votre directeur de la Double Maison de l'or et de l'argent ne doit pas lésiner sur l'achat de produits chers et rares qui entrent dans la composition des remèdes. Je viens d'apprendre que nous ne recevrons pas la livraison habituelle d'oliban ; or, je ne peux m'en passer.

– Soyez sans inquiétude, nos réserves sont abondantes.

– Sommes-nous prêts, Majesté ?

Face à des milliers de Hittites déchaînés, à Kadesh, Ramsès n'avait pas tremblé. Mais lorsqu'il vit approcher de sa bouche les instruments du dentiste, il ferma les yeux.

Le char de Ramsès roulait à si vive allure que Serramanna le suivait avec peine. Depuis que Néféret lui avait dispensé des soins d'une remarquable efficacité, le dynamisme du monarque avait redoublé. Seul Améni, malgré ses douleurs dorsales, parvenait à adopter le rythme de travail du souverain.

Une lettre codée d'Âcha avait rassuré Ramsès ; le chef de sa diplomatie n'était pas prisonnier, mais séjournait à Hattousa pour y mener des négociations d'une durée indéterminée. Comme l'avait supposé Améni, l'empereur hittite redoutait de se lancer dans une aventure guerrière à l'issue incertaine.

Alors que la crue se retirait de Basse-Égypte, en cette fin d'un mois de septembre dont la douce chaleur était un baume pour le corps, le char du roi roulait le long d'un canal qui desservait des villages. Personne, pas même Améni, ne connaissait la nature de la mission urgente que Ramsès jugeait bon d'accomplir lui-même.

Depuis la mort de Chénar, le frère aîné du roi, et de ses complices, la sécurité de Ramsès était plus facile à assurer. Mais la liberté de manœuvre d'Ouri-Téchoup inquiétait le géant sarde qui déplorait l'intrépidité du monarque, à peine atténuée par l'âge.

Ramsès s'arrêta au pied d'un arbre épanoui, en bordure du canal. Ses feuilles lancéolées étaient ravissantes.

– Viens voir, Serramanna ! D'après les archives de la Maison de Vie, voici le plus vieux saule d'Égypte. De son écorce, on extrait une substance anti-inflammatoire qui m'a soulagé. C'est pourquoi je suis venu le remercier. Et je ferai mieux : de mes mains, je planterai des rameaux de saule à Pi-Ramsès, près des pièces d'eau, et j'ordonnerai que l'on agisse de même dans le pays entier. Les dieux et la nature nous ont tout donné : sachons faire fructifier leurs trésors.

« Aucune autre terre, pensa l'ancien pirate, n'aurait pu engendrer un roi comme celui-là. »

14

Un vent glacé soufflait sur le haut plateau d'Anatolie ; à Hattousa, l'automne ressemblait parfois à l'hiver. Âcha n'avait pas à se plaindre de l'hospitalité d'Hattousil ; la nourriture était convenable, quoique rustique, et les deux jeunes Hittites chargées de le distraire remplissaient leur tâche avec zèle et conviction.

Mais l'Égypte lui manquait. L'Égypte, et Ramsès. Âcha avait envie de vieillir à l'ombre du monarque qu'il avait servi sa vie durant, et pour lequel il avait accepté, avec un enthousiasme caché, d'affronter les pires dangers. La vraie puissance, qui fascinait l'adolescent Âcha pendant ses études à Memphis, c'était Ramsès qui la détenait, et non Moïse, comme il l'avait cru pendant une courte période. Moïse luttait pour l'application d'une vérité révélée et définitive, Ramsès bâtissait jour après jour la vérité d'une civilisation et d'un peuple, parce qu'il faisait offrande de ses actes à Maât, à l'invisible et au principe de vie. Comme ses prédécesseurs, Ramsès savait que ce qui était figé allait vers la mort ; aussi ressemblait-il à un musicien capable de jouer de plusieurs instruments et de créer sans cesse de nouvelles mélodies avec les mêmes notes d'éternité. Ramsès n'avait pas fait de la puissance léguée par les dieux un pouvoir sur les hommes, mais un devoir de rectitude ; et c'était cette fidélité à Maât qui ne permettait pas à un pharaon d'Égypte de devenir un tyran.

Sa fonction ne consistait pas à asservir les hommes, mais à les libérer d'eux-mêmes. Voir Ramsès régner, c'était contempler un tailleur de pierre lorsqu'il façonnait le visage d'une divinité.

Vêtu d'un manteau de laine rouge et noir semblable à celui qu'avait porté son frère défunt, Hattousil entra dans les appartements attribués au chef de la diplomatie égyptienne.

– Es-tu satisfait de mon accueil, Âcha ?

– On le serait à moins, Majesté.

– Ce froid précoce ne t'affecte-t-il pas ?

– Je mentirais en affirmant le contraire ; il fait si doux, sur les bords du Nil, en cette saison.

– Chaque pays a ses avantages... N'aimes-tu plus le Hatti ?

– Plus je vieillis, Majesté, et plus je deviens casanier.

– J'ai une bonne nouvelle : ma réflexion est terminée. Dès demain, tu pourras reprendre le chemin de l'Égypte. Mais j'ai aussi une mauvaise nouvelle : je ne transigerai pas, et mes exigences n'ont pas varié. Ma fille doit devenir la grande épouse royale de Ramsès.

– Et si Pharaon persiste dans son refus ?

Hattousil tourna le dos à l'Égyptien.

– Hier, j'ai convoqué mes généraux et leur ai ordonné de préparer nos troupes au combat. Puisque mon frère le pharaon m'a demandé du fer, j'ai fait fabriquer à son intention une arme unique.

L'empereur se retourna et tira de la poche intérieure de son manteau une dague de fer qu'il remit à Âcha.

– Une merveille, n'est-ce pas ? Aussi légère et maniable que possible, mais capable de transpercer n'importe quel bouclier. J'ai montré la dague à mes généraux et leur ai promis que j'irai moi-même la reprendre sur le cadavre de mon frère Ramsès s'il refuse mes conditions.

Le soleil se couchait sur le temple de Seth, l'édifice le plus étrange de Pi-Ramsès. Le sanctuaire où résidait le maître des perturbations cosmiques avait été bâti à l'emplacement de la capitale des Hyksôs, ces occupants haïs qu'avaient chassés les premiers rois de la dix-huitième dynastie. Ramsès avait transformé ce lieu néfaste en pôle d'énergie positive ; il avait affronté Seth et s'était approprié sa puissance.

C'était ici, dans un domaine interdit où seul le fils de Séthi osait pénétrer, que Pharaon puisait la force nécessaire pour livrer le prochain combat.

Lorsque Ramsès sortit du temple, son fils cadet Mérenptah s'approcha de lui.

– Ma tâche est accomplie, père.

– Tu as travaillé vite...

– Aucune caserne de Pi-Ramsès et de Memphis n'a échappé à mes investigations.

– N'accordais-tu aucun crédit aux rapports des officiers supérieurs ?

– Eh bien...

– Parle franc.

– Aucun, Majesté.

– Pour quelle raison, Mérenptah ?

– Je les ai observés. Ce sont des nantis, si confiants dans la paix que tu as instaurée qu'ils en oublient de conduire des manœuvres sérieuses. Sûre de sa force, fière de ses victoires passées, notre armée s'endort.

– État de notre armement ?

– Quantité suffisante, qualité souvent douteuse. Les forgerons travaillent au ralenti depuis plusieurs années, nombre de chars auraient besoin de révisions approfondies.

– Occupe-t'en.

– Je risque de froisser des susceptibilités.

– Quand le sort de l'Égypte est en jeu, aucune importance. Comporte-toi comme un véritable général en chef, envoie à la retraite les officiers avachis, nomme des hommes sûrs aux postes de responsabilité, redonne à notre armée l'armement dont elle a besoin. Ne reparais devant moi qu'après avoir rempli ta mission.

Mérenptah s'inclina devant Pharaon et repartit pour le quartier général.

Un père aurait dû parler d'une autre manière à son fils : mais Ramsès était le maître des Deux Terres et Mérenptah son possible successeur.

Iset la belle avait perdu le sommeil.

Pourtant elle connaissait le bonheur : voir Ramsès chaque jour, échanger des confidences avec lui, être près de lui lors des rituels et des cérémonies officielles... Et ses deux fils, Khâ et Mérenptah, menaient une brillante carrière.

Mais Iset la belle était de plus en plus triste et de plus en plus seule, comme si cet excès de bonheur la rongeait et la privait de ses forces. La cause de ses nuits blanches était identifiée : Néfertari avait été l'artisan de la paix ; elle, Iset, devenait synonyme de conflit. De même qu'Hélène avait été à l'origine de la terrible guerre de Troie, de même Iset passerait, aux yeux du peuple, pour celle qui déclencherait un nouvel affrontement entre l'Égypte et le Hatti.

Sous l'impulsion de Mérenptah, dont les officiers supérieurs ne contestaient pas l'autorité, Pi-Ramsès subissait un accès de fièvre militaire. L'entraînement intensif et la production d'armes avaient repris.

La coiffeuse de la reine s'inquiéta.

– Quand pourrai-je vous maquiller, Majesté ?

– Le roi est-il levé ?

– Depuis longtemps !

– Déjeunerons-nous ensemble ?

– Il a prévenu votre majordome qu'il travaillerait la journée durant avec le vizir et les chefs des forteresses de Canaan, rappelés d'urgence à Pi-Ramsès.

– Faites préparer ma chaise à porteurs.

– Majesté ! Vous êtes à peine coiffée, je n'ai pas posé votre perruque, je ne vous ai pas maquillée, je...

– Dépêche-toi.

Iset la belle était un fardeau bien léger pour les douze robustes gaillards qui emmenèrent la reine du palais au bureau d'Améni. Comme la grande épouse royale leur avait demandé de se hâter, ils bénéficieraient d'une prime et d'un repos supplémentaire.

La reine pénétra dans une véritable ruche. La vingtaine de scribes composant l'équipe restreinte d'Améni traitait un nombre considérable de dossiers et n'avait pas une seconde à consacrer au bavardage. Il fallait lire, résumer pour le secrétaire particulier du roi, trier, archiver, n'accuser aucun retard.

Iset traversa la salle à colonnes ; certains fonctionnaires ne levèrent même pas les yeux. Quand elle entra dans le bureau d'Améni, il mastiquait une tranche de pain enduite de graisse d'oie et rédigeait une lettre de remontrance à l'intention d'un contrôleur des greniers.

Étonné, le porte-sandales de Ramsès se leva.

– Majesté...

– Asseyez-vous, Améni. J'ai à vous parler.

La reine referma la porte de bois du bureau et tira le verrou. Le scribe se sentit mal à l'aise ; autant il admirait Néfertari, autant il détestait Iset avec laquelle il s'était déjà heurté. Contrairement à l'habitude, elle ne se présentait pas à son avantage : regard éteint, visage fatigué qu'aucun artifice de maquillage ne mettait en valeur.

– Votre aide m'est indispensable, Améni.

– Je ne vois pas, Majesté...

– Cessez de jouer au plus fin avec moi. Je n'ignore pas que la cour serait soulagée si Pharaon me répudiait.

– Majesté !

– C'est ainsi, et je ne peux rien y changer. Vous qui savez tout, qu'en pense le peuple ?

– C'est assez délicat...

– Je veux connaître la vérité...

– Vous êtes la grande épouse royale, aucune critique ne doit vous atteindre.

– La vérité, Améni.

Le scribe baissa les yeux, comme s'il se concentrait sur son papyrus.

– Il faut comprendre le peuple, Majesté ; il s'est habitué à la paix.

– Le peuple aimait Néfertari et il ne m'apprécie guère : voilà la vérité que vous voulez me cacher.

– Ce sont les circonstances, Majesté.

– Parlez à Ramsès, dites-lui que j'ai conscience de la gravité de la situation et que je suis prête à me sacrifier pour éviter un conflit.

– Ramsès a pris sa décision.

– Insistez auprès de lui, Améni, je vous en supplie.

Le secrétaire particulier du roi fut convaincu de la sincérité d'Iset la belle. Pour la première fois, elle lui apparut digne d'être reine d'Égypte.

15

– Pourquoi retardes-tu ton départ ? demanda l'empereur Hattousil à Âcha.

– Parce que j'espère encore vous faire revenir sur votre décision.

Engoncé dans son manteau de laine rouge et noir, coiffé d'un bonnet, le maître du Hatti redoutait les bourrasques glaciales qui balayaient les remparts de sa capitale. Même enveloppé dans sa grande cape, le chef de la diplomatie égyptienne ressentait les morsures du froid.

– Impossible, Âcha.

– Déclencherez-vous une guerre inutile à cause d'une femme ? Troie nous a servi d'exemple. Pourquoi nous rendre esclaves d'une folie meurtrière ? Les reines doivent donner la vie, non la mort.

– Tes arguments sont excellents, mais tellement égyptiens ! Le Hatti ne me pardonnerait pas de perdre la face. Si je recule devant Ramsès, mon trône vacille.

– Personne ne vous menace.

– Si mon comportement humilie l'armée hittite, je ne vivrai pas longtemps. Nous sommes un peuple guerrier, Âcha ; le tyran qui me remplacerait serait pire que moi, sois-en sûr.

– Ramsès tient à ce que votre règne soit durable, Majesté.

– Puis-je te croire ?

– Ma parole sur ce que j'ai de plus cher : la vie de Ramsès.

Les deux hommes firent quelques pas sur le chemin de ronde qui dominait la capitale, hérissée de tours de guet. Partout, l'armée était présente.

– N'êtes-vous pas fatigué de guerroyer, Majesté ?

– Les soldats m'ennuient. Mais sans eux, le Hatti disparaîtrait.

– L'Égypte n'a pas le goût du combat ; elle préfère l'amour et la construction des temples. La bataille de Kadesh n'appartient-elle pas au passé ?

– Ne me force pas à dire, Âcha, que j'aurais aimé naître Égyptien !

– Tout nouveau conflit entre l'Égypte et le Hatti serait un désastre qui affaiblirait nos deux pays au profit de l'Assyrie. Acceptez que votre fille devienne l'épouse diplomatique de Ramsès et qu'Iset la belle demeure grande épouse royale.

– Je ne peux plus reculer, Âcha.

Le ministre des Affaires étrangères de Ramsès le Grand contempla la ville basse, dont le cœur était le temple du dieu de l'Orage et de la déesse du Soleil.

– Les hommes sont des animaux pervers et dangereux, estima-t-il ; ils finiront par souiller la terre et anéantir leur propre race. Lorsqu'ils sont enfermés dans un processus de destruction qu'ils ont créé eux-mêmes, aucun argument ne peut les en faire sortir. Pourquoi cette obstination à courir vers sa propre perte ?

– Parce que les humains s'éloignent de plus en plus des dieux, répondit Hattousil. Quand tout lien sera coupé, il n'y aura plus que des fanatiques manipulés par des tyrans qui régneront sur un immense peuple de fourmis.

– C'est curieux, Majesté... Vous m'obligez à avouer que j'ai passé ma vie à lutter pour Maât, pour l'harmonie entre le ciel et la terre, comme si le reste n'avait été que futilité.

– Sinon, aurais-tu été l'ami de Ramsès ?

Le vent devint plus violent, le froid s'accentua.

– Mieux vaudrait rentrer, Âcha.

– C'est trop stupide, Majesté.

– Tel est bien mon avis, mais nous n'y pouvons rien, ni toi ni moi. Souhaitons que les divinités du Hatti et de l'Égypte soient témoins de notre bonne foi et provoquent un miracle.

Sur le quai du port fluvial de Pi-Ramsès grouillait une foule surexcitée. Le même jour, plusieurs bateaux en provenance de Memphis, de Thèbes et d'autres villes du Sud avaient déchargé leurs marchandises. Le marché local, d'ordinaire fort animé, avait pris une ampleur sans précédent. Les locataires des meilleurs emplacements, parmi lesquels de nombreuses femmes excellant dans l'art du commerce, étaient décidés à engranger de substantiels bénéfices.

Main dans la main, Ouri-Téchoup et Tanit se promenaient parmi les badauds, jetant un œil aux étoffes, aux sandales, aux coffrets de bois précieux et à quelques autres merveilles. Le tout Pi-Ramsès était au rendez-vous, et la belle Phénicienne se forçait à sourire à ses innombrables connaissances, séduites par la virilité du prince hittite.

Non sans une profonde satisfaction, ce dernier avait noté que les sbires de Serramanna ne le suivaient plus. Harceler un honnête citoyen étant un délit, Ouri-Téchoup n'aurait pas manqué de porter plainte.

– Je peux... acheter ? implora la Phénicienne.

– Voyons, ma chérie, tu es tout à fait libre.

Tanit se lança dans une frénésie d'acquisitions qui calmèrent sa nervosité. D'étal en étal, le couple se retrouva devant celui de Raia. Le marchand syrien proposait des coupes en étain, des vases d'albâtre aux formes élancées et des fioles à parfum en verre coloré que s'arrachaient les élégantes. Pendant que Tanit discutait âprement les prix avec l'un des assistants de Raia, ce dernier s'approcha d'Ouri-Téchoup.

– Excellentes nouvelles d'Hattousa ; les négociations menées par Âcha ont échoué. L'empereur refuse de renoncer à ses exigences.

– Les discussions sont-elles définitivement rompues ?

– Âcha a repris le chemin de l'Égypte. La réponse d'Hattousil à Ramsès est une dague de fer que l'empereur a promis de reprendre sur le cadavre de Pharaon après l'avoir vaincu.

Ouri-Téchoup demeura silencieux un long moment.

– Ce soir, viens toi-même livrer les objets que ma femme t'aura achetés.

Le robuste Sétaou s'émerveillait chaque jour davantage.

Comment Lotus, sa jolie épouse nubienne, s'y prenait-elle pour ne pas vieillir ? Puisqu'elle n'utilisait ni onguents ni pommades, seule la sorcellerie gardait intact un pouvoir de séduction auquel son mari était incapable de résister. Avec elle, l'amour était un jeu délicieux, aux fantaisies inépuisables.

Sétaou embrassa les seins de Lotus.

Soudain, elle se crispa.

– N'as-tu pas entendu un bruit ?

– Ton cœur, qui bat un peu plus fort...

L'ardeur de Sétaou enflamma Lotus qui ne songea plus qu'au plaisir enivrant et partagé.

La visiteuse inattendue s'immobilisa. Quand elle s'était introduite dans le laboratoire, elle avait espéré que le couple serait absent ; mais lorsqu'ils séjournaient à Pi-Ramsès, Sétaou et Lotus ne s'éloignaient pas volontiers des récipients contenant le venin du cobra royal, du cobra noir, de la vipère souffleuse ou de la vipère à cornes. En accord avec le médecin-chef du royaume, ils poursuivaient leurs recherches, avec l'espoir de mettre au point de nouveaux remèdes ou d'améliorer les anciens. Banquets et mondanités les ennuyaient; comment préférer des heures interminables de conversation creuse à l'étude de ces substances qui donnaient la mort mais pouvaient sauver des vies?

Soupirs et halètements rassurèrent la visiteuse; les deux amants étaient trop affairés pour percevoir sa présence. À elle de ne commettre aucune maladresse et de s'emparer d'un flacon de venin dans le plus parfait silence. Mais lequel choisir? Question inutile. Tous ces poisons ne se valaient-ils pas? À l'état brut et avant traitement, leurs effets étaient redoutables.

Un pas, puis un autre pas, puis un troisième... Les pieds nus glissaient sur le dallage. Encore un mètre, et l'intruse serait au cœur de ce domaine interdit.

Soudain, une forme se dressa.

Terrorisée, la femme s'immobilisa. Dans la pénombre, elle identifia un cobra royal qui se balançait d'avant en arrière. La peur fut si intense que la voleuse ne parvint même pas à crier. Son instinct lui commanda de reculer, avec une extrême lenteur, dans un mouvement imperceptible.

Elle eut l'impression que sa fuite durait des heures. Quand elle fut hors de vue, le cobra gardien se rendormit.

Améni recompta les papyrus: quarante-deux, un par province. Les résultats varieraient, en fonction du nombre de canaux et de plans d'eau. Grâce au grand lac aménagé par les pharaons du Moyen Empire, le Fayoum, déjà bien pourvu de nombreuses espèces d'arbres, serait avantagé. Conformément aux ordres de Ramsès, des saules seraient plantés dans toute l'Égypte, et les laboratoires des temples extrairaient de l'écorce la substance analgésique mise plus largement à la disposition des médecins.

Ce surcroît de travail avait provoqué chez Améni un accès de fureur dont ses subordonnés avaient fait les frais, mais les directives de Pharaon ne se discutaient pas. Par bonheur, le porte-sandales du roi n'avait quand même pas à se préoccuper des préparatifs de guerre ! Mérenptah s'acquittait fort bien de sa tâche et ne venait pas gémir dans son bureau.

Les bras chargés de papyrus, Améni barra la route du monarque qui se rendait au temple d'Amon afin d'y célébrer les rites du soir.

– Ta Majesté aurait-elle un instant à m'accorder ?

– Seulement pour une affaire urgente.

– Bon, je n'insiste pas...

– Ta manœuvre n'est pas improvisée : qu'est-ce qui te préoccupe ?

– Iset la belle est venue me consulter.

– S'intéresserait-elle aux affaires de l'État ?

– Elle ne veut pas être la cause d'un conflit avec le Hatti. Je dois t'avouer que sa sincérité m'a ému.

– Si le charme d'Iset agit sur toi, le royaume n'est-il pas en péril ?

– C'est sérieux, Majesté ; la grande épouse royale redoute vraiment d'être à l'origine d'une nouvelle guerre.

– Ce problème est réglé, Améni. Si nous cédons un seul pouce de terrain aux Hittites, les combats que nous avons menés auront été inutiles. Répudier une grande épouse royale serait ouvrir la porte à la barbarie. Iset ne porte aucune part de responsabilité dans ce drame ; le seul coupable, c'est Hattousil.

16

Une pluie glaciale tombait sur Hattousa ; le convoi du chef de la diplomatie égyptienne était prêt à partir. Élégante et racée dans sa robe rouge à franges, indifférente au froid, l'impératrice vint saluer Âcha.

– L'empereur est alité, révéla-t-elle.

– Rien de grave, j'espère ?

– Un peu de fièvre qui disparaîtra vite.

– Souhaitez-lui un bon rétablissement, Majesté.

– L'échec des négociations me désole, avoua Poutouhépa.

– Moi aussi, Majesté.

– Et si Ramsès finissait par céder ?

– N'ayons aucune illusion.

– Je ne vous ai jamais vu si pessimiste, Âcha.

– Il ne nous reste que deux espoirs : un miracle et... vous-même. Ne pourriez-vous atténuer l'intransigeance de votre époux ?

– Jusqu'à présent, j'ai échoué... Mais je continuerai.

– Majesté, je voulais vous dire... Non, c'est sans importance.

– Je vous écoute.

– C'est vraiment sans importance.

Comment Âcha pouvait-il avouer à l'impératrice du Hatti que, parmi toutes les femmes qu'il avait croisées, elle était la seule dont il aurait volontiers fait son épouse ? C'eût été une impardonnable faute de goût.

Âcha regarda Poutouhépa avec intensité, comme s'il voulait graver en lui le souvenir d'un visage inaccessible. Puis il s'inclina.

– Ne partez pas triste, Âcha ; je ferai tout pour éviter le pire.

– Moi aussi, Majesté.

Quand le convoi s'ébranla vers le sud, Âcha ne se retourna pas.

Sétaou se sentait merveilleusement bien. Il sortit de la chambre sans réveiller Lotus dont le corps nu, si émouvant, ne cessait de susciter son désir. Il hésita un instant, puis se dirigea vers son laboratoire. Le venin de la vipère à cornes recueilli la nuit précédente devait être traité dans la journée ; son travail d'administrateur d'une province nubienne n'avait pas fait oublier au charmeur de serpents les règles du métier.

Une jeune servante qui apportait un plateau de fruits se figea sur place. Effrayée par l'allure brutale de Sétaou, elle n'osa pas s'enfuir ; cet homme n'était-il pas le magicien qui empoignait les serpents venimeux sans crainte de se faire mordre ?

– J'ai faim, petite ; va me chercher du poisson séché, du lait et du pain frais.

Tremblante, la servante obéit. Sétaou sortit dans le jardin et s'allongea dans l'herbe pour mieux s'imprégner de la saveur de la terre. Il mangea avec appétit puis, fredonnant un refrain réservé à des oreilles averties, il regagna l'aile du palais réservée aux expérimentations.

Il lui manquait son vêtement habituel, sa tunique en peau d'antilope, saturée d'antidotes contre les morsures de serpent. Il fallait utiliser ces produits avec circonspection, car le remède pouvait se révéler pire que le mal. Grâce à cette pharmacie ambulante, Sétaou était capable de combattre nombre de maladies.

Avant de prendre Lotus dans ses bras, il avait déposé sa tunique sur un siège bas. Non, il se trompait... C'était dans une autre pièce. Sétaou inspecta l'antichambre, une petite salle à colonnes, la salle de douche, les lieux d'aisances.

En vain.

Dernière solution : la chambre à coucher. Oui, bien sûr... C'était là qu'il avait abandonné sa précieuse tunique.

Lotus se réveillait ; Sétaou l'embrassa tendrement sur les seins.

– Dis-moi, chérie... où as-tu rangé ma tunique ?

– Je n'y touche jamais.

Nerveux, Sétaou fouilla la chambre, sans succès.

– Elle a disparu, conclut-il.

Serramanna espérait que, cette fois, Ramsès l'emmènerait avec lui pour affronter les Hittites. Depuis de nombreuses années, l'ancien pirate avait envie de trancher la gorge des barbares d'Anatolie et de couper les mains des vaincus pour les compter. Quand le roi avait livré la bataille de Kadesh, le géant sarde avait reçu l'ordre de rester à Pi-Ramsès et d'assurer la sécurité de la famille royale ; depuis cette date, il avait formé des hommes capables de s'acquitter de cette tâche et ne rêvait aujourd'hui que d'en découdre.

L'irruption de Sétaou dans la caserne où s'entraînait le Sarde ne manqua pas de le surprendre ; les deux hommes n'avaient pas toujours été en excellents termes, mais ils avaient appris à s'apprécier et se savaient liés par un point commun : la fidélité à Ramsès.

L'ancien pirate cessa de frapper sur le mannequin de bois qu'il démantelait à coups de poing.

– Un ennui, Sétaou ?

– On m'a volé mon bien le plus précieux : ma tunique médicinale.

– Des soupçons ?

– Un médecin jaloux, forcément ; et il ne saura même pas s'en servir !

– Peux-tu être plus précis ?

– Hélas, non !

– Quelqu'un a voulu te jouer un mauvais tour, parce que tu prends trop de place en Nubie. À la cour, on ne t'aime pas beaucoup.

– Il faut fouiller le palais, les villas des nobles, les ateliers, les...

– Du calme, Sétaou ! Je vais mettre deux hommes sur l'affaire, mais nous sommes en période de mobilisation générale, et ta tunique ne saurait passer en priorité.

– Sais-tu combien d'êtres elle a déjà sauvés ?

– Je ne l'ignore pas, mais il vaudrait mieux t'en procurer une autre !

– Facile à dire. Je m'étais habitué à celle-là.

– Allons, Sétaou ! Ne fais pas tant d'histoires et viens boire avec moi ! Après, nous irons ensemble chez le meilleur tanneur de la ville. Un jour ou l'autre, il faut bien changer de peau !

– Je veux connaître l'auteur de ce vol.

Ramsès lut le dernier rapport de Mérenptah, clair et concis. Son fils cadet faisait preuve d'une belle lucidité. Lorsque Âcha reviendrait du Hatti, le pharaon entamerait d'ultimes négociations avec Hattousil. Mais l'empereur ne serait pas dupe et, comme le roi d'Égypte, mettrait cette période à profit pour préparer son armée au combat.

Les troupes d'élite égyptiennes étaient en meilleur état que Ramsès ne l'avait supposé ; il serait facile d'engager des mercenaires aguerris et d'accélérer la préparation des jeunes recrues. Quant à l'armement, il serait vite complété grâce à la production intensive des armuriers. Les officiers nommés par Mérenptah avec l'aval de Ramsès encadreraient des soldats capables d'affronter victorieusement les Hittites.

Lorsque Ramsès prendrait la tête de son armée pour marcher vers le nord, la certitude du triomphe enflammerait le cœur de ses régiments.

Hattousil avait tort de renoncer à la paix ; non seulement l'Égypte lutterait avec ardeur pour sa survie, mais encore prendrait-elle l'initiative, afin de surprendre les guerriers d'Anatolie. Cette fois, Ramsès s'emparerait de la forteresse de Kadesh.

Pourtant, une anxiété inhabituelle enserrait le cœur du roi, comme s'il était incertain de la conduite à tenir ; puisque Néfertari n'était plus là pour éclairer le chemin, le monarque devait consulter une divinité.

Ramsès ordonna à Serramanna de préparer un bateau rapide pour Hermopolis *, en Moyenne-Égypte. Alors que le souverain s'engageait sur la passerelle, Iset la belle lui adressa une supplique.

– Puis-je venir avec toi ?

– Non, j'ai besoin d'être seul.

– As-tu des nouvelles d'Âcha ?

– Il sera bientôt de retour.

– Tu connais mes sentiments, Majesté ; donne un ordre, et j'obéirai. Le bonheur de l'Égypte compte davantage que le mien.

– Je t'en sais gré, Iset ; mais ce bonheur disparaîtrait si l'Égypte pliait l'échine devant l'injustice.

La voile blanche s'éloigna vers le sud.

En bordure du désert, près de la nécropole où avaient été inhumés les grands prêtres du dieu Thot, poussait un

* La ville de Khemenou, « la cité des huit (dieux créateurs) », fut appelée par les Grecs Hermopolis, « la cité d'Hermès », Hermès étant l'appellation grecque de Thot, qui régnait sur ce lieu, l'actuel Ashmounein.

immense palmier-doum, beaucoup plus haut que ses semblables. Selon la légende, Thot, le cœur de la lumière divine et le maître de la langue sacrée, apparaissait ici à ses fidèles qui avaient préservé leur bouche de paroles inutiles. Ramsès savait que le dieu des scribes était une source fraîche pour le silencieux, source qui demeurait scellée pour le bavard. Aussi le roi médita-t-il une journée et une nuit au pied du palmier-doum, afin d'apaiser le flot tumultueux de ses pensées.

À l'aube, un cri puissant salua la naissance du soleil.

À moins de trois mètres de Ramsès se tenait un singe colossal, un cynocéphale à la mâchoire agressive. Le pharaon soutint son regard.

– Ouvre-moi le chemin, Thot, toi qui connais les mystères du ciel et de la terre. Tu as révélé la Règle aux dieux et aux hommes, tu as façonné les paroles de puissance. Fais-moi suivre la juste voie, celle qui sera utile à l'Égypte.

Le cynocéphale se dressa sur ses pattes arrière. Plus grand que Ramsès, il leva ses pattes avant vers le soleil, en signe d'adoration. Le roi imita son geste, lui dont les yeux supportaient la lumière sans être brûlés.

La voix de Thot jaillit du ciel, du palmier-doum et de la gorge du babouin ; le pharaon la recueillit en son cœur.

17

La pluie tombait depuis plusieurs jours et le brouillard gênait la progression du convoi du chef de la diplomatie égyptienne. Âcha admirait les ânes qui, malgré des charges de soixante-dix kilos, avançaient d'un pas sûr, indifférents au mauvais temps. L'Égypte voyait en eux l'une des incarnations du dieu Seth, à la puissance inépuisable ; sans les ânes, pas de prospérité.

Âcha avait hâte de quitter la Syrie du Nord, de traverser la Phénicie et d'entrer dans les protectorats égyptiens. D'ordinaire, les voyages l'amusaient ; mais celui-là ressemblait à un fardeau qu'il soulevait avec peine. Les paysages l'ennuyaient, les montagnes le mettaient mal à l'aise, les fleuves charriaient des idées noires.

Le responsable militaire du convoi était un vétéran qui avait appartenu à l'armée de secours venue prêter main-forte à Ramsès lorsqu'il se battait seul contre les Hittites, à Kadesh. L'homme connaissait bien Âcha et avait de l'estime pour lui ; ses exploits d'agent secret et sa connaissance du terrain forçaient le respect. Le ministre des Affaires étrangères avait aussi la réputation d'être un personnage aimable, à la conversation brillante ; mais, depuis le départ, il était morne et triste.

À l'occasion d'une halte dans une bergerie où bêtes et hommes se réchauffèrent, le vétéran s'assit à côté d'Âcha.

– Seriez-vous souffrant ?

– Fatigué, sans plus.

– Les nouvelles sont mauvaises, n'est-ce pas ?

– Elles pourraient être meilleures mais, aussi longtemps que Ramsès gouvernera, la situation ne sera jamais désespérée.

– Moi, je connais bien les Hittites : ce sont des brutes et des conquérants. Quelques années de trêve les ont rendus plus vindicatifs encore.

– Vous vous trompez ; notre monde va peut-être se déchirer à cause d'une femme. Il est vrai qu'elle est différente de toutes les autres, puisqu'il s'agit de la grande épouse royale. Ramsès a raison : il ne faut rien concéder quand les valeurs fondamentales de notre civilisation sont en jeu.

– Voilà un langage peu diplomatique !

– L'âge de la retraite approche. Je m'étais promis de démissionner dès que les voyages me paraîtraient épuisants et fades ; ce jour est venu.

– Le roi n'acceptera pas de se séparer de vous.

– Je suis aussi têtu que lui et tâcherai de réussir cette négociation-là ; me trouver un successeur sera plus facile qu'il ne l'imagine. Les « fils royaux » ne sont pas tous de simples courtisans, certains sont même d'excellents serviteurs de l'Égypte. Dans mon métier, quand la curiosité s'éteint, il faut savoir s'arrêter. Le monde extérieur ne m'intéresse plus, je n'ai d'autre désir que de m'asseoir à l'ombre des palmes et de regarder couler le Nil.

– N'est-ce pas un simple moment de lassitude ? questionna le vétéran.

– Négocier et bavarder ne m'intéressent plus. Ma décision est irrévocable.

– C'est mon dernier voyage, à moi aussi. Enfin, la quiétude !

– Où habitez-vous ?

– Un village près de Karnak ; ma mère est très âgée, je serai heureux de l'aider à passer une vieillesse tranquille.

– Êtes-vous marié ?

– Je n'en ai pas eu le temps.

– Moi non plus, dit Âcha, rêveur.

– Vous êtes encore jeune.

– Je préfère attendre que le grand âge éteigne ma passion pour les femmes ; jusque-là, j'assumerai courageusement cette faiblesse. Espérons que le tribunal du grand dieu me la pardonnera.

Le vétéran alluma un feu avec du silex et du bois sec.

– Nous avons de l'excellente viande séchée et du vin convenable.

– Je me contenterai d'une coupe de vin.

– Perdriez-vous l'appétit ?

– Un certain nombre d'appétits m'ont quitté. Peut-être est-ce le début de la sagesse ?

La pluie s'était enfin arrêtée.

– Nous pourrions repartir.

– Bêtes et hommes sont fatigués, objecta le vétéran ; quand ils seront reposés, ils avanceront plus vite.

– Je vais dormir un peu, affirma Âcha, sachant qu'il ne trouverait pas le sommeil.

Le convoi traversa une forêt de chênes verts qui dominait une pente abrupte parsemée de blocs crevassés. Sur le sentier étroit, on ne pouvait avancer qu'en file indienne. Dans le ciel changeant, des cohortes de nuages.

Un sentiment étrange hantait Âcha, un sentiment qu'il était incapable de nommer. Il tentait vainement de le chasser en rêvant des rives du Nil, du jardin ombragé de la villa de Pi-Ramsès où il coulerait des jours paisibles, des chiens, des singes et des chats dont il aurait enfin le temps de s'occuper.

Sa main droite se posa sur la dague de fer que lui avait confiée Hattousil pour semer l'inquiétude dans l'esprit de Ramsès. Inquiéter Ramsès... Hattousil connaissait bien mal le pharaon ! Jamais il ne céderait sous la menace. Âcha eut envie de jeter l'arme dans la rivière coulant en contrebas, mais ce n'était pas cette dague qui déclencherait les hostilités.

Un temps, Âcha avait pensé qu'il serait bon d'unifier les coutumes et d'abolir les différences entre les peuples ; à présent, il était convaincu du contraire. De l'uniformité naîtraient des monstres, des États sans génie soumis à des pouvoirs tentaculaires et à des profiteurs qui plaideraient la cause de l'homme pour mieux l'étouffer et le faire rentrer dans le rang.

Seul un Ramsès était capable de détourner l'humanité de sa pente naturelle, la bêtise et la paresse, et de la conduire vers les dieux. Et si la vie n'offrait plus un seul Ramsès à l'espèce humaine, elle disparaîtrait dans le chaos et le sang de combats fratricides.

Qu'il était bon de s'en remettre à Ramsès pour les décisions vitales ! Pharaon, lui, n'avait d'autres guides que l'invisible et l'au-delà. Seul face au divin dans le naos du temple, il l'était aussi face à son peuple qu'il devait servir sans songer à sa propre gloire. Et, depuis des millénaires, l'institution pharaonique avait vaincu les obstacles et traversé les crises parce qu'elle n'était pas de ce monde.

Quand il aurait posé ses bagages de ministre itinérant, Âcha rassemblerait les anciens textes sur la double nature de Pharaon, céleste et terrestre, et il offrirait le recueil à Ramsès. Ils en parleraient, pendant de douces soirées, sous une treille ou bien au bord d'un étang couvert de lotus.

Âcha avait eu de la chance, beaucoup de chance. Être l'ami de Ramsès le Grand, l'avoir aidé à démanteler des complots et à repousser le danger hittite... Qu'aurait-il pu souhaiter de plus exaltant ? Cent fois, Âcha avait désespéré du lendemain, à cause de la bassesse, de la traîtrise et de la médiocrité ; mais cent fois la présence de Ramsès avait fait à nouveau resplendir le soleil.

Un arbre mort.

De grande taille, le tronc large, les racines apparentes, il semblait pourtant indestructible.

Âcha sourit. Cet arbre mort n'était-il pas source de vie ? Des oiseaux y trouvaient refuge, des insectes s'en nourrissaient. À lui seul, il symbolisait le mystère des relations invisibles entre les êtres vivants. Qu'étaient les pharaons, sinon des arbres immenses, atteignant le ciel, offrant nourriture et protection à tout un peuple ? Ramsès ne mourrait jamais, parce que sa fonction l'avait obligé à franchir, de son vivant, les portes de l'au-delà ; et seule la connaissance du surnaturel permettait à un monarque d'orienter correctement le quotidien.

Âcha n'avait guère fréquenté les temples ; mais il avait côtoyé Ramsès et, par osmose, s'était initié à certains secrets dont Pharaon était le dépositaire et le gardien. Peut-être le ministre de Ramsès se lassait-il déjà de sa paisible retraite, avant même de l'avoir vécue ; ne serait-il pas plus exaltant de quitter le monde extérieur et d'adopter l'existence des reclus, afin de connaître une autre aventure, celle de l'esprit ?

Le sentier devenait raide, le cheval d'Âcha peinait. Encore un col, et ce serait la descente vers Canaan, et la route vers la frontière nord-est du delta d'Égypte. Longtemps, Âcha avait refusé de croire qu'il se contenterait d'un bonheur simple, sur la terre où il était né, à l'abri des tumultes et des passions. Le matin du départ, en se regardant dans un miroir, il avait vu son premier cheveu blanc ; la neige des montagnes d'Anatolie était en avance. Un signe sans ambiguïté, la victoire de la vieillesse qu'il avait tant redoutée.

Lui seul savait que son organisme était usé par trop de voyages, trop de risques, trop de dangers ; Néféret, le médecin-chef du royaume, réussirait à soulager quelques maux et à ralentir la dégradation, mais Âcha ne disposait pas, comme Ramsès, d'une énergie renouvelée par les rites. Le diplomate était allé au-delà de ses forces, son temps de vie était presque épuisé.

Soudain, le cri terrifiant d'un homme blessé à mort. Âcha fit stopper son cheval et se retourna. Provenant de l'arrière, d'autres cris. En contrebas, on se battait, et des flèches volaient, tirées du sommet des chênes.

Jaillissant des deux côtés du chemin, des Libyens et des Hittites armés d'épées courtes et de lances.

La moitié des soldats égyptiens fut exterminée en quelques minutes ; les survivants réussirent à abattre quelques agresseurs, bien supérieurs en nombre.

– Fuyez ! recommanda le vétéran à Âcha. Galopez droit devant vous !

Âcha n'hésita pas. Brandissant la dague de fer, il fonça sur un archer libyen, reconnaissable aux deux plumes fichées dans ses cheveux que serrait un bandeau noir et vert. D'un geste ample, l'Égyptien lui trancha la gorge.

– Attention, att...

La mise en garde du vétéran se perdit dans un râle. La lourde épée tenue par un démon aux cheveux longs et à la poitrine couverte de poils roux venait de lui fendre de crâne.

Au même instant, une flèche atteignit Âcha dans le dos. Le souffle coupé, le chef de la diplomatie égyptienne tomba sur le sol humide.

Toute résistance avait cessé.

Le démon s'approcha du blessé.

– Ouri-Téchoup...

– Eh oui, Âcha, je suis vainqueur ! Enfin, je me venge de toi, diplomate maudit, toi qui as contribué à ma déchéance ! Mais tu n'étais qu'un obstacle sur ma route. À présent, c'est au tour de Ramsès. Ramsès qui croira que l'auteur de cette agression est Hattousil le lâche ! Que penses-tu de mon plan ?

– Que... le lâche... c'est toi.

Ouri-Téchoup s'empara de la dague de fer et la planta dans la poitrine d'Âcha. Déjà le pillage avait commencé ; si le Hittite n'intervenait pas, les Libyens s'entre-tueraient.

Âcha n'avait plus la force d'écrire le nom d'Ouri-Téchoup avec son sang. De l'index, puisant au tréfonds de son énergie mourante, il traça un seul hiéroglyphe sur sa tunique, à l'emplacement du cœur, et se tassa définitivement sur lui-même.

Cet hiéroglyphe, Ramsès le comprendrait.

18

Le palais était plongé dans le silence. De retour d'Hermopolis, Ramsès comprit aussitôt qu'un drame venait de se produire. Les courtisans s'étaient éclipsés, le personnel administratif se terrait dans les bureaux.

– Va chercher Améni, ordonna le roi à Serramanna. Rejoignez-moi sur la terrasse.

Du point le plus élevé du palais, Ramsès contemplait sa capitale dont Moïse avait été l'un des architectes. Les maisons blanches aux façades de turquoise sommeillaient sous les palmiers ; des promeneurs devisaient dans les jardins, près des pièces d'eau ; les hauts mâts à oriflamme, dressés contre les pylônes, affirmaient la présence du divin.

Le dieu Thot avait demandé au monarque de préserver la paix, quels que fussent les sacrifices à accomplir ; dans le labyrinthe des ambitions, il lui appartenait de trouver le bon chemin qui éviterait massacres et malheurs. En élargissant le cœur du roi, le dieu de la connaissance lui avait offert une volonté nouvelle ; le fils de Râ, le soleil en qui s'incarnait la lumière divine, était aussi celui de Thot, le soleil de la nuit.

Améni était plus pâle qu'à l'ordinaire ; dans ses yeux, une infinie tristesse.

– Toi, au moins, tu oseras me dire la vérité !

– Âcha est mort, Majesté.

Ramsès demeura impassible.

– Dans quelles circonstances ?

– Son convoi a été attaqué. Un berger a découvert les cadavres et prévenu des policiers cananéens. Ils se sont rendus sur place, l'un deux a reconnu Âcha.

– Son corps a-t-il été formellement identifié ?

– Oui, Majesté.

– Où se trouve-t-il ?

– Dans une forteresse, avec les autres membres du convoi diplomatique.

– Aucun survivant ?

– Aucun.

– Des témoins ?

– Pas de témoins.

– Que Serramanna se rende sur le lieu de l'agression, qu'il recueille le moindre indice et ramène les dépouilles d'Âcha et de ses compagnons. Ils reposeront en terre d'Égypte.

Le géant sarde et un petit groupe de mercenaires avaient épuisé plusieurs chevaux pour gagner la forteresse et en revenir avec la même promptitude. Dès son arrivée à Pi-Ramsès, Serramanna avait remis le cadavre d'Âcha à un embaumeur qui l'avait lavé, parfumé et préparé avant qu'il ne fût présenté au pharaon.

Ramsès avait pris son ami dans ses bras et l'avait déposé sur un lit, dans une chambre du palais.

Le visage d'Âcha était serein. Enveloppé dans un linceul blanc, le chef de la diplomatie égyptienne semblait dormir.

Devant lui, Ramsès, encadré d'Améni et de Sétaou.

– Qui l'a tué ? demanda Sétaou, dont les yeux étaient rougis à force d'avoir pleuré.

– Nous le saurons, promit le roi ; j'attends le rapport de Serramanna.

– Sa demeure d'éternité est achevée, précisa Améni ; le

jugement des hommes lui a été favorable, les dieux le feront renaître.

– Mon fils Khâ dirigera le rituel et prononcera les antiques formules de résurrection. Ce qui a été noué ici-bas le sera dans l'au-delà ; la fidélité d'Âcha à son pays le protégera des dangers de l'autre monde.

– Je tuerai son meurtrier de mes propres mains, annonça Sétaou ; désormais, cette pensée ne me quittera plus.

Serramanna se présenta devant le monarque.

– Qu'as-tu découvert ?

– Âcha a été atteint par une flèche qui s'est fichée dans l'omoplate droite, mais cette blessure n'était pas mortelle. L'arme qui l'a tué, la voici.

L'ancien pirate remit la dague à Ramsès.

– Du fer ! s'exclama Améni. Le sinistre cadeau de l'empereur du Hatti ! Tel est son message : l'assassinat de l'ambassadeur d'Égypte, ami intime de Ramsès !

Serramanna n'avait jamais vu Améni dans un tel état de fureur.

– Nous connaissons donc l'assassin, conclut Sétaou, glacial. Hattousil a beau se terrer dans sa citadelle, je m'y introduirai et je jetterai son cadavre du haut des remparts.

– J'émets une réserve, avança le Sarde.

– Tu as tort, je réussirai !

– Pas une réserve sur ton désir de vengeance, Sétaou, mais sur l'identité de l'assassin.

– Cette dague de fer n'est-elle pas hittite ?

– Bien sûr que si, mais j'ai recueilli un autre indice.

Serramanna montra une plume brisée.

– C'est l'ornement guerrier des Libyens.

– Des Libyens alliés des Hittites... Impossible !

– Quand les forces du mal décident de s'unir, estima Améni, rien n'est impossible. Tout est clair : Hattousil a choisi l'épreuve de force. Comme ses prédécesseurs, il ne songe qu'à détruire l'Égypte, et il est prêt à s'allier avec les démons de l'enfer !

– Autre élément d'appréciation, commenta Serramanna : le convoi comprenait un petit nombre de voyageurs. Les agresseurs devaient être quarante, cinquante au plus. C'est une bande de pillards qui a tendu un guet-apens, non une armée régulière.

– Ce n'est que ton interprétation, objecta Améni.

– Non, la réalité ; quand on a examiné le paysage, l'étroitesse de la route et les traces laissées par les cavaliers, aucune hésitation. Je suis persuadé qu'il n'y avait pas un seul char hittite dans les parages.

– Qu'est-ce que ça change ? demanda Sétaou. Hattousil a donné l'ordre à un commando d'exécuter Âcha avec un beau cadeau pour Ramsès, cette dague en fer ! Puisque Pharaon refuse d'épouser sa fille, l'empereur du Hatti assassine l'un de ses amis intimes, un homme de paix et de dialogue. Personne ne peut changer l'esprit des peuples ; les Hittites seront toujours des barbares sans parole.

– Majesté, déclara Améni avec gravité, j'ai horreur de la violence et je déteste la guerre. Mais laisser ce crime impuni serait une injustice intolérable. Tant que le Hatti ne sera pas brisé, l'Égypte sera en danger de mort. Âcha a donné sa vie pour nous le faire comprendre.

Sans manifester la moindre émotion, Ramsès avait écouté.

– Quoi d'autre, Serramanna ?

– Rien, Majesté.

– Âcha n'avait-il rien écrit dans la terre ?

– Il n'en a pas eu le temps ; le coup porté avec la dague fut d'une extrême violence et la mort rapide.

– Ses bagages ?

– Volés.

– Ses vêtements ?

– Le momificateur les a ôtés.

– Apporte-les-moi.

– Mais... il a dû les détruire !

– Apporte-les-moi, et vite.

Serramanna connut la plus grande frayeur de son existence. Pourquoi se serait-il intéressé à une tunique et à un manteau maculés de sang ?

Le Sarde sortit du palais en courant, bondit sur le dos de son cheval et galopa jusqu'au village des embaumeurs, situé en dehors de la ville. Le patron des momificateurs avait préparé le cadavre d'Âcha pour l'ultime rencontre terrestre de Pharaon et de son ami.

– Les vêtements d'Âcha, réclama le Sarde.

– Je ne les ai plus, répondit le momificateur.

– Qu'en as-tu fait ?

– Ben... comme d'habitude, je les ai donnés au blanchisseur du faubourg nord.

– Où habite-t-il ?

– Dans la dernière maison de la rue courbe, en bordure du canal.

Le géant sarde repartit à vive allure ; il força son cheval à sauter des murets, traversa des jardins, fonça dans des ruelles au risque de renverser des passants et s'engagea dans la rue courbe sans ralentir.

À hauteur de la dernière maison, il tira sur les rênes pour stopper son cheval en sueur et frappa au volet.

– Le blanchisseur !

Une femme ouvrit.

– Au canal. Il travaille.

Abandonnant sa monture, Serramanna courut jusqu'au canal réservé au lavage des vêtements et des linges souillés. Il agrippa par les cheveux l'homme qui commençait à savonner la tunique d'Âcha.

Sur le manteau, des traces de sang. Sur la tunique aussi, mais avec une différence notable : d'un doigt hésitant, Âcha avait tracé un signe.

– C'est un hiéroglyphe, constata Ramsès ; que lis-tu, Améni ?

– Deux bras tendus, paumes des mains ouvertes vers le sol... Le signe de la négation.

– « Non »... Je lis comme toi.

– Le début d'un nom ou d'un mot... Qu'a voulu dire Âcha ?

Sétaou, Améni et Serramanna étaient perplexes. Ramsès réfléchit.

– Âcha n'a disposé que de quelques secondes avant de mourir et n'a pu tracer qu'un seul hiéroglyphe. Il prévoyait nos conclusions : l'auteur de cet abominable attentat ne peut être qu'Hattousil et je me trouve donc dans l'obligation de lui déclarer immédiatement la guerre. Alors, Âcha a prononcé son dernier mot pour éviter une tragédie : « Non ». Non, le vrai coupable n'est pas Hattousil.

19

Les funérailles du chef de la diplomatie égyptienne furent grandioses. Vêtu d'une peau de panthère, Khâ pratiqua le rite de l'ouverture des yeux, des oreilles et de la bouche sur le sarcophage en acacia doré contenant la momie d'Âcha. Ramsès scella la porte de la demeure d'éternité.

Lorsque le silence retomba sur la nécropole, le roi demeura seul dans la chapelle ouverte sur l'extérieur. Il fut le premier à remplir la fonction de prêtre du *ka* de son ami défunt, en déposant sur l'autel un lotus, des iris, un pain frais et une coupe de vin. Désormais, chaque jour, un prêtre payé par le palais apporterait des offrandes et entretiendrait le domaine funéraire d'Âcha.

Moïse parti vers son rêve, Âcha dans l'au-delà, le cercle des amis d'enfance se resserrait. Parfois, Ramsès se prenait à regretter ce trop long règne parsemé d'ombres. Comme Séthi, Touya et Néfertari, Âcha était irremplaçable. Peu enclin aux confidences, il avait parcouru l'existence avec l'élégance d'un félin ; lui et Ramsès n'avaient pas eu besoin de se parler d'abondance pour connaître leurs intentions les plus secrètes.

Néfertari et Âcha avaient bâti la paix ; sans leur détermination et leur courage, le Hatti n'aurait pas accepté de renoncer à la violence. Celui qui avait tué Âcha ignorait les liens indestructibles de l'amitié ; dans sa propre mort, Âcha avait puisé l'ultime énergie capable de vaincre le mensonge.

Tout homme aurait eu droit à noyer son chagrin dans l'ivresse, à tenter d'effacer sa peine en privilégiant, avec ses proches, les souvenirs heureux. Tout homme, sauf Pharaon.

Voir Ramsès le Grand seul à seul, même lorsqu'on était à la fois son fils aîné et le général en chef de son armée, coupait le souffle. Mérenptah tenta de garder contenance, sachant que son père le jugerait, tel Thot pesant les actes des humains.

– Père, j'aimerais te dire...

– Inutile, Mérenptah. Âcha était mon ami d'enfance, non le tien. Les condoléances n'atténueront pas ma douleur. Seule compte la pérennité du *ka*, au-delà de la mort physique. Mon armée est-elle prête à combattre ?

– Oui, Majesté.

– Dorénavant, plus de laisser-aller. Le monde va beaucoup changer, Mérenptah ; nous devrons être prêts, en permanence, à nous défendre. Que ta vigilance soit constante.

– Dois-je comprendre que la guerre est déclarée ?

– Âcha nous a évité de tomber dans un piège et de rompre les premiers le traité de paix avec le Hatti. Mais cette paix n'est pas sauvée pour autant ; afin de préserver son honneur, qu'il estime blessé, Hattousil sera dans l'obligation d'envahir Canaan et de lancer une vaste offensive contre le Delta.

Mérenptah fut étonné.

– Convient-il de... laisser faire ?

– Il croira que nous sommes désorganisés et incapables de réagir. Nous l'attaquerons lorsqu'il commettra l'imprudence de s'engager dans les branches du Nil et de fractionner ses troupes. Sur notre terrain, les Hittites ne sauront pas manœuvrer.

Mérenptah semblait contracté.

– Que penses-tu de ce plan, mon fils ?

– Il est... audacieux.

– Veux-tu dire : dangereux ?

– Tu es le pharaon et je dois t'obéir.

– Sois sincère, Mérenptah.

– J'ai confiance, Majesté ; j'ai confiance en toi, comme tous les Égyptiens.

– Tiens-toi prêt.

Serramanna se fiait à son instinct de pirate. Il ne croyait pas que la mort d'Âcha résultât d'un combat en règle mené par un officier obéissant aux ordres de l'empereur Hattousil. Et ce même instinct le conduisait sur une autre piste : celle d'un fauve capable de tuer pour affaiblir Ramsès et le priver d'un soutien précieux, voire indispensable.

C'est pourquoi le Sarde s'était posté près de la villa de la dame Tanit et attendait le départ d'Ouri-Téchoup.

Le Hittite quitta la demeure au début de l'après-midi et s'éloigna sur un cheval noir, tacheté de blanc, non sans avoir vérifié s'il était suivi.

Serramanna se présenta au portier.

– Je veux voir la dame Tanit.

La Phénicienne reçut le Sarde dans une superbe pièce à deux colonnes qu'éclairaient quatre fenêtres hautes disposées de façon à assurer une agréable ventilation.

La belle Phénicienne était amaigrie.

– Est-ce une visite officielle, Serramanna ?

– Pour le moment, amicale ; la suite dépendra de vos réponses, dame Tanit.

– Il s'agit donc d'un interrogatoire !

– Non, d'un simple entretien avec une personne de qualité qui s'est fourvoyée en empruntant un mauvais chemin.

– Je ne comprends pas.

– Bien sûr que si, vous me comprenez. Des événements graves viennent de se produire : Âcha, le ministre des Affaires étrangères, a été assassiné en revenant du Hatti.

– Assassiné...

Tanit pâlit. Pour se débarrasser de Serramanna, il lui suffisait de lancer un appel au secours. Aussitôt, les quatre Libyens cachés dans sa demeure supprimeraient le Sarde. Mais éliminer le chef de la garde personnelle de Ramsès déclencherait une enquête, et Tanit serait broyée dans la machine judiciaire. Non, il fallait qu'elle tînt tête.

– J'exige l'emploi du temps détaillé de votre mari, Ouri-Téchoup, pour les deux derniers mois.

– Il a passé la plupart du temps dans cette maison, car nous sommes très amoureux. Quand il sort, il va dans une taverne ou se promène en ville. Nous sommes si heureux, ensemble !

– Quand a-t-il quitté Pi-Ramsès et quand est-il revenu ?

– Depuis notre mariage, il n'est pas sorti de la capitale dont il savoure les charmes. Ainsi il oublie peu à peu son passé. Grâce à notre union, il est devenu un sujet de Pharaon, comme vous et moi.

– Ouri-Téchoup est un criminel, affirma Serramanna ; il vous menace et vous terrorise. Si vous me dites la vérité, je vous placerai sous ma protection, et la justice vous débarrassera de lui.

Un instant, Tanit fut tentée de s'enfuir dans le jardin. Serramanna la suivrait, elle l'avertirait de la présence des Libyens, elle serait de nouveau libre... Mais elle ne reverrait jamais Ouri-Téchoup ! Renoncer à un tel amant était au-dessus de ses forces.

Pendant son absence, elle était tombée malade ; elle avait besoin de lui comme d'une drogue. Grâce à Ouri-Téchoup, Tanit se gavait du vrai plaisir, un plaisir inépuisable qui valait tous les sacrifices.

– Même si vous me traîniez devant un juge, Serramanna, je ne modifierais pas mes déclarations.

– Ouri-Téchoup vous détruira, dame Tanit.

Elle sourit, songeant aux ébats enfiévrés qu'elle avait vécus, quelques minutes avant l'arrivée du Sarde.

– Si votre liste de stupides griefs est terminée, sortez.

– J'aimerais vous sauver, dame Tanit.

– Je ne suis pas en danger.

– Quand vous l'aurez décidé, contactez-moi.

Mutine, elle passa une main très douce sur l'énorme avant-bras du géant sarde.

– Vous êtes un bel homme... Dommage pour vous, mais je suis comblée.

Parée d'un collier d'or auquel était suspendu un scarabée de lapis-lazuli, de bracelets de turquoise aux poignets et aux chevilles, vêtue d'une robe de lin royal plissée et d'une cape rose, coiffée de la couronne aux deux hautes plumes, la grande épouse royale Iset la belle parcourut lentement, en char, les avenues de Pi-Ramsès. Le conducteur avait choisi deux chevaux paisibles, le dos recouvert d'un caparaçon multicolore et la tête ornée d'un panache de plumes d'autruche teintes en bleu, en rouge et en jaune.

Le spectacle était magnifique. La nouvelle du passage de la reine se répandit très vite et, bientôt, la foule s'amassa pour l'admirer. Les enfants jetèrent des pétales de lotus devant les chevaux, tandis que les acclamations fusaient. Voir de si près la grande épouse royale, n'était-ce pas une promesse de bonheur ? On en oubliait les rumeurs de guerre, et chacun donnait raison à Ramsès : il ne devait pas répudier Iset la belle, quelles que fussent les conséquences de sa décision.

Élevée dans un milieu aristocratique, Iset la belle goûtait ce contact avec son peuple, où se mêlaient les classes sociales et les cultures ; tous les habitants de Pi-Ramsès lui manifestaient leur attachement.

Malgré les réticences du conducteur de char, la reine exigea de visiter les quartiers les plus populaires où elle reçut un chaleureux accueil. Qu'il était bon d'être aimée !

De retour au palais, Iset la belle s'étendit sur son lit, comme enivrée. Il n'y avait rien de plus émouvant que cette confiance d'une population, riche d'espoirs et de lendemains riants. En sortant de son cocon, Iset la belle avait découvert le pays dont elle était la reine.

Lors du dîner auquel avaient été conviés les chefs de province, Ramsès leur annonça l'imminence du conflit. Chacun nota qu'Iset la belle était radieuse ; sans pouvoir égaler Néfertari, elle devenait digne de sa fonction et suscitait le respect des vieux courtisans.

Aux uns et aux autres, elle adressa des paroles de réconfort ; l'Égypte n'avait rien à craindre du Hatti, elle saurait surmonter l'épreuve grâce à Ramsès. Les chefs de province furent sensibles aux convictions de la reine.

Lorsque Ramsès et Iset furent seuls, sur la terrasse dominant la ville, Ramsès la serra tendrement contre lui.

– Tu as bien tenu ton rang, Iset.

– Es-tu enfin fier de moi ?

– Je t'ai choisie comme grande épouse royale et je ne me suis pas trompé.

– Les négociations avec le Hatti sont-elles définitivement rompues ?

– Nous sommes prêts à combattre.

Iset la belle posa sa tête sur l'épaule de Ramsès.

– Quoi qu'il arrive, tu seras vainqueur.

20

Khâ ne dissimula pas son angoisse.

– La guerre... Pourquoi la guerre ?

– Pour sauver l'Égypte et te permettre de trouver le livre de la connaissance, répondit Ramsès.

– Est-il vraiment impossible de s'entendre avec le Hatti ?

– Ses troupes s'approchent des provinces que nous contrôlons. Il est temps de déployer notre dispositif ; je pars avec Mérenptah et je te confie la gestion du royaume.

– Mon père ! Je ne suis pas capable de te remplacer, même pour une courte période.

– Tu te trompes, Khâ ; avec l'aide d'Améni, tu rempliras la mission que je te confie.

– Et... si je commets des erreurs ?

– Préoccupe-toi du bonheur du peuple, et tu les éviteras.

Ramsès monta sur son char qu'il conduirait lui-même à la tête des régiments qu'il avait prévu de disposer à plusieurs points stratégiques du Delta et de la frontière du Nord-Est. Derrière lui, Mérenptah et les généraux des quatre corps d'armée.

Alors que le roi s'apprêtait à donner le signal du départ, un cavalier entra à vive allure dans la cour de la caserne.

Serramanna sauta à terre et courut vers le char de Ramsès.

– Majesté, je dois vous parler !

Le pharaon avait ordonné au Sarde d'assurer la sécurité du palais. Il avait conscience de décevoir le géant, désireux de massacrer du Hittite ; mais qui d'autre choisir pour veiller sur Khâ et Iset la belle ?

– Je ne reviendrai pas sur ma décision, Serramanna ; tu restes à Pi-Ramsès.

– Il ne s'agit pas de moi, Majesté ; venez, je vous en supplie !

Le Sarde semblait bouleversé.

– Que se passe-t-il ?

– Venez, Majesté, venez...

Ramsès demanda à Mérenptah d'avertir les généraux que le départ était retardé.

Le char de Pharaon suivit le cheval de Serramanna qui prit le chemin du palais.

La femme de chambre, la lingère et les servantes étaient accroupies dans les couloirs et pleuraient.

Serramanna s'immobilisa sur le seuil de la chambre d'Iset la belle. Dans le regard du Sarde, de l'étonnement et du désarroi.

Ramsès entra.

Un parfum de lys, entêtant, emplissait la pièce, éclairée par le soleil de midi. Iset la belle, vêtue d'une robe blanche d'apparat et coiffée d'un diadème de turquoises, était étendue sur son lit, les bras le long du corps et les yeux grands ouverts.

Sur sa table de nuit en sycomore, une tunique de peau d'antilope. Le vêtement de Sétaou qu'elle avait dérobé dans son laboratoire.

– Iset...

Iset la belle, le premier amour de Ramsès, la mère de Khâ et de Mérenptah, la grande épouse royale pour laquelle il s'apprêtait à livrer bataille... Iset la belle contemplait l'autre monde.

– La reine a choisi la mort pour éviter la guerre, expliqua Serramanna. En s'empoisonnant avec les produits dont la tunique de Sétaou était saturée, elle cessait d'être un obstacle à la paix.

– Tu divagues, Serramanna !

Améni intervint.

– La reine a laissé un message. Je l'ai lu et j'ai demandé à Serramanna de t'avertir.

Conformément à la tradition, Ramsès ne ferma pas les yeux de la défunte ; il fallait affronter l'au-delà avec un regard franc et le visage ouvert.

Inhumée dans la Vallée des Reines, Iset la belle reposait dans une tombe plus modeste que celle de Néfertari. Ramsès avait lui-même pratiqué les rites de résurrection sur la momie. Le culte du *ka* de la reine serait assuré par un collège de prêtres et de prêtresses, chargés de faire vivre sa mémoire.

Sur le sarcophage de la grande épouse royale, le pharaon avait déposé une branche du sycomore qu'il avait planté dans le jardin de sa villa de Memphis, alors qu'il était âgé de dix-sept ans. Ce souvenir de jeunesse ferait reverdir l'âme d'Iset.

Dès la fin de la cérémonie, Améni et Sétaou avaient demandé audience à Ramsès. Sans leur répondre, le roi avait gravi une colline. Sétaou s'était élancé à sa suite et, malgré l'effort imposé à sa faible constitution, Améni l'avait imité.

Le sable, la pente caillouteuse, l'allure rapide de Ramsès qui lui mettait les poumons en feu... Améni pesta tout le long du sentier, mais parvint au sommet d'où le roi contemplait la Vallée des Reines et les demeures de Néfertari et d'Iset la belle.

Sétaou garda le silence pour apprécier le site grandiose qui s'offrait à lui. Essoufflé, Améni s'assit sur un bloc et s'épongea le front du revers de la main.

Il osa rompre la méditation du roi.

– Majesté, il y a des décisions urgentes à prendre.

– Rien n'est plus urgent que de contempler le pays aimé des dieux. Ils ont parlé, et leur voix est devenue ciel, montagne, eau et terre. Dans la terre rouge de Seth, nous avons creusé les sépultures, dont la chambre de résurrection baigne dans l'océan des origines qui environne le monde. Par nos rites, nous préservons l'énergie du premier matin, et notre patrie ressuscite chaque jour. Le reste est dérisoire.

– Pour ressusciter, il faut commencer par survivre ! Si Pharaon oublie les hommes, les dieux se retireront à jamais dans l'invisible.

Sétaou s'attendait à ce que le ton critique d'Améni lui valût une réponse cinglante de Ramsès. Mais le roi se contenta de fixer la séparation brutale entre les cultures et le désert, entre le quotidien et l'éternel.

– Quel traquenard as-tu imaginé, Améni ?

– J'ai écrit à Hattousil, l'empereur du Hatti, pour lui annoncer le décès d'Iset la belle. Pendant la période de deuil, il est hors de question de déclencher la guerre.

– Personne n'aurait pu sauver Iset, précisa Sétaou ; elle avait absorbé une trop grande quantité de substances dont le mélange était mortel. J'ai brûlé cette maudite tunique, Ramsès.

– Je ne te considère pas comme responsable ; Iset a cru agir dans l'intérêt de l'Égypte.

Améni se leva.

– Elle a eu raison, Majesté.

Courroucé, le roi se retourna.

– Comment oses-tu parler ainsi, Améni ?

– Je redoute ta colère, mais je tiens à te donner mon avis : Iset a quitté ce monde pour sauver la paix.

– Qu'en penses-tu, Sétaou ?

Comme Améni, Sétaou était impressionné par le regard enflammé de Ramsès. Mais il se devait d'être sincère.

– Si tu refusais de comprendre le message d'Iset la belle, Ramsès, tu la tuerais une seconde fois. Fais en sorte que son sacrifice ne soit pas inutile.

– Et comment devrais-je agir ?

– Épouse la princesse hittite, déclara Améni avec gravité.

– À présent, plus rien ne s'y oppose, ajouta Sétaou.

Ramsès serra les poings.

– Votre cœur est-il aussi dur que le granit ? À peine Iset repose-t-elle dans son sarcophage que vous osez me parler de mariage !

– Tu n'es pas un veuf qui pleure sa femme, assena Sétaou, mais le pharaon d'Égypte qui doit préserver la paix et sauver ton peuple. Lui, il se moque de tes sentiments, de ta joie ou de ta tristesse ; ce qu'il désire, c'est être gouverné et conduit sur le bon chemin.

– Un pharaon uni à une grande épouse royale hittite... n'est-ce pas monstreux ?

– Au contraire, jugea Améni ; comment sceller de manière plus éclatante le rapprochement définitif entre les deux peuples ? Si tu consens à ce mariage, le spectre de la guerre s'éloignera pour de nombreuses années. Imagines-tu la fête que célébreront ton père Séthi et ta mère Touya parmi les étoiles ? Et je n'évoque pas la mémoire d'Âcha qui a donné sa vie pour bâtir une paix durable.

– Tu deviens un redoutable débatteur, Améni.

– Je ne suis qu'un scribe à la santé fragile, sans grande intelligence, mais j'ai l'honneur de porter les sandales du maître des Deux Terres. Et je n'ai pas envie qu'elles soient à nouveau maculées de sang.

– La Règle t'impose de gouverner avec une grande épouse royale, rappela Sétaou ; en choisissant cette étrangère, tu gagneras la plus belle des batailles.

– Je déteste déjà cette femme !

– Ta vie ne t'appartient pas, Ramsès ; l'Égypte te réclame ce sacrifice.

– Et vous aussi, mes amis, vous me le réclamez !

Améni et Sétaou hochèrent la tête affirmativement.

– Laissez-moi seul, je dois réfléchir.

Ramsès passa la nuit au sommet de la colline. Après s'être nourri du soleil levant, il s'attarda dans la Vallée des Reines, puis retrouva son escorte. Sans mot dire, Ramsès monta sur son char et pressa l'allure jusqu'au Ramesseum, son temple des millions d'années. Après y avoir célébré les rites de l'aube et s'être recueilli dans la chapelle de Néfertari, le pharaon se retira dans son palais où il procéda à de longues ablutions, but du lait, mangea des figues et du pain frais.

Le visage reposé comme s'il avait dormi plusieurs heures, le monarque ouvrit la porte du bureau où Améni, la mine froissée, rédigeait du courrier administratif.

– Choisis un papyrus vierge de qualité supérieure et écris à mon frère, l'empereur du Hatti.

– Et... quelle est la teneur de la lettre ?

– Annonce-lui que j'ai décidé de faire de sa fille ma grande épouse royale.

21

Ouri-Téchoup vida une troisième coupe de vin cuit des oasis. Liquoreux, saturé d'aromates et de résine, ce liquide était utilisé par les embaumeurs pour la conservation des viscères ainsi que par les médecins pour ses propriétés antiseptiques.

– Vous buvez trop, observa Raia.

– Il faut savoir profiter des plaisirs de l'Égypte... Ce vin est une merveille ! Personne ne t'a suivi ?

– Soyez tranquille.

Le marchand syrien avait attendu le milieu de la nuit pour se glisser dans la villa de la Phénicienne. Il n'avait détecté aucune présence suspecte.

– Pourquoi cette visite inattendue ?

– Des nouvelles importantes, seigneur, très importantes.

– La guerre, enfin ?

– Non, seigneur, non... Il n'y aura pas de conflit entre l'Égypte et le Hatti.

Ouri-Téchoup jeta sa coupe au loin et agrippa le Syrien par le col de sa tunique.

– Qu'est-ce que tu racontes ? Mon piège était parfait !

– Iset la belle est morte et Ramsès se prépare à épouser la fille de l'empereur Hattousil.

Ouri-Téchoup lâcha son allié.

– Une Hittite reine d'Égypte... Impensable ! Tu dois te tromper, Raia !

– Non, seigneur ; l'information est officielle. Vous avez tué Âcha pour rien.

– Se débarrasser de cet espion était indispensable. À présent, nous avons les mains libres. Aucun conseiller de Ramsès n'a l'intelligence d'Âcha.

– Nous avons perdu, seigneur. C'est la paix... une paix que personne ne parviendra à détruire.

– Imbécile ! Connais-tu la femme qui va devenir la grande épouse royale de Pharaon ? Une Hittite, Raia, une véritable Hittite, fière, rusée, indomptable !

– Elle est la fille de votre ennemi Hattousil.

– C'est d'abord une Hittite ! Et elle ne se soumettra jamais à un Égyptien, fût-il le pharaon ! Voilà notre chance.

Raia soupira. Le vin cuit des oasis était monté à la tête de l'ex-général en chef de l'armée hittite ; privé de tout espoir, il inventait un monde imaginaire.

– Quittez l'Égypte, recommanda-t-il à Ouri-Téchoup.

– Suppose que cette princesse hittite soit de notre côté, Raia ; nous aurions une alliée au cœur même du palais !

– Illusion, seigneur.

– Non, un signe que le destin nous envoie, un signe que je saurai utiliser à mon profit !

– Vous serez bien déçu.

Ouri-Téchoup vida une quatrième coupe de vin de palme.

– Nous avons omis un détail, Raia, mais il est encore temps d'intervenir. Tu vas utiliser les Libyens.

Un rideau remua, le marchand syrien pointa l'index vers l'endroit suspect.

Comme un félin, Ouri-Téchoup avança sans bruit vers le rideau, le tira brutalement et attira à lui une Tanit tremblante.

– Tu nous écoutais ?

– Non, non, je venais te chercher...

– Nous n'avons pas de secrets pour toi, ma chérie, puisque tu ne peux pas nous trahir.

– Tu as ma parole !
– Va te coucher, je te rejoins.
Le regard enamouré de Tanit promettait au Hittite une fin de nuit animée. En quelques phrases sèches, Ouri-Téchoup donna ses ordres à Raia.

L'armurerie principale de Pi-Ramsès continuait à fabriquer des épées, des lances et des boucliers sur un rythme soutenu. Tant que le mariage avec la princesse hittite n'aurait pas été célébré, les préparatifs de guerre continueraient.

Dans un atelier proche des forges étaient conservées les armes prises aux Hittites. Les artisans égyptiens les avaient étudiées avec attention pour percer leurs secrets de fabrication. L'un des techniciens, un jeune métallurgiste fort inventif, s'intéressait à la dague en fer que venait de lui confier le palais.

Qualité du métal, poids et largeur de la lame, maniabilité du manche... Tout était remarquable.

L'imiter ne serait pas facile ; plusieurs essais infructueux seraient nécessaires pour y parvenir. Alléché, le technicien soupesa la dague.

– Quelqu'un pour toi, annonça un planton.
Le visiteur était un mercenaire aux traits grossiers.
– Que veux-tu ?
– Le palais veut récupérer la dague de fer.
– As-tu un ordre écrit ?
– Bien sûr.
– Montre-le.
D'un sac en cuir accroché à sa ceinture, le mercenaire sortit une tablette de bois et la tendit au technicien.
– Mais... ce ne sont pas des hiéroglyphes !
D'un violent coup de poing sur la tempe, le Libyen envoyé par Raia assomma l'Égyptien. Puis il ramassa la tablette et la dague que sa victime avait lâchées, et sortit en courant de l'atelier.

À l'issue de plusieurs interrogatoires, Serramanna fut convaincu que le technicien n'était pas le complice du voleur de la dague, un mercenaire avide de profits comme il y en avait tant dans l'armée égyptienne.

– C'est un soudard à la solde d'Ouri-Téchoup, dit le Sarde à Améni.

Le scribe continua à écrire.

– Disposes-tu d'une preuve ?

– Mon instinct me suffit.

– Ne crois-tu pas que ton acharnement est vain ? Ouri-Téchoup a obtenu la fortune et le plaisir ; pourquoi ferait-il dérober la dague d'Hattousil ?

– Parce qu'il a imaginé un plan pour nuire à Ramsès.

– À présent, tout conflit avec les Hittites est impossible. L'essentiel, c'est ton enquête à propos de l'assassinat d'Âcha. As-tu progressé ?

– Pas encore.

– Ramsès exige l'identification du meurtrier.

– Ce crime et le vol de cette dague... Tout est lié. S'il m'arrivait malheur, privilégie la piste Ouri-Téchoup.

– S'il t'arrivait malheur... À quoi penses-tu ?

– Pour progresser, je dois infiltrer les milieux libyens. Le risque est sérieux. Quand j'approcherai de la vérité, ils tenteront de m'éliminer.

– Tu es le chef de la garde personnelle de Ramsès ! Personne n'osera s'en prendre à toi.

– Ils n'ont pas hésité à tuer le ministre des Affaires étrangères de Pharaon et son ami d'enfance.

– N'existerait-il pas une méthode moins dangereuse ?

– Je crains que non, Améni.

Au cœur du désert de Libye, loin de toute oasis, la tente de Malfi était une étrange place forte, gardée par des hommes sûrs. Le chef de tribu buvait du lait et mangeait des dattes ; il n'absorbait ni vin ni bière, considérant ces boissons comme démoniaques parce qu'elles brouillaient les idées.

La garde personnelle de Malfi était exclusivement composée de natifs de son village qui, sans lui, seraient restés des paysans pauvres. Mangeant à leur faim, correctement vêtus, armés de lances, d'épées, d'arcs et de frondes, choisissant les femmes qui leur plaisaient, ils vouaient un véritable culte à Malfi, considéré comme l'incarnation d'un génie du désert. N'avait-il pas la rapidité d'une panthère, des doigts coupants comme des lames et des yeux dans la nuque ?

– Seigneur, une rixe ! lui signala son porteur d'eau.

Malfi se leva lentement. Le visage carré, le front large à moitié dissimulé par un turban blanc, il sortit de sa tente.

Le camp d'entraînement abritait une cinquantaine de combattants qui s'affrontaient à l'arme blanche ou à poings nus, en plein midi. Malfi aimait les conditions extrêmes qu'offraient la chaleur et le désert ; seuls ceux qui possédaient un vrai tempérament de guerrier sortaient vainqueurs des épreuves imposées.

Épreuves indispensables en vue de la tâche qui attendait l'armée libyenne en formation : écraser les forces de Ramsès. Malfi pensait sans cesse aux générations de chefs libyens humiliés par les pharaons ; les hostilités duraient depuis des siècles, ponctuées par des défaites qu'infligeaient les Égyptiens aux tribus du désert, courageuses mais mal organisées.

Ofir, le frère aîné de Malfi, avait utilisé une arme qu'il espérait décisive : la magie noire, mise au service du réseau d'espionnage pro-hittite qu'il dirigeait. Il avait payé son échec de sa vie, et Malfi s'était juré de le venger. Peu à peu, il fédérait les tribus libyennes dont il serait, tôt ou tard, le maître incontesté.

La rencontre du Hittite Ouri-Téchoup lui donnait une chance supplémentaire de réussir. Avec un allié de cette valeur, la victoire n'était plus une utopie. Malfi effacerait des siècles de honte et de frustration.

Un guerrier râblé, d'une agressivité peu commune, venait d'oublier qu'il s'entraînait et s'était pris au jeu en assommant à coups de poing deux adversaires pourtant plus grands que lui et armés de lances. Alors que Malfi s'approchait de lui, le guerrier se pavana en écrasant du pied la tête d'un des vaincus.

Malfi sortit un poignard dissimulé sous sa tunique et le planta dans la nuque du guerrier râblé.

Aussitôt, les duels s'interrompirent. Les visages se tournèrent vers Malfi.

– Continuez à vous entraîner en gardant le contrôle de vous-mêmes, ordonna le Libyen ; et rappelez-vous que l'ennemi peut surgir de n'importe où.

22

Découvrir la grande salle d'audience de Pi-Ramsès était un émerveillement. Même les courtisans habitués à gravir l'escalier monumental, orné de figures d'ennemis terrassés et soumis par Pharaon à la loi de Maât, vivaient cette ascension avec une profonde émotion. Autour de la porte d'accès, les noms de couronnement de Ramsès, peints en bleu sur fond blanc, étaient inscrits dans des cartouches dont les formes ovales symbolisaient le circuit du cosmos sur lequel régnait le maître des Deux Terres.

Les audiences plénières, auxquelles la totalité de la cour était conviée, n'étaient pas fréquentes ; seuls des événements exceptionnels, mettant en jeu l'avenir de l'Égypte, amenaient Ramsès à s'adresser à l'ensemble de la haute administration.

L'angoisse dominait. À en croire la rumeur, l'empereur hittite ne décolérait pas. Ramsès ne l'avait-il pas insulté en refusant, dans un premier temps, d'épouser sa fille ? L'acceptation tardive du pharaon n'avait pas lavé l'affront.

Le sol de la grande salle se composait de tuiles de terre cuite vernissées et colorées ; parmi les motifs décoratifs, des bassins, des jardins fleuris, des canards nageant sur un étang vert-bleu et des poissons se faufilant entre des lotus blancs. Ritualistes, scribes, ministres, chefs de province, responsables des offrandes, gardiens des secrets et grandes dames admirèrent la féerie de vert pâle, de rouge profond, de bleu clair, de jaune or et de blanc cassé qui se déployait sur les murs où s'ébattaient des huppes, des colibris, des hirondelles, des mésanges, des rossignols et des martins-pêcheurs. Quand le regard s'élevait, il était charmé par la beauté des frises florales où s'épanouissaient coquelicots, pavots, lotus, marguerites et bleuets.

Le silence se fit lorsque Ramsès monta l'escalier menant à son trône d'or, dont le dernier degré était décoré d'un lion refermant sa gueule sur l'ennemi jailli des ténèbres, le désordre qui tentait sans cesse de détruire l'harmonie de Maât.

Coiffé de la double couronne, la blanche de Haute-Égypte emboîtée dans la rouge de Basse-Égypte, Ramsès portait ainsi sur sa tête « les Deux Puissantes », chargées de magie. À son front, l'uraeus d'or, cobra femelle crachant le feu qui dispersait les ténèbres. Le roi tenait dans la main droite le sceptre « magie », ressemblant à la houlette du berger ; de même que ce dernier rassemblait ses bêtes et ramenait les égarés, de même Pharaon devait-il réunir les énergies éparses. Du tablier d'or de Ramsès semblaient jaillir des rayons de lumière. Pendant quelques secondes, le regard du monarque s'attarda sur une peinture sublime, représentant le visage d'une jeune femme en méditation devant un massif de roses trémières ; n'évoquait-elle pas Néfertari dont la beauté, au-delà de la mort, illuminait le règne de Ramsès le Grand ?

Pharaon n'avait pas le loisir d'être nostalgique ; le navire de l'État avançait, le gouvernail devait être manœuvré.

– Je vous ai réunis pour que le pays entier, à travers vous, soit informé de faits majeurs. De folles rumeurs circulent ici et là, et je tiens à rétablir la vérité dont vous vous ferez l'écho.

Améni se tenait au dernier rang, avec d'autres scribes, comme s'il n'occupait qu'un poste secondaire ; ainsi, il serait mieux informé des réactions de l'assistance. Serramanna, au contraire, avait choisi d'observer le premier rang. À la moindre manifestation d'hostilité, il interviendrait. Quant à Sétaou, il occupait sa place hiérarchique, à gauche du vice-roi de Nubie, parmi les dignitaires les plus en vue, dont beaucoup jetaient fréquemment un œil à Lotus, vêtue d'une robe rose à bretelles laissant les seins découverts.

Le chef de la province du Dauphin, en Basse-Égypte, s'avança et s'inclina devant le monarque.

– Puis-je prendre la parole, Majesté ?

– Nous t'écoutons.

– Est-il vrai que le ministre des Affaires étrangères, Âcha, est, en réalité, prisonnier à Hattousa, et que le traité de paix avec les Hittites est rompu ?

– Mon ami Âcha a été assassiné alors qu'il faisait route vers Pi-Ramsès. Il repose à jamais en terre d'Égypte. L'enquête est en cours, les coupables seront identifiés et châtiés. La paix avec le Hatti est, en grande partie, l'œuvre d'Âcha, et nous la poursuivrons. Le traité de non-belligérance avec les Hittites est toujours en vigueur et le restera longtemps encore.

– Majesté... Pouvons-nous savoir qui sera la prochaine grande épouse royale ?

– La fille d'Hattousil, empereur du Hatti.

Des murmures divers parcoururent l'assistance. Un général de corps d'armée demanda la parole.

– Majesté, n'est-ce pas trop offrir à l'ennemi d'hier ?

– Tant qu'Iset la belle régnait, j'ai rejeté la proposition d'Hattousil ; aujourd'hui, ce mariage est le seul moyen de consolider la paix que désire le peuple d'Égypte.

– Faudra-t-il tolérer la présence d'une armée hittite sur notre sol ?

– Non, général ; seulement celle d'une femme.

– Pardonnez mon impudence, Majesté, mais une Hittite sur le trône des Deux Terres... n'est-ce pas une provocation aux yeux de ceux qui ont combattu les guerriers anatoliens ? Grâce à votre fils Mérenptah, nos troupes sont prêtes et bien équipées. Qu'aurions-nous à redouter d'un conflit avec les Hittites ? Au lieu de céder à leurs insupportables exigences, mieux vaudrait les affronter.

L'arrogance du gradé risquait de lui coûter son poste.

– Tes propos ne sont pas dépourvus d'intelligence, estima Ramsès, mais ton regard est trop partial ; si l'Égypte déclenchait un conflit, elle briserait le traité de paix et trahirait sa parole. Imagines-tu qu'un pharaon puisse se comporter de la sorte ?

Le général recula et se noya parmi les courtisans que les arguments du monarque avaient convaincus.

Le superviseur des canaux demanda la parole.

– Et si l'empereur du Hatti revenait sur sa décision et refusait d'envoyer sa fille en Égypte ? Ne jugeriez-vous pas cette attitude intolérable, Majesté ?

Vêtu d'une peau de panthère, le grand prêtre de Memphis, Khâ, s'avança.

– Pharaon me permet-il de répondre ?

Ramsès acquiesça.

– De mon point de vue, déclara le fils aîné du roi, la politique et la diplomatie n'offrent pas de garanties suffisantes pour prendre une décision vitale. Le respect de la parole donnée et de la Règle de Maât prime tout ; mais il faut aussi mettre en pratique les lois de la magie d'État que nos ancêtres nous ont enseignées. En l'an 30 de son règne, Ramsès le Grand a vécu sa première fête de régénération ; dorénavant, il faudra redonner fréquemment à notre souverain les forces invisibles dont il a besoin pour gouverner. C'est pourquoi, le plus urgent, en cette trente-troisième année, est de préparer sa deuxième fête de régénération. Ensuite, l'horizon s'éclaircira, et les réponses à nos questions viendront d'elles-mêmes.

– C'est une organisation longue et coûteuse, protesta le directeur de la Maison de l'Or et de l'Argent ; ne conviendrait-il pas de repousser cette fête ?

– Impossible, rétorqua le grand prêtre ; l'étude des textes et les calculs des astrologues aboutissent à la même conclusion : dans moins de deux mois, la deuxième fête de régénération de Ramsès le Grand doit être célébrée. Que nos efforts se conjuguent pour faire venir dieux et déesses, et que nos pensées se consacrent à la sauvegarde de Pharaon.

Le commandant en chef des forteresses jalonnant la frontière du Nord-Est jugea bon de témoigner. Militaire de carrière, homme d'expérience, il avait l'oreille de nombreux notables.

– Je respecte l'avis du grand prêtre, mais que ferons-nous en cas d'attaque hittite ? Quand Hattousil apprendra que l'Égypte prépare cette grande fête sans se soucier du mariage avec sa fille, il se sentira plus humilié encore et déclenchera l'assaut. Pendant que Pharaon célébrera les rites, qui donnera les ordres ?

– La pratique même de ces rites nous protégera, affirma Khâ de sa belle voix grave et mélodieuse ; il en fut toujours ainsi.

– Telle est la certitude d'un initié habitué aux secrets des temples ; celle d'un militaire expérimenté est autre. Hattousil hésite à nous attaquer parce qu'il redoute Ramsès, le vainqueur de Kadesh ; il le sait capable d'exploits surnaturels. Si le roi n'est pas à la tête de ses troupes, l'empereur du Hatti jettera toutes ses forces dans la bataille.

– La meilleure protection de l'Égypte est d'ordre magique, estima Khâ ; les destructeurs, hittites ou non, ne sont que les instruments des forces ténébreuses. Aucune armée humaine ne stoppera ces dernières. N'est-ce pas Amon qui a rendu le bras de Ramsès plus fort que des milliers d'agresseurs, à Kadesh ?

L'argument frappa. Aucun autre gradé ne formula d'objection.

– J'aurais aimé être présent lors du rituel, précisa

Mérenptah, mais ma place ne sera-t-elle pas à la frontière, sur l'ordre de Pharaon ?

– Avec dix fils royaux, tu assureras la sécurité du territoire pendant la durée de la fête.

La décision de Ramsès rassura l'assemblée, mais le supérieur des ritualistes, visiblement irrité, se fraya un passage jusqu'au dernier rang. Le personnage avait le crâne rasé, un visage long et fin, et une silhouette plutôt ascétique.

– Si Votre Majesté l'autorise, j'ai quelques questions à poser au grand prêtre Khâ.

Le roi ne manifesta aucune opposition. Khâ s'attendait à subir cette épreuve, mais espérait qu'elle aurait lieu en dehors de la cour.

– En quel lieu le grand prêtre de Memphis compte-t-il célébrer la deuxième fête de régénération ?

– Dans le temple de Pi-Ramsès qui fut construit à cet usage.

– Le roi possède-t-il bien le testament des dieux ?

– Il le possède.

– Qui présidera le rituel ?

– L'âme immortelle de Séthi.

– D'où provient la lumière qui offrira au pharaon l'énergie céleste ?

– Cette lumière naît d'elle-même et renaît à chaque instant dans le cœur de Pharaon.

Le supérieur des ritualistes renonça à poser d'autres questions ; il ne parviendrait pas à prendre Khâ en défaut.

Le visage grave, le dignitaire se tourna vers Ramsès.

– En dépit des compétences du grand prêtre, Majesté, je considère qu'il est impossible de célébrer cette fête de régénération.

– Pourquoi ? s'étonna Khâ.

– Parce que la grande épouse royale y joue un rôle essentiel. Or Pharaon est veuf et n'a pas encore pris pour femme cette princesse hittite. Mais jamais étrangère n'eut accès aux mystères de la régénération.

Ramsès se leva.

– Croyais-tu que Pharaon n'était pas conscient de cette difficulté ?

23

Téchonq travaillait le cuir depuis son enfance. Fils d'un Libyen arrêté par la police égyptienne à la suite d'un vol de moutons et condamné à plusieurs années de corvée, il n'avait pas suivi son père lorsqu'il était rentré au pays pour y prôner la lutte armée contre Pharaon. À Bubastis, puis à Pi-Ramsès, Téchonq avait trouvé du travail et, peu à peu, s'était même fait un nom dans sa spécialité.

La cinquantaine venant, des remords l'avaient assailli. Lui, au ventre rond et à la mine épanouie, n'avait-il pas trahi son pays d'origine, en oubliant trop aisément les déroutes militaires de son peuple et les humiliations que lui avait infligées l'Égypte ? Devenu un artisan aisé, à la tête d'une entreprise de trente salariés, il ouvrait volontiers sa porte aux Libyens en difficulté. Au fil des mois, il s'était imposé comme l'homme providentiel pour ses compatriotes en exil. Certains s'intégraient vite à la société égyptienne, d'autres gardaient un esprit revanchard. Mais un autre mouvement prenait naissance ; un mouvement qui effrayait Téchonq, lequel n'avait plus tellement envie de voir disparaître les Deux Terres. Et si la Libye était enfin victorieuse, et si un Libyen montait sur le trône d'Égypte ? Mais il fallait d'abord éliminer Ramsès.

Pour chasser cette chimère, Téchonq se concentra sur son travail. Il vérifia la qualité des peaux de chèvres, de moutons, d'antilopes et d'autres animaux du désert qui venaient de lui être livrées ; après séchage, salage et fumage, une équipe de spécialistes leur appliquerait de la terre ocre et les assouplirait avec de l'urine, de la fiente et du crottin. C'était l'opération la plus malodorante effectuée dans cet atelier, qui recevait des visites régulières du service d'hygiène.

Au tannage provisoire à l'huile et l'alun succédait le vrai tannage avec un produit riche en acide tannique, extrait des gousses de l'acacia du Nil. Si nécessaire, on tremperait une nouvelle fois les peaux dans l'huile, on les martèlerait et on les étirerait pour les assouplir. Téchonq était l'un des meilleurs, car il ne se contentait pas d'un tannage vulgaire à la graisse ; de plus, il possédait une habileté particulière lors du pliage sur chevalet et du découpage des peaux. C'est pourquoi sa clientèle était nombreuse et variée ; l'atelier de Téchonq fabriquait des sacs, des colliers et des laisses de chien, des cordes, des sandales, des étuis et des fourreaux pour les dagues et les épées, des casques, des carquois, des boucliers et même des supports d'écriture.

Avec un tranchet à lame semi-circulaire, Téchonq découpait une lanière dans une peau d'antilope de première qualité lorsqu'un géant moustachu pénétra dans son atelier.

Serramanna, le chef de la garde personnelle de Ramsès... Le tranchet glissa sur la peau, dévia de son parcours et entama le médius gauche de l'artisan qui ne put retenir un cri de douleur. Le sang jaillit, Téchonq ordonna à un assistant de nettoyer la peau, pendant qu'il lavait sa blessure avant de la recouvrir de miel.

Immobile, le géant sarde avait assisté à la scène. Téchonq s'inclina devant lui.

– Pardonnez-moi de vous avoir fait attendre... Un stupide accident.

– Curieux... On prétend pourtant que tu as la main très sûre.

Téchonq tremblait de peur. Lui, un descendant de guerriers libyens, aurait dû terrasser l'adversaire par son seul regard. Mais Serramanna était mercenaire, sarde et colossal.

– Auriez-vous besoin de mes services ?

– Il me faudrait un poignet de force en excellent cuir. Quand je manie la hache, je ressens une petite faiblesse, ces derniers temps.

– Je vais vous en montrer plusieurs, et vous choisirez.

– Je suis persuadé que les plus solides sont cachés dans ton arrière-boutique.

– Non, je...

– Mais si, Téchonq. Puisque je te dis que j'en suis persuadé.

– Oui, oui, je me souviens !

– Eh bien, allons-y.

Téchonq suait à grosses gouttes. Qu'avait découvert Serramanna ? Rien, il ne pouvait rien savoir. Le Libyen devait se ressaisir, ne pas manifester une crainte dénuée de tout fondement. L'Égypte était un véritable État de droit ; le Sarde n'oserait pas utiliser la violence, de peur d'être sévèrement condamné par un tribunal.

Téchonq précéda Serramanna dans la petite pièce où il conservait les chefs-d'œuvre qu'il n'avait pas l'intention de vendre. Parmi eux, un splendide poignet de force en cuir rouge.

– Tenterais-tu de me corrompre, Téchonq ?

– Bien sûr que non !

– Une pièce de cette valeur... Elle est digne d'un roi.

– Vous me faites trop d'honneur !

– Tu es un artisan d'élite, Téchonq ; ta carrière est brillante, ta clientèle remarquable, ton avenir prometteur... Quel dommage !

Le Libyen blêmit.

– Je ne comprends pas...

– Pourquoi t'être fourvoyé, alors que la vie te souriait ?

– Fourvoyé, moi...

Serramanna palpa un magnifique bouclier de cuir marron, digne d'un général en chef.

– J'en suis désolé, Téchonq, mais tu risques d'avoir de graves ennuis.

– Moi... Mais pourquoi ?

– Reconnais-tu cet objet ?

Serramanna désigna à l'artisan un rouleau de cuir, servant d'étui à papyrus.

– Il sort bien de ton atelier ?

– Oui, mais...

– Oui ou non ?

– Oui, je l'admets.

– À qui était-il destiné ?

– Au ritualiste préposé aux secrets du temple.

Le Sarde sourit.

– Tu es un homme sincère et droit, Téchonq ; j'en étais sûr.

– Je n'ai rien à cacher, seigneur !

– Tu as pourtant commis une faute grave.

– Laquelle ?

– Te servir de cet étui pour transmettre un message subversif.

Le Libyen manqua d'air. Sa langue enfla dans sa bouche, ses tempes devinrent douloureuses.

– C'est... c'est...

– C'est une erreur de manipulation, précisa Serramanna. Le ritualiste a été fort étonné de trouver dans son étui un appel aux Libyens d'Égypte, leur enjoignant de se préparer à une révolte armée contre Ramsès.

– Non, non... C'est impossible !

– Cet étui provient de ton atelier, Téchonq, et c'est toi qui as rédigé ce message.

– Non, seigneur, je vous jure que non !

– J'aime bien ton travail, Téchonq ; tu as eu tort de te mêler à un complot qui te dépasse. À ton âge, et dans ta situation, c'est une erreur impardonnable. Tu n'as rien à gagner et tout à perdre. Quelle folie s'est emparée de toi ?

– Seigneur, je...

– Ne prononce pas de faux serments, tu serais condamné par le tribunal de l'au-delà. Tu as choisi le mauvais chemin, ami, mais je veux croire que tu as été abusé. À certains moments, nous manquons tous de lucidité.

– C'est un malentendu, je...

– Ne perds pas ton temps à mentir, Téchonq ; mes hommes t'épient depuis longtemps et savent que tu es le protecteur des Libyens révoltés.

– Pas révoltés, seigneur ! Seulement des hommes en difficulté, qu'un compatriote tente d'aider... N'est-ce pas naturel ?

– Ne minimise pas ton rôle. Sans toi, aucun réseau occulte ne pourrait se former.

– Je suis un honnête commerçant, je...

– Soyons précis, ami : je possède contre toi une preuve qui t'enverra à la mort ou, au mieux, au bagne à perpétuité. Il me suffit d'apporter ce texte au vizir pour qu'il me donne l'ordre de t'emprisonner. Un procès exemplaire en perspective et un châtiment à la hauteur de la faute.

– Mais... je suis innocent !

– Allons, Téchonq, pas à moi ! Avec une preuve pareille, les juges n'hésiteront pas. Tu n'as aucune chance de t'en sortir. Aucune, si je n'interviens pas.

Un épais silence s'installa dans le réduit où le Libyen conservait ses plus belles pièces.

– De quelle intervention s'agit-il, seigneur ?

Serramanna palpa le bouclier de cuir.

– Quelle que soit sa position, chaque homme a des désirs insatisfaits ; moi comme les autres. Je suis bien payé, j'habite dans une agréable demeure de fonction, j'ai autant de femmes qu'il me plaît, mais j'aimerais être plus riche et n'avoir aucun souci pour ma vieillesse. Certes, je pourrais me taire et oublier cette preuve... Mais tout a un prix, Téchonq.

– Un prix... élevé ?

– N'oublie pas que je dois aussi faire taire le préposé aux secrets. Un honnête pourcentage sur tes bénéfices me donnerait satisfaction.

– Si nous tombons d'accord, me laisserez-vous en paix ?

– Il faut quand même que je fasse mon travail, ami.

– Qu'exigez-vous ?

– Le nom des Libyens qui ont assassiné Âcha.

– Seigneur... Je l'ignore !

– Soit tu dis vrai, soit tu les connaîtras bientôt. Deviens mon enquêteur privilégié, Téchonq, et tu n'auras pas à t'en plaindre.

– Et si je ne parviens pas à vous donner satisfaction ?

– Quel dommage, ami... Mais je suis persuadé que tu éviteras ce désastre. À titre officiel, je te passe commande d'une centaine de boucliers et de fourreaux pour les épées de mes hommes. Quand tu viendras au palais, demande à me voir.

Serramanna sortit de l'atelier, laissant derrière lui un Téchonq désemparé. Améni avait convaincu le Sarde de se faire passer pour un homme vénal, prêt à trahir son roi pour s'enrichir ; si Téchonq mordait à l'appât, il aurait moins peur de parler et mettrait Serramanna sur la bonne piste.

24

En cette trente-troisième année du règne de Ramsès le Grand, l'hiver thébain, parfois pourvoyeur de vents glacés, se montrait clément. Un vaste ciel bleu sans nuages, un Nil paisible, des rives où les cultures verdoyaient à la suite d'une bonne inondation, des ânes chargés de fourrage et trottinant d'un village à l'autre, des vaches aux pis gonflés de lait se rendant aux pâturages, encadrées par des bouviers et des chiens, des fillettes jouant à la poupée sur le seuil de maisons blanches pendant que des garçons couraient après une balle en tissu... L'Égypte vivait selon son rythme éternel comme si rien, jamais, ne devait changer.

Ramsès goûta ce moment immobile inscrit dans le quotidien. Comme ses ancêtres avaient eu raison de choisir la rive d'Occident afin d'y bâtir les temples des millions d'années et d'y creuser les demeures de vie où, chaque matin, les corps de lumière des rois et des reines étaient régénérés par le soleil levant ! En ce lieu était abolie la frontière entre l'ici-bas et l'au-delà ; l'humain y était absorbé par le mystère.

Après avoir célébré le rituel de l'aube dans le temple du *ka* de Séthi, à Gournah, Ramsès se recueillit dans la chapelle où l'âme de son père s'exprimait à travers chaque hiéroglyphe gravé sur les parois. Au cœur du silence, il perçut la voix du pharaon devenu étoile. Quand il s'avança dans la grande cour, baignée d'une lumière douce, chanteuses et musiciennes sortaient en procession de la salle à colonnes. Dès que Méritamon aperçut son père, elle se détacha du groupe, se dirigea vers lui et s'inclina en croisant les bras sur sa poitrine.

Elle ressemblait chaque jour davantage à Néfertari. Claire comme une matinée de printemps, sa beauté semblait s'être nourrie de la sagesse du temple. Ramsès prit le bras de sa fille et tous deux marchèrent lentement dans l'allée des sphinx, bordée d'acacias et de tamaris.

– Te tiens-tu informée des événements du monde extérieur ?

– Non, mon père ; tu fais régner Maât, tu combats le désordre et les ténèbres. N'est-ce pas l'essentiel ? Les bruits du monde profane ne franchissent pas les murs du sanctuaire, et il est bon qu'il en soit ainsi.

– Ta mère avait désiré cette vie-là, mais le destin lui en a imposé une autre.

– N'étais-tu pas le maître de ce destin ?

– Pharaon a le devoir d'agir en ce monde, bien que sa pensée demeure dans le secret du temple. Aujourd'hui, il me faut préserver la paix, Méritamon ; pour y parvenir, j'épouserai la fille de l'empereur du Hatti.

– Deviendra-t-elle grande épouse royale ?

– En effet, mais il me faut célébrer ma deuxième fête de régénération avant ce mariage. C'est pourquoi je dois prendre une décision qui ne saurait être effective sans ton accord.

– Je ne désire jouer aucun rôle dans la direction des affaires du pays, tu le sais.

– Le rituel ne saurait être accompli sans la participation active d'une grande épouse royale égyptienne. Est-ce trop te demander que de remplir ce rôle symbolique ?

– Cela signifie... quitter Thèbes, aller à Pi-Ramsès, et... ensuite ?

– Quoique reine d'Égypte, tu reviendras ici pour y vivre l'existence que tu as choisie.

– Ne m'imposeras-tu pas de plus en plus souvent des tâches profanes ?

– Je ferai uniquement appel à toi pour mes fêtes de régénération qui, selon Khâ, devront être célébrées tous les trois ou quatre ans, jusqu'à ce que mon temps de vie soit épuisé. Tu es libre d'accepter ou de refuser, Méritamon.

– Pourquoi m'avoir choisie ?

– Parce que des années de recueillement t'ont donné la capacité spirituelle et magique de remplir un rôle rituel écrasant.

Méritamon s'immobilisa et se retourna vers le temple de Gournah.

– Tu me demandes trop, mon père, mais tu es Pharaon.

Sétaou grommelait. Loin de sa chère Nubie, paradis des serpents, il se sentait comme exilé ; pourtant, le travail ne manquait pas. Avec l'aide de Lotus, qui traquait chaque nuit dans la campagne des reptiles de belle taille, il avait donné un dynamisme nouveau au laboratoire chargé de la préparation des remèdes à base de venin. Et, sur les conseils d'Améni, il profitait de ce séjour à Pi-Ramsès pour parfaire ses connaissances de gestionnaire. L'âge venant, Sétaou admettait que la fougue ne suffisait pas à convaincre les hauts fonctionnaires de lui accorder les crédits et le matériel dont il avait besoin dans sa province nubienne ; sans devenir un courtisan, il apprenait à mieux présenter ses requêtes et obtenait des résultats positifs.

En sortant du bureau du préposé à la marine marchande, qui avait accepté la construction de trois bateaux de charge spécialement destinés à la Nubie, Sétaou rencontra Khâ, dont le visage paraissait moins serein qu'à l'ordinaire.

– Des ennuis ?

– L'organisation de cette fête requiert une attention de chaque instant... Et je viens d'avoir une très mauvaise surprise. Le contrôleur des entrepôts divins du Delta, sur lequel je comptais pour fournir une grande quantité de sandales, de pièces de lin et de coupes d'albâtre, ne m'offre presque rien. Cela complique singulièrement ma tâche.

– A-t-il fourni des explications ?

– Il est en voyage ; c'est son épouse qui m'a répondu.

– Comportement bien désinvolte ! Je ne suis qu'un administrateur débutant, mais cette attitude me déplaît. Allons voir Améni.

Tout en dégustant une cuisse d'oie rôtie qu'il trempait dans une sauce au vin rouge, Améni lisait rapidement les rapports rédigés par le contrôleur des entrepôts divins du Delta, dont le siège administratif se trouvait au nord de Memphis.

La conclusion du secrétaire particulier de Ramsès fut dépourvue d'ambiguïté.

– Quelque chose ne va pas. Khâ ne s'est pas trompé en s'adressant à ce fonctionnaire, et ce dernier n'aurait dû avoir aucune difficulté à lui fournir le nécessaire pour la fête de régénération. Je n'aime pas ça... Pas du tout !

– N'y aurait-il pas une erreur quelconque dans les dossiers de l'administration ? suggéra Khâ.

– Possible, mais pas dans *mes* dossiers.

– La fête risque d'être en partie compromise, avoua le grand prêtre ; pour accueillir les dieux et les déesses, il nous faut les plus belles pièces de lin, les meilleures sandales, les...

– Je déclenche une enquête technique approfondie, annonça Améni.

– Voilà bien une idée de scribe ! s'insurgea Sétaou. Ce sera long et compliqué, Khâ est pressé. Il faut agir de manière plus subtile ; nomme-moi contrôleur spécial et j'obtiendrai rapidement la vérité.

Améni bouda.

– Nous sommes à la limite de la légalité... Et s'il y avait du danger ?

– Je dispose d'auxiliaires sûrs et efficaces. Ne perdons pas notre temps en vaines palabres et donne-moi un ordre de mission écrit.

Au cœur des entrepôts du nord de Memphis, la dame Chérit dirigeait la manœuvre avec l'autorité d'un général aguerri. Petite, brune, jolie, autoritaire, elle orientait les conducteurs de troupeaux d'ânes chargés de produits divers, répartissait les tâches des manutentionnaires, vérifiait les listes et n'hésitait pas à brandir son bâton au nez des rares contestataires.

Une femme de caractère comme Sétaou les aimait.

Avec ses cheveux en bataille, sa barbe de plusieurs jours et sa nouvelle tunique en peau d'antilope qui semblait encore plus décatie que l'ancienne, Sétaou fut vite repéré.

– Que fais-tu là, traînard?

– J'aimerais vous parler.

– Ici, on ne bavarde pas, on travaille.

– C'est précisément de votre travail dont j'aimerais vous entretenir.

La dame Chérit eut un sourire méchant.

– Ma manière de commander te déplaît, peut-être...

– C'est votre qualification exacte qui me préoccupe.

La petite brune fut étonnée; un vagabond ne s'exprimait pas de cette manière.

– Qui es-tu?

– Le contrôleur spécial nommé par l'administration centrale.

– Pardonnez-moi... Mais avec cet accoutrement...

– Mes supérieurs me le reprochent, mais ils tolèrent cette fantaisie en raison de mes excellents résultats.

– Pour la bonne forme, pouvez-vous me montrer votre ordre de mission?

– Le voici.

Le papyrus était pourvu de tous les sceaux indispensables, y compris de celui du vizir qui approuvait l'initiative d'Améni et de Sétaou.

La dame Chérit lut et relut le texte qui donnait au contrôleur le pouvoir d'inspecter les entrepôts à sa guise.

– C'est à votre mari que j'aurais dû montrer ce document.

– Il est en voyage.

– Ne devrait-il pas être à son poste ?

– Sa mère est très âgée, elle avait besoin de lui.

– Vous avez donc pris la place de votre époux.

– Je connais ce travail et je le fais bien.

– Nous avons un grave ennui, dame Chérit ; vous ne semblez pas être en mesure de livrer au palais ce qu'il exige pour la fête de régénération du roi.

– Eh bien... la demande était imprévue... Et, pour le moment, c'est malheureusement vrai.

– Il me faut des explications.

– Je ne suis pas au courant de tout, mais je sais qu'un important transfert de matériel a été effectué à destination d'un autre site.

– Lequel ?

– Je l'ignore.

– Sur l'ordre de qui ?

– Je l'ignore aussi ; dès que mon mari reviendra, il pourra vous répondre et tout rentrera dans l'ordre, j'en suis certaine.

– Dès demain matin, j'examinerai vos inventaires et le contenu des entrepôts.

– Demain, j'avais prévu un nettoyage et...

– Je suis pressé, dame Chérit. Mes supérieurs exigent un rapport dans les plus brefs délais. Vous mettrez donc vos archives à ma disposition.

– Il y en a tellement !

– Je me débrouillerai. À demain, dame Chérit.

25

La dame Chérit n'avait pas de temps à perdre. Une fois encore, son mari avait agi comme un imbécile en donnant une réponse trop rapide aux questionnaires de l'administration. Quand il lui avait montré le double de sa lettre, elle était entrée dans une violente colère. Trop tard pour intercepter le courrier... Chérit avait aussitôt expédié son mari dans un village, au sud de Thèbes, en espérant que l'incident se noierait dans les sables et que le palais ferait appel à d'autres entrepôts.

Malheureusement, la réaction des autorités avait été toute différente. Malgré son aspect bizarre, ce contrôleur semblait déterminé et intraitable. Un instant, Chérit avait songé à le soudoyer, mais cette solution était trop risquée. Il ne lui restait plus qu'à appliquer le plan d'urgence prévu pour la circonstance.

À l'heure de la fermeture des entrepôts, elle retint auprès d'elle quatre manutentionnaires. Elle allait perdre gros dans la manipulation, mais c'était le seul moyen d'échapper à la justice. Sacrifice douloureux, qui la priverait de bénéfices considérables sur des marchandises patiemment détournées.

– Au milieu de la nuit, ordonna Chérit à ses employés, vous entrerez dans le bâtiment, à gauche de l'entrepôt central.

– C'est toujours fermé, objecta un manutentionnaire.

– Je vous l'ouvrirai. Vous transporterez tout ce qui se trouve à l'intérieur dans le dépôt principal. Le plus rapidement possible, et en silence.

– C'est en dehors des heures normales, patronne.

– C'est pourquoi je vous donnerai un salaire équivalent à une semaine de travail. Et si je suis vraiment satisfaite, j'ajouterai une prime.

Un large sourire s'inscrivit sur le visage des quatre hommes.

– Ensuite, vous oublierez cette nuit de travail. Sommes-nous bien d'accord ?

Dans la voix coupante de Chérit, la menace était à peine voilée.

– Entendu, patronne.

Le quartier des entrepôts était désert. À intervalles réguliers, des rondes de policiers, accompagnés de lévriers, parcouraient les lieux.

Les quatre hommes s'étaient dissimulés dans une vaste bâtisse où l'on garait les traîneaux de bois utilisés pour le transport des matériaux lourds. Après avoir bu de la bière et mangé du pain frais, ils avaient dormi à tour de rôle.

Au milieu de la nuit résonna la voix impérieuse de la dame Chérit.

– Venez.

Elle avait tiré les verrous de bois et fait sauter les sceaux de boue séchée qui interdisaient l'entrée du bâtiment où, officiellement, son mari conservait des lingots de cuivre destinés aux ateliers des temples. Sans poser de question, les manutentionnaires transportèrent une centaine de jarres de vin de première qualité, quatre cent cinquante pièces de lin fin, six cents paires de sandales de cuir, des pièces de char, treize cents petits blocs de minerai de cuivre, trois cents rouleaux de laine et une centaine de coupes d'albâtre.

Alors que les manutentionnaires déposaient les dernières coupes, Sétaou surgit du fond de l'entrepôt où il s'était dissimulé pour assister à la scène.

– Bien joué, dame Chérit, constata-t-il. Ainsi, vous restituez ce que vous avez volé pour éteindre mon enquête. Bien joué, mais trop tard.

La petite femme brune garda son sang-froid.

– Qu'exigez-vous en échange de votre silence ?

– Le nom de vos complices : à qui vendez-vous les objets volés ?

– Sans importance.

– Parlez, dame Chérit.

– Refusez-vous de négocier ?

– Ce n'est pas dans mon tempérament.

– Tant pis pour vous... Vous n'auriez pas dû venir seul !

– Rassurez-vous, j'ai une alliée.

Sur le seuil de l'entrepôt apparut Lotus. Seins nus, la mince et jolie Nubienne n'était vêtue que d'un pagne court en papyrus et tenait un panier d'osier fermé par un couvercle de cuir.

La dame Chérit eut envie de rire.

– Une alliée de poids ! ironisa-t-elle.

– Que vos sbires déguerpissent, dit Sétaou avec calme.

– Emparez-vous de ces deux-là, ordonna sèchement la dame Chérit aux manutentionnaires.

Lotus posa son panier sur le sol et l'ouvrit. En sortirent quatre vipères souffleuses, très excitées, reconnaissables aux trois zones de couleur bleue et verte qui ornaient leur cou. Expulsant l'air contenu dans leurs poumons, elles émirent un bruit terrifiant.

Sautant par-dessus les piles d'étoffes, les quatre manutentionnaires s'enfuirent à toutes jambes.

Les vipères entourèrent la dame Chérit, au bord du malaise.

– Il vaudrait mieux parler, conseilla Sétaou ; le venin de ces reptiles est très toxique. Vous n'en mourrez peut-être pas, mais les dégâts causés dans votre organisme seront irréparables.

– Je dirai tout, promit la petite brune.

– Qui a eu l'idée de détourner les biens destinés aux temples ?

– C'est... mon mari.

– En êtes-vous bien sûre ?

– Mon mari... et moi.

– Depuis quand dure votre trafic ?

– Un peu plus de deux ans. S'il n'y avait pas eu cette fête de régénération, on ne nous aurait rien demandé et tout aurait continué...

– Il vous a fallu soudoyer des scribes.

– Même pas ! Mon mari truquait les inventaires, et nous écoulions les objets par lots plus ou moins importants, selon les opportunités. Celui que je m'apprêtais à vendre était très fourni.

– L'acheteur ?

– Un capitaine de bateau.

– Son nom ?

– Je l'ignore.

– Décrivez-le.

– Grand, barbu, une cicatrice sur l'avant-bras gauche, des yeux marron.

– C'est lui qui vous paie ?

– Oui, avec des pierres précieuses et un peu d'or.

– La date de la prochaine transaction ?

– Après-demain.

– Eh bien, conclut Sétaou, réjoui, nous aurons le plaisir de le rencontrer.

Le chaland accosta à la fin d'une journée de navigation sans incidents. Il transportait de grosses jarres de terre cuite qui, grâce à un secret de fabrication des potiers de Moyenne-

Égypte, conservaient l'eau potable et fraîche pendant une année. Mais ces jarres-là étaient vides, car elles serviraient à dissimuler les objets achetés à la dame Chérit.

Le capitaine avait fait toute sa carrière dans la marine marchande, et ses collègues le considéraient comme un excellent professionnel. Aucun accident grave, une autorité bien acceptée de ses équipages, un minimum de retard dans ses livraisons... Mais ses maîtresses coûtaient cher, et les dépenses augmentaient beaucoup plus vite que son salaire. Après quelques réticences, il avait été contraint d'accepter le marché qu'on lui proposait : le transport des marchandises volées. L'importance des primes lui permettait de mener la grande vie dont il raffolait.

La dame Chérit était aussi consciencieuse que lui. Comme d'habitude, la cargaison serait prête, et il faudrait peu de temps pour la transférer de l'entrepôt au chaland. Une activité banale, qui n'étonnait personne, d'autant plus que les inscriptions, sur les coffres de bois et les paniers, désignaient des denrées alimentaires.

Auparavant, le capitaine devrait livrer une âpre bataille. D'un côté, la dame Chérit devenait de plus en plus gourmande ; de l'autre, le commanditaire du marin voulait payer de moins en moins cher. La discussion risquait d'être longue, mais les interlocuteurs étaient dans l'obligation de trouver un terrain d'entente.

Le capitaine se dirigea vers la maison de fonction de Chérit. Comme convenu, elle lui adressa un petit signe de la main, du haut de sa terrasse. Tout était donc normal.

Le marin traversa le jardinet et pénétra dans la salle de réception à deux colonnes peintes en bleu. Le long des murs, des banquettes.

Le pas léger de la dame Chérit descendant l'escalier. Derrière elle, une superbe Nubienne.

– Mais... qui est cette femme ?

– Ne vous retournez pas, capitaine, dit la voix grave de Sétaou ; derrière vous, il y a un cobra.

– C'est vrai, confirma la dame Chérit.

– Qui êtes-vous ? interrogea le marin.

– Un envoyé de Pharaon. Ma mission consistait à mettre fin à vos malversations. Mais je veux également connaître le nom de ton patron.

Le capitaine se crut victime d'un cauchemar. Le monde s'écroulait sur lui.

– Le nom de ton patron, répéta Sétaou.

Le capitaine savait que la condamnation serait lourde ; il ne serait pas le seul à subir le châtiment.

– Je ne l'ai vu qu'une fois.

– S'est-il nommé ?

– Oui... Il s'appelle Améni.

Stupéfait, Sétaou fit quelques pas et s'immobilisa devant le capitaine.

– Décris-le !

Enfin, le capitaine voyait l'homme qui voulait l'arrêter. C'était lui, le cobra ! Persuadé que Sétaou avait inventé la présence du reptile pour l'effrayer, il se retourna et tenta de s'enfuir.

Le serpent se détendit et le mordit au cou. Sous l'effet de la douleur et de l'émotion, le marin perdit conscience et s'effondra.

Certaine que la voie était libre, la dame Chérit courut vers le jardinet.

– Non ! hurla Lotus, prise au dépourvu.

Le second cobra, une femelle, mordit la jolie brune aux reins alors qu'elle franchissait le seuil de sa demeure. Le souffle coupé, le cœur pris dans un étau, la dame Chérit rampa en griffant la terre de ses ongles, puis s'immobilisa, pendant que le reptile revenait lentement vers son conjoint.

– Aucune chance de les sauver, déplora Lotus.

– Ils ont volé leur pays, rappela Sétaou, et les juges de l'au-delà ne seront pas indulgents.

Sétaou s'assit, bouleversé.

– Améni... Améni, un corrompu !

26

La dernière lettre de l'empereur Hattousil était un chef-d'œuvre de diplomatie. Ramsès l'avait lue avec attention une bonne dizaine de fois et ne parvenait pas à former son opinion. L'empereur souhaitait-il la paix ou la guerre ? Désirait-il encore marier sa fille à Ramsès ou se drapait-il dans sa dignité outragée ?

– Qu'en penses-tu, Améni ?

Le porte-sandales et secrétaire particulier du roi semblait avoir maigri, malgré la belle quantité de nourriture qu'il absorbait au cours de la journée. Après une consultation approfondie, le docteur Néféret lui avait affirmé qu'il ne souffrait d'aucune maladie grave mais qu'il devrait moins se surmener.

– Âcha nous manque ; lui, il aurait su déchiffrer cette prose.

– Ton avis ?

– Bien que je sois d'un naturel plutôt pessimiste, j'ai le sentiment qu'Hattousil t'ouvre une porte. Ta fête de régénération débute demain ; la magie te donnera la réponse.

– Je suis heureux d'aller à la rencontre de la communauté des dieux et des déesses.

– Khâ a œuvré d'une manière admirable, estima Améni ; rien ne manquera. Quant à Sétaou, il vient de mettre fin à un pillage organisé. Les objets retrouvés sont déjà à Pi-Ramsès.

– Les coupables ?

– Ils ont péri dans un accident. Leur cas sera soumis au tribunal du vizir qui se prononcera sur le probable anéantissement de leur nom.

– Je me retire jusqu'à l'aube.

– Que le *ka* t'illumine, Majesté ; et puisses-tu ensoleiller l'Égypte.

La nuit de l'été finissant était chaude et claire. Comme la plupart de ses compatriotes, Ramsès avait décidé de dormir à la belle étoile, sur la terrasse du palais. Allongé sur une simple natte, il contemplait le ciel où brillaient les âmes des pharaons devenus lumière. L'axe de l'univers passait par l'étoile polaire, autour de laquelle se déployait la cour des étoiles immortelles, au-delà du temps et de l'espace. Depuis l'époque des pyramides, la pensée des sages s'inscrivait dans le ciel.

À cinquante-cinq ans, après trente-trois ans de règne, Ramsès stoppait le flux des heures et s'interrogeait sur ses actes. Jusqu'alors il n'avait cessé d'aller de l'avant, de franchir les obstacles, de repousser les limites de l'impossible ; bien que son énergie ne fléchît point, il ne voyait plus le monde à la manière d'un bélier fonçant cornes en avant, sans se soucier de qui le suivait. Régner sur l'Égypte ne consistait pas à lui imposer la loi d'un homme, mais à lui faire respirer le souffle de Maât dont Pharaon était le premier serviteur. Jeune roi, Ramsès avait espéré changer les mentalités, entraîner une société entière dans son sillage, la délivrer à jamais de la mesquinerie, de la bassesse, élargir le cœur des êtres. L'expérience venue, le rêve s'était dissipé. Les humains seraient toujours semblables à eux-mêmes, attirés par le mensonge et le mal ; nulle doctrine, nulle religion, nulle politique ne modifierait leur nature. Seules la pratique de la justice et la mise en œuvre permanente de la règle de Maât évitaient le chaos.

Ce que son père Séthi lui avait enseigné, Ramsès s'était efforcé de le respecter. Son désir d'être un grand pharaon, marquant de son sceau la destinée des Deux Terres, ne comptait plus. Après avoir connu tous les bonheurs, après avoir connu l'apogée de la puissance, il n'avait plus qu'une ambition : servir.

Sétaou était ivre, mais continuait à boire du vin cuit des oasis. Les jambes raides, il arpentait la chambre.

– Ne t'endors pas, Lotus ! Ce n'est pas le moment de se reposer... Il faut réfléchir et décider.

– Voilà des heures que tu répètes la même phrase !

– Tu ferais bien de m'écouter, je ne parle pas à la légère... Toi et moi, nous savons. Nous savons qu'Améni est un vendu et un corrompu. Je déteste ce petit scribe, je le maudis, je voudrais le voir bouillir dans les chaudrons des massacreurs d'âmes... Mais il est mon ami et celui de Ramsès. Et tant que nous garderons le silence, il ne sera pas condamné pour vol.

– Ce vol n'est-il pas lié à un complot contre Ramsès ?

– Il faut réfléchir et décider... Si je vais voir le roi... Non, impossible. Il se prépare pour sa fête de régénération. Je ne peux gâcher ce moment-là. Si je vais voir le vizir... Il fera arrêter Améni ! Et toi, toi qui ne dis rien !

– Dors un peu, tu réfléchiras mieux après.

– Il ne suffit pas de réfléchir, il faut décider ! Et pour ça, il ne faut pas dormir. Améni... Qu'est-ce que tu as fait, Améni !

– Enfin la bonne question, observa Lotus.

Raide comme une statue, malgré ses mains tremblantes, Sétaou contempla la Nubienne.

– Qu'est-ce que tu veux dire ?

– Avant de te torturer l'esprit, demande-toi ce qu'Améni a réellement fait.

– C'est pourtant clair, puisque le capitaine de chaland a avoué. Il y a un trafic, et la tête pensante de ce trafic, c'est Améni. Mon ami Améni.

Serramanna dormait seul. À l'issue d'une journée épuisante, au cours de laquelle il avait vérifié la mise en place des divers éléments du dispositif de sécurité autour du temple de régénération, il s'était affalé sur son lit, ne songeant même pas à profiter du corps délicieux de sa dernière maîtresse en titre, une jeune Syrienne souple comme un roseau.

Des cris le réveillèrent.

Émergeant à grand-peine des profondeurs du sommeil, le géant sarde s'ébroua, s'étira et se précipita dans le couloir où son intendant était aux prises avec un Sétaou visiblement éméché.

– Il faut enquêter, tout de suite !

Serramanna écarta l'intendant, agrippa Sétaou par le col de sa tunique, l'entraîna dans sa chambre et lui déversa sur la tête le contenu d'une jarre d'eau fraîche.

– Qu'est-ce que c'est... ?

– De l'eau. Tu as dû oublier d'en boire depuis quelque temps.

Sétaou se laissa tomber sur le lit.

– J'ai besoin de toi.

– Quelle est la nouvelle victime de tes maudits serpents ?

– Il faut enquêter.

– À propos de quoi ?

Sétaou hésita une dernière fois, mais se lança.

– De la fortune d'Améni.

– Pardon ?

– Améni possède une fortune cachée.

– Qu'est-ce que tu as bu, Sétaou ? Ce doit être pire que du venin de serpent !

– Améni possède une fortune illégale... Et ce pourrait même être plus grave ! Suppose que Ramsès soit menacé...

– Explique-toi.

De façon désordonnée, mais sans omettre aucun détail, Sétaou relata la manière dont Lotus et lui avaient mis fin au trafic de la dame Chérit.

– Que valent les aveux d'un bandit comme ce capitaine ? Il aura lancé un nom au hasard !

– Il paraissait sincère, objecta Sétaou.

Serramanna était atterré.

– Améni... Le dernier que j'aurais soupçonné de trahir le roi et son pays.

– Parce que, moi, tu m'aurais soupçonné ?

– Ne m'ennuie pas avec ta susceptibilité ! C'est Améni qui est en cause.

– Il faut enquêter, Serramanna.

– Enquêter, enquêter ! Facile à dire. Pendant la fête de régénération, je dois m'occuper de la sécurité de Ramsès. Et puis Améni verrouille tout ! S'il a commis des malhonnêtetés, il faut éviter de lui donner l'alerte et de lui permettre d'effacer des preuves. Imaginerais-tu que nous l'accusions à la légère ?

Sétaou se cacha la tête dans les mains.

– Lotus et moi, nous sommes témoins. Le capitaine a accusé Améni.

Le Sarde eut la nausée. Qu'un homme comme Améni, fidèle entre les fidèles, n'ait songé qu'à s'enrichir lui soulevait le cœur ; il n'y avait décidément aucun humain pour sauver l'autre. Le pire, c'était l'éventuelle complicité d'Améni avec des comploteurs ; sa fortune occulte servait-elle à armer le bras des adversaires de Ramsès ?

– Je suis ivre, admit Sétaou, mais je t'ai tout dit. Maintenant, nous sommes trois à savoir.

– J'aurais préféré un autre genre de confidence.

– Comment comptes-tu t'y prendre ?

– Améni dispose d'un logement de fonction au palais, mais il dort presque toujours dans son bureau. Il faudrait mener une fouille discrète, après l'avoir attiré au-dehors... S'il a caché là de l'or ou des pierres précieuses, nous les découvrirons. Dès qu'il sortira, filature permanente et identification de toutes les personnes qu'il reçoit. Il a forcément des contacts avec d'autres membres de son réseau. Espérons que mes hommes ne commettront pas d'impair... Si la police du vizir a vent de cette enquête, j'aurai de gros ennuis.

– Il faut penser à Ramsès, Serramanna.

– À qui crois-tu que je pense ?

27

Ce matin-là, l'Égypte entière pria pour Ramsès. Après un si long règne, de quelle manière absorberait-il la formidable énergie émanant de la communauté des dieux et des déesses ? Si son corps physique n'était plus en état de servir de réceptacle au *ka*, il serait détruit, tel un récipient trop fragile. Le feu du règne de Ramsès retournerait au feu céleste, et sa momie à la terre. Mais si le roi était régénéré, un sang nouveau circulerait dans les veines du pays.

Venant des provinces du Nord et du Sud, les effigies des divinités s'étaient rassemblées dans le temple de régénération de Pi-Ramsès où Khâ les avait accueillies. Pendant la durée de la fête, Pharaon serait leur hôte et séjournerait au sein du surnaturel, dans un espace sacré à l'écart du monde profane.

En se vêtant, à l'aube, Ramsès songea à Améni. Comme son secrétaire particulier devait trouver ces journées interminables ! Pendant toute la durée des cérémonies, il ne pourrait demander conseil au roi et serait obligé de classer « en attente » quantité de dossiers qu'il considérait comme urgents. Selon Améni, l'Égypte n'était jamais assez bien gérée, et aucun fonctionnaire ne prenait son rôle suffisamment au sérieux.

Coiffé de la double couronne, vêtu d'une robe de lin plissé et d'un pagne doré, chaussé de sandales d'or, Ramsès se présenta sur le seuil du palais.

Deux fils royaux s'inclinèrent devant le monarque. Portant une perruque à longs pans, une chemise aux amples manches plissées et une longue jupe, ils tenaient une hampe dont l'extrémité supérieure avait été taillée en forme de bélier, l'une des incarnations d'Amon, le dieu caché.

Lentement, les deux porte-enseigne précédèrent le pharaon jusqu'au portail de granit du temple de régénération. Haut de douze mètres, il était précédé d'obélisques et de colosses symbolisant, comme ceux d'Abou Simbel, le *ka* royal. Dès le début de la construction de sa capitale, Ramsès avait prévu l'emplacement de ce temple, comme s'il croyait à sa capacité de régner plus de trente ans.

Deux prêtres, portant des masques de chacal, accueillirent le monarque ; l'un était l'ouvreur des routes du Sud, l'autre du Nord. Ils guidèrent Ramsès sur le chemin qui traversait une salle à colonnes hautes de dix mètres et le conduisirent à la salle des étoffes. Le roi s'y dénuda et se vêtit d'une tunique de lin s'arrêtant au-dessus des genoux et ressemblant à un suaire. Dans la main gauche, il serra la crosse du berger ; dans la droite, le sceptre aux trois lanières, qui évoquait les trois naissances de Pharaon, dans le royaume de dessous terre, sur la terre et au ciel.

Ramsès avait déjà vécu bien des épreuves physiques, qu'il s'agisse de son combat avec un taureau sauvage ou de la bataille de Kadesh où, seul dans la mêlée, il avait dû affronter des milliers de Hittites déchaînés ; mais la fête de régénération l'invitait à un autre combat où des énergies invisibles entraient en jeu. Mourant à lui-même, retournant à l'incréé d'où il était issu, Ramsès devait renaître de l'amour des dieux et des déesses, et se succéder à lui-même. Par cet acte alchimique, il tissait des liens inaltérables entre sa personne symbolique et son peuple, entre son peuple et la communauté des puissances créatrices.

Les deux prêtres au masque de chacal guidèrent le souverain jusqu'à une grande cour à ciel ouvert, évocation de celle du pharaon Djéser, à Saqqara ; c'était l'œuvre de Khâ, si admiratif de l'architecture ancienne qu'il avait fait réaliser cette réplique à l'intérieur de l'enceinte du temple de régénération de Ramsès.

Elle vint à sa rencontre.

Elle, Méritamon, la fille de Néfertari, Néfertari elle-même, ressuscitée pour ressusciter Ramsès. Longue robe blanche, discret collier d'or, coiffe aux deux hautes plumes qui symbolisaient la vie et la Règle : éblouissante, la grande épouse royale se plaça derrière le monarque. Pendant toutes les étapes du rituel, elle le protégerait par la magie du verbe et du chant.

Khâ alluma la flamme qui illumina les statues des divinités, les chapelles où elles avaient pris place et le trône royal sur lequel s'installerait Ramsès s'il sortait vainqueur des épreuves. Le grand prêtre serait assisté par le conseil des grands de Haute et de Basse-Égypte au nombre desquels figuraient Sétaou, Améni, le grand prêtre de Karnak, le vizir, le médecin-chef du royaume Néféret, des « fils royaux » et des « filles royales ». Dégrisé, Sétaou ne voulait plus penser au comportement méprisable d'Améni ; seul importait le rituel qu'il fallait accomplir à la perfection pour renouveler la puissance vitale de Ramsès.

Les grands de Haute et de Basse-Égypte se prosternèrent devant Pharaon. Puis Sétaou et Améni, agissant en qualité d' « ami unique », lavèrent les pieds du roi. Purifiés, ils lui permettraient de parcourir tous les espaces, d'eau, de terre ou de feu. Le vase d'où jaillissait l'eau avait la forme du signe hiéroglyphique *sema*, représentant l'ensemble formé par le cœur et la trachée artère, et signifiant « réunir ». Par ce liquide sacralisé, Pharaon devenait un être cohérent et l'unificateur de son peuple.

Khâ avait si bien réglé les cérémonies que les journées et les nuits de la fête s'écoulèrent comme une heure.

Contraint de marcher lentement, à cause de sa tunique

moulante, Ramsès rendit efficientes les offrandes alimentaires déposées sur les autels des divinités ; par son regard et par la formule « offrande que donne Pharaon », il fit surgir le *ka* immatériel des nourritures. La reine remplissait la fonction de la vache céleste, chargée de nourrir le roi avec le lait des étoiles, afin de chasser de son corps la faiblesse et la maladie.

Ramsès vénéra chaque puissance divine, pour que soit préservée la multiplicité de la création qui nourrissait son unité. Par sa démarche, il dégageait précisément l'unité inaltérable cachée dans chaque forme et communiquait à chaque statue une vie magique.

Pendant trois jours, processions, litanies et offrandes se succédèrent dans la grande cour où étaient présentes les divinités. Abritées dans des chapelles auxquelles on accédait par de petits escaliers, elles délimitaient l'espace sacré et diffusaient leur énergie. Tantôt alerte, tantôt recueillie, la musique des tambourins, des harpes, des luths et des hautbois rythmait les épisodes précisés sur le papyrus que déroulait le porteur du rite.

En assimilant l'âme des divinités, en dialoguant avec le taureau Apis et le crocodile Sobek, en maniant le harpon pour empêcher l'hippopotame de nuire, Pharaon tissait des liens entre l'au-delà et le peuple d'Égypte. Par l'action du roi, l'invisible devenait visible, et se bâtissait un rapport d'harmonie entre la nature et l'homme.

Dans une cour annexe avait été édifiée une estrade sur laquelle se trouvaient deux trônes accolés ; pour les atteindre, Ramsès devait gravir quelques marches. Lorsqu'il s'asseyait sur le trône de Haute-Égypte, il portait la couronne blanche ; sur celui de Basse-Égypte, la couronne rouge. Et chaque phase rituelle était accomplie par l'un et l'autre aspect de la personne royale, dualité en mouvement, opposition apparemment irréductible, pourtant apaisée dans l'être de Pharaon. Ainsi les Deux Terres devenaient-elles une sans se confondre. Siégeant alternativement sur l'un et l'autre trône,

Ramsès était tantôt Horus au regard perçant, tantôt Seth à la puissance inégalable, et toujours le troisième terme qui conciliait les deux frères.

L'avant-dernier jour de la fête, le roi quitta sa tunique blanche pour revêtir le pagne traditionnel des monarques du temps des pyramides, auquel était accrochée une queue de taureau. L'heure était venue de vérifier si le pharaon régnant avait correctement assimilé l'énergie des divinités et s'il était capable de prendre possession du ciel et de la terre.

Puisqu'il avait vécu le secret des deux frères ennemis, Horus et Seth, Pharaon était apte à recevoir de nouveau le testament des dieux qui faisait de lui l'héritier de l'Égypte. Lorsque les doigts de Ramsès se refermèrent sur le petit étui de cuir en forme de queue d'aronde contenant l'inestimable document, chacun eut le cœur serré. La main d'un être humain, fût-il le maître des Deux Terres, aurait-elle la force de se saisir d'un objet surnaturel ?

Tenant fermement le testament des dieux, Ramsès empoigna une rame-gouvernail qui traduisait son aptitude à diriger le navire de l'État dans la bonne direction. Puis, à longues enjambées, il arpenta la grande cour, assimilée à la totalité de l'Égypte comme reflet du ciel sur la terre. Quatre fois fut accomplie la course rituelle, en direction de chaque point cardinal, par le roi de Basse-Égypte ; et quatre fois par le roi de Haute-Égypte. Les provinces des Deux Terres furent ainsi transfigurées par les pas de Pharaon qui affirmait le règne des dieux et la présence de la hiérarchie céleste ; à travers lui, la totalité des pharaons défunts reprenait vie et l'Égypte devenait le champ fécond du divin.

– J'ai couru, proclama Ramsès, j'ai tenu en main le testament des dieux. J'ai traversé la terre entière et touché ses quatre côtés. Je l'ai parcourue selon mon cœur. J'ai couru, j'ai traversé l'océan des origines, j'ai touché les quatre côtés du ciel, je suis allé aussi loin que la lumière et j'ai offert la terre fertile à sa souveraine, la règle de vie.

En ce dernier jour de la fête de régénération, la liesse se préparait dans les villes et dans les villages ; on savait que Ramsès avait triomphé et que son énergie de règne était renouvelée. La joie ne pouvait éclater, cependant, avant que le monarque régénéré ne montrât à son peuple le testament des dieux.

À l'aube, Ramsès prit place dans une chaise à porteurs que soulevèrent les grands de Haute et de Basse-Égypte ; le dos d'Améni souffrit, mais il tint à accomplir sa part de labeur. Le pharaon fut conduit aux quatre orients et, à chaque point cardinal, banda un arc et tira une flèche pour annoncer à l'univers entier que Pharaon continuait à régner.

Puis le monarque monta sur un trône dont le soubassement s'ornait de douze têtes de lion et il s'adressa aux directions de l'espace pour annoncer que la règle de Maât réduirait au silence les forces du mal.

De nouveau couronné, comme la première fois, Ramsès rendit hommage à ses ancêtres. Eux qui avaient ouvert des chemins dans l'invisible formaient le socle de la royauté. Sétaou, qui se félicitait de sa force de caractère, ne put s'empêcher de pleurer ; jamais Ramsès n'avait été aussi grand, jamais Pharaon n'avait incarné à ce point la lumière de l'Égypte.

Le roi quitta la grande cour où le temps avait été aboli. Il traversa la salle à colonnes et gravit l'escalier menant au sommet du pylône. Entre les deux hautes tours, il apparut, tel le soleil de midi, et montra à son peuple le testament des dieux.

Une immense clameur monta de la foule. Par acclamation, Ramsès fut reconnu digne de gouverner ; ses paroles seraient vie, ses actes relieraient la terre au ciel. Le Nil serait fécond, atteindrait la base des collines, déposerait du limon fertile sur les terres, offrirait aux hommes de l'eau pure et d'innombrables poissons. Comme les divinités étaient en fête, le bonheur se répandit dans les cœurs ; grâce au roi, la nourriture serait aussi abondante que les grains de sable sur les rives du Nil. Ne disait-on pas de Ramsès le Grand qu'il pétrissait la prospérité avec ses mains ?

28

Deux mois et un jour.

Un jour orageux, après deux mois d'enquête discrète et minutieuse. Serramanna n'avait pas lésiné sur les moyens : ses meilleurs hommes, des mercenaires expérimentés, avaient été chargés de filer Améni et de fouiller ses locaux sans attirer l'attention. Le géant sarde les avait prévenus : s'ils se faisaient prendre, il les désavouerait ; et s'ils le mettaient en cause, il les étranglerait de ses mains. Primes promises : des congés supplémentaires et du vin de première qualité.

Éloigner Améni de son bureau s'était révélé difficile. Une tournée d'inspection au Fayoum avait procuré au Sarde une occasion inespérée ; mais la fouille n'avait donné aucun résultat. Ni dans son logement de fonction, presque toujours inoccupé, ni dans ses coffres, sa bibliothèque ou derrière ses étagères, le secrétaire particulier de Ramsès ne cachait d'objets illicites. Améni continuait à travailler jour et nuit, mangeait beaucoup et dormait peu. Quant à ses visiteurs, ils appartenaient à la haute administration, et le scribe avait l'habitude de les rencontrer pour leur demander des comptes et susciter leur ardeur à servir l'État.

En écoutant les rapports négatifs du Sarde, Sétaou se demandait s'il n'avait pas rêvé ; mais Lotus, comme lui, avait bien entendu le nom d'Améni prononcé par le capitaine du chaland. Impossible d'effacer cette salissure de sa mémoire.

Serramanna songeait à démanteler le dispositif qu'il avait mis en place ; ses hommes devenaient nerveux et ne tarderaient pas à commettre une bévue.

Et c'est en ce jour d'orage que se produisit l'incident tant redouté. Au début de l'après-midi, alors qu'Améni était seul dans son bureau, il reçut un visiteur tout à fait inhabituel : un homme mal rasé, borgne, grossier, le visage buriné.

Le mercenaire aux ordres de Serramanna l'avait suivi jusqu'au port de Pi-Ramsès et n'avait eu aucune peine à l'identifier : un capitaine de chaland.

– Tu en es sûr ? demanda Sétaou à Serramanna.

– Le gaillard est parti pour le Sud avec une cargaison de jarres. La conclusion s'impose.

Améni à la tête d'un gang de voleurs, Améni qui connaissait l'administration mieux que quiconque et en abusait pour son profit personnel... Et peut-être pis encore.

– Améni a patienté quelque temps, nota le Sarde, mais il était obligé de reprendre contact avec ses complices.

– Je ne veux pas y croire.

– Désolé, Sétaou. Moi, je dois dire à Ramsès ce que je sais.

Oublie tes griefs, écrivait l'empereur Hattousil au pharaon d'Égypte, *retiens ton bras et permets-nous de respirer le souffle de vie. En vérité, tu es le fils du dieu Seth ! Il t'a promis le pays des Hittites, et ils t'apporteront en tribut tout ce que tu désireras. Ne sont-ils pas à tes pieds ?*

Ramsès montra la tablette à Améni.

– Lis toi-même... Surprenant changement de ton !

– Les partisans de la paix l'ont emporté, l'influence de la reine Poutouhépa fut prédominante. Majesté, il ne te reste plus qu'à rédiger une invitation officielle pour convier une princesse hittite à devenir reine d'Égypte.

– Prépare-moi de belles formules au bas desquelles

j'apposerai mon sceau. Âcha n'est pas mort pour rien ; c'est l'œuvre de sa vie qui est ainsi couronnée.

– Je cours jusqu'à mon bureau et je prépare la missive.

– Non, Améni ; écris-la ici. Assieds-toi sur mon siège pour bénéficier des derniers rayons du soleil.

Le secrétaire particulier du roi fut tétanisé.

– Moi... Sur le siège de Pharaon... Jamais !

– Aurais-tu peur ?

– Bien sûr, j'ai peur ! D'autres que moi ont été foudroyés pour avoir commis ce genre de folie !

– Montons sur la terrasse.

– Mais... cette lettre...

– Elle peut attendre.

Le panorama était envoûtant. Somptueuse et tranquille, la capitale de Ramsès le Grand s'abandonnait à la nuit.

– Cette paix que nous désirons tant, Améni, ne se trouve-t-elle pas ici, devant nos yeux ? À chaque instant, il faudrait savoir la savourer comme un fruit rare et en mesurer la vraie valeur. Mais les hommes ne songent qu'à troubler l'harmonie, comme s'ils ne la supportaient pas. Pourquoi, Améni ?

– Je... je l'ignore, Majesté.

– Ne t'es-tu jamais posé la question ?

– Je n'en ai pas eu le temps. Et Pharaon est là pour répondre aux questions.

– Serramanna m'a parlé, révéla Ramsès.

– Parlé... De quoi ?

– D'une visite surprenante, à ton bureau.

Améni ne parut pas troublé.

– De qui s'agit-il ?

– Ne pourrais-tu me le dire toi-même ?

Le scribe réfléchit quelques instants.

– Je pense à ce capitaine de chaland qui n'avait pas rendez-vous et a forcé le passage ; je n'ai certes pas l'habitude de recevoir ce type de personnage ! Son discours était incohérent, il parlait des dockers et des chargements en retard... Je l'ai jeté dehors avec l'aide d'un garde.

– Le voyais-tu pour la première fois ?

– Et pour la dernière ! Mais... pourquoi toutes ces questions ?

Le regard de Ramsès devint aussi pénétrant que celui de Seth ; les yeux du monarque flamboyèrent, perçant le crépuscule.

– M'as-tu déjà menti, Améni ?

– Jamais, Majesté ! Et jamais je ne te mentirai. Que mes paroles aient valeur de serment, sur la vie de Pharaon !

Pendant de longues secondes, Améni ne respira plus. Il savait que Ramsès le jugeait et allait prononcer son verdict.

La main droite du pharaon se posa sur l'épaule du scribe, qui ressentit aussitôt l'effet bienfaisant de son magnétisme.

– J'ai confiance en toi, Améni.

– De quoi m'accusait-on ?

– D'organiser un détournement de biens destinés aux temples et de t'enrichir.

Améni fut sur le point de défaillir.

– Moi, m'enrichir ?

– Nous avons du travail ; la paix semble à portée de main, mais il faut néanmoins réunir sur-le-champ un conseil de guerre.

Sétaou tomba dans les bras d'Améni, Serramanna bredouilla des excuses.

– Évidemment, si le pharaon lui-même t'a définitivement innocenté !

– Vous... vous avez pu me croire coupable ? s'étonna le secrétaire particulier du roi qui, l'air grave, observait la scène.

– J'ai trahi notre amitié, reconnut Sétaou, mais je ne pensais qu'à la sécurité de Ramsès.

– En ce cas, estima Améni, tu as bien agi. Et s'il te venait d'autres soupçons, recommence. Sauvegarder la personne de Pharaon est notre devoir le plus impérieux.

– Quelqu'un a tenté de discréditer Améni aux yeux de Sa Majesté, rappela Serramanna ; quelqu'un dont Sétaou a ruiné le trafic.

– Je veux connaître tous les détails, exigea Améni.

Sétaou et Serramanna narrèrent les épisodes de leur enquête.

– Le chef de ce réseau s'est fait passer pour moi, conclut le scribe, et il a abusé le capitaine de chaland que le cobra de Sétaou a envoyé dans l'enfer des voleurs. En propageant cette fausse information, il jetait la suspicion sur ma personne et sur mon service. Il suffisait de la visite d'un autre capitaine pour vous convaincre de ma culpabilité. Moi éliminé, l'administration du pays aurait été désorganisée.

Ramsès sortit de son mutisme.

– Salir mes proches, c'est souiller le gouvernement du pays dont je suis responsable. On tente d'affaiblir l'Égypte au moment où se joue une partie difficile avec le Hatti. Ce n'est pas une simple affaire de vol, même à grande échelle, mais une gangrène qu'il faut arrêter au plus vite.

– Retrouvons le marin qui m'a rendu visite, recommanda Améni.

– Je m'en occupe, dit Serramanna ; ce gaillard-là nous conduira jusqu'à son véritable patron.

– Je me mets à la disposition de Serramanna, proposa Sétaou. Je dois bien ça à Améni.

– Pas d'impair, exigea Ramsès ; je veux la tête pensante.

– Et s'il s'agissait d'Ouri-Téchoup ? intervint Serramanna. Je suis persuadé qu'il n'a qu'un désir : se venger.

– Impossible, objecta Améni ; il ne connaît pas suffisamment le fonctionnement de l'administration égyptienne pour avoir organisé ce détournement de biens.

Ouri-Téchoup décidé à empêcher le mariage de Ramsès avec la fille d'Hattousil, le tyran qui l'avait écarté du pouvoir... Le roi ne repoussa pas la suggestion du chef de sa garde.

– Un exécutant a pu agir sur les ordres d'Ouri-Téchoup, insista Serramanna.

– Trêve de discussions, trancha Ramsès ; remontez la filière, et vite. Toi, Améni, tu travailleras dans une salle annexe du palais.

– Mais... pourquoi ?

– Parce que tu es soupçonné de corruption et mis au secret. L'adversaire doit être persuadé que son plan a réussi.

29

Un vent violent et glacé balayait les remparts d'Hattousa, la capitale fortifiée de l'Empire hittite. Sur le haut plateau d'Anatolie, l'automne s'était brusquement transformé en hiver. Des pluies torrentielles rendaient les chemins boueux et gênaient les déplacements des marchands. Frileux, l'empereur Hattousil se terrait au coin du feu en buvant du vin chaud.

La lettre qu'il venait de recevoir de Ramsès le réjouissait au plus haut point. Plus jamais le Hatti et l'Égypte ne seraient en guerre ; bien que l'exercice de la violence fût parfois nécessaire, Hattousil lui préférait la diplomatie. Le Hatti était un empire vieillissant, las de trop de combats ; depuis le traité conclu avec Ramsès, le peuple s'habituait à la paix.

Enfin, Poutouhépa revint. L'impératrice avait passé plusieurs heures dans le temple de l'Orage, afin d'y consulter les oracles. Belle, majestueuse, la grande prêtresse était une souveraine respectée, même des généraux.

– Les nouvelles ? demanda Hattousil, inquiet.

– Mauvaises. Les intempéries augmenteront, la température baissera.

– Moi, j'ai un miracle à t'annoncer !

L'empereur brandit le papyrus provenant de Pi-Ramsès.

– Ramsès a-t-il donné un accord définitif ?

– Puisque sa fête de régénération a été célébrée, et

puisqu'il a symboliquement épousé sa fille pour célébrer les rites, le pharaon d'Égypte, notre frère bien-aimé, consent à épouser notre fille. Une Hittite souveraine des Deux Terres... Jamais je n'aurais cru que ce rêve se réaliserait !

Poutouhépa sourit.

– Tu as su t'humilier devant Ramsès.

– Sur ton conseil, ma chère... Sur ton judicieux conseil. Les mots n'ont aucune importance ; l'essentiel était d'atteindre notre but.

– Malheureusement, le ciel se déchaîne contre nous.

– Le temps finira bien par s'améliorer.

– Les oracles sont pessimistes.

– Si nous tardons trop à lui envoyer notre fille, Ramsès croira à une manœuvre.

– Que faire, Hattousil ?

– Lui dire la vérité et demander son aide. La science des magiciens d'Égypte est incomparable ; qu'ils apaisent les éléments et libèrent la route. Écrivons sur-le-champ à notre frère bien-aimé.

Le visage anguleux et sévère, le crâne rasé, la démarche parfois raide en raison d'articulations douloureuses, Khâ errait dans l'immense nécropole de Saqqara où il se sentait plus à l'aise que dans le monde des vivants. Grand prêtre de Ptah, le fils aîné de Ramsès quittait rarement l'antique cité de Memphis. L'époque des pyramides le fascinait ; Khâ passait de longues heures à contempler les trois géants de pierre du plateau de Guizeh, les pyramides construites par Khéops, Khéphren et Mykérinos. Lorsque le soleil atteignait son zénith, leurs faces recouvertes de calcaire blanc réfléchissaient la lumière et illuminaient les temples funéraires, les jardins et le désert. Incarnation de la pierre primordiale surgie de l'océan des origines, au premier matin du monde, les pyramides étaient aussi des rayons de soleil pétrifiés qui conservaient une énergie inaltérable. Et Khâ avait perçu l'une de leurs vérités : chaque pyramide était une lettre du grand livre de la sagesse qu'il recherchait dans les archives des anciens.

Mais le grand prêtre de Memphis était soucieux ; proche de l'immense ensemble architectural de Djéser, dominé par la pyramide à degrés, la pyramide du roi Ounas exigeait des travaux de restauration. Datant de la fin de la cinquième dynastie, âgé de plus d'un millénaire, le vénérable monument souffrait de sérieuses blessures. Remplacer plusieurs blocs de parement était indispensable.

Ici, à Saqqara, le grand prêtre Khâ dialoguait avec les âmes des ancêtres. Séjournant dans les chapelles des demeures d'éternité, il lisait les colonnes d'hiéroglyphes qui évoquaient les beaux chemins de l'au-delà et le destin heureux de ceux qui possédaient une « voix juste », parce qu'ils avaient mené une existence conforme à la règle de Maât. En déchiffrant ces inscriptions, Khâ redonnait vie aux propriétaires des tombeaux, demeurés présents sur la terre du silence.

Le grand prêtre de Ptah faisait le tour de la pyramide d'Ounas lorsqu'il vit son père venir vers lui. Ramsès ne ressemblait-il pas à l'un de ces esprits lumineux qui, à certaines heures du jour, apparaissaient aux voyants ?

– Quels sont tes projets, Khâ ?

– Dans l'immédiat, accélérer la restauration des pyramides de l'Ancien Empire qui exigent une intervention urgente.

– As-tu trouvé le livre de Thot ?

– Des bribes... Mais je suis tenace. Il y a tant de trésors, à Saqqara, qu'il me faudra peut-être une très longue vie.

– Tu n'as que trente-huit ans ; Ptah-hotep n'a-t-il pas attendu d'en avoir cent dix pour rédiger ses maximes ?

– En ces lieux, père, l'éternité s'est nourrie du temps des hommes et l'a transformé en pierres vivantes ; ces chapelles, ces hiéroglyphes, ces personnages qui vénèrent le secret de la vie et lui font offrande, ne sont-ils pas le meilleur de notre civilisation ?

– Songes-tu parfois aux affaires de l'État, mon fils ?

– Pourquoi s'en soucier, puisque tu règnes ?

– Les années passent, Khâ, et je m'en irai, moi aussi, vers le pays qui aime le silence.

– Ta Majesté vient d'être régénérée, et j'organiserai mieux encore ta prochaine fête de régénération, dans trois ans.

– Tu ignores tout de l'administration, de l'économie, de l'armée...

– Je n'ai aucun goût pour ces matières. La rigoureuse pratique des rites n'est-elle pas la base de notre société ? Le bonheur de notre peuple en dépend, et j'entends m'y consacrer chaque jour davantage. Considères-tu que je fasse fausse route ?

Ramsès leva les yeux vers le sommet de la pyramide d'Ounas.

– Chercher le plus haut, le plus vital, c'est toujours suivre la bonne route. Mais Pharaon est obligé de descendre dans le monde souterrain et d'y affronter le monstre qui tente de tarir le Nil et de détruire la barque de lumière ; s'il ne livrait pas ce combat quotidien, quel rite célébrerait-on ?

Khâ toucha la pierre millénaire, comme si elle nourrissait sa pensée.

– De quelle manière puis-je servir Pharaon ?

– L'empereur du Hatti souhaite envoyer sa fille en Égypte afin que je l'épouse ; mais le temps est si mauvais, en Anatolie, que le voyage d'un convoi est impossible. Hattousil réclame une intervention de nos magiciens pour qu'ils obtiennent des dieux une amélioration du climat. Découvre au plus vite le texte qui me permettra de lui donner satisfaction.

Là où s'était réfugié Rérek, le capitaine de chaland, personne ne pourrait le dénicher. Sur les conseils de son patron, il avait élu domicile quelque temps dans le quartier asiatique de Pi-Ramsès, après avoir rendu visite à un scribe au teint pâle pour lui débiter un discours sans queue ni tête. Mais c'était bien payé, beaucoup mieux payé que trois mois de travail sur le Nil. Rérek avait revu son patron, très satisfait de ses services ; d'après lui, le résultat espéré avait été atteint. Il n'y avait qu'un léger ennui : le patron exigeait que Rérek changeât d'apparence. Fier de sa barbe et de son épiderme velu, le marin avait tenté de discuter. Mais comme il s'agissait de sa sécurité, il s'était laissé convaincre. Glabre, il reprendrait du service dans le Sud sous un autre nom, et la police perdrait à jamais sa trace.

Rérek passait sa journée à dormir, au premier étage d'une petite maison blanche. Sa logeuse le réveillait lors du passage du porteur d'eau et lui procurait des galettes fourrées à l'ail et à l'oignon dont il faisait ses délices.

– Le barbier est sur la placette, prévint-elle.

Le marin s'étira. Rasé, il paraîtrait moins viril et séduirait plus difficilement les filles ; par bonheur, il lui restait d'autres arguments tout aussi convaincants.

Rérek regarda par la fenêtre.

Sur la petite place, le barbier avait installé quatre piquets supportant une toile, pour éviter les brûlures du soleil ; sous cet abri, deux tabourets, le plus haut pour lui, le plus bas pour son client.

Comme une dizaine d'hommes se présentaient, l'attente serait longue ; trois d'entre eux jouèrent aux dés, les autres s'assirent, le dos calé contre le mur d'une maison. Rérek se recoucha et se rendormit.

Sa logeuse le secoua.

– Allez, descendez ! Vous êtes le dernier.

Cette fois, plus d'échappatoire. Les yeux mi-clos, le

marin descendit l'escalier, sortit de la modeste demeure et s'assit sur le tabouret à trois pieds qui grinça sous son poids.

– Que désires-tu ? demanda le barbier.

– Tu me rases entièrement le menton et les joues.

– Une belle barbe comme ça ?

– C'est mon affaire.

– À ta convenance, l'ami ; tu me payes comment ?

– Une paire de sandales en papyrus.

– C'est un gros travail...

– Si ça ne te convient pas, je m'adresserai à un autre.

– Ça va, ça va...

Le barbier humecta la peau avec de l'eau savonneuse, fit glisser le rasoir sur la joue gauche pour vérifier son efficacité puis, d'un geste brusque mais précis, il l'appliqua sur le cou du marin.

– Si tu tentes de t'enfuir, Rérek, si tu mens, je te tranche la gorge.

– Qui... qui es-tu ?

Sétaou entama la peau, un peu de sang coula sur la poitrine du marin.

– Quelqu'un qui te tuera si tu refuses de répondre.

– Interroge-moi !

– Connais-tu un capitaine de chaland avec une cicatrice sur l'avant-bras gauche et des yeux marron ?

– Oui...

– Connais-tu la dame Chérit ?

– Oui, j'ai travaillé pour elle.

– Comme voleur ?

– On a fait des affaires.

– Quel est votre patron ?

– Il s'appelle... Améni.

– Tu vas me conduire à lui.

30

Le visage grave éclairé d'un léger sourire, Khâ se présenta devant Ramsès, assis à son bureau.

– J'ai cherché trois jours et trois nuits dans la bibliothèque de la Maison de Vie d'Héliopolis, Majesté, et j'ai trouvé le livre des conjurations qui dissipera le mauvais temps sur le Hatti : ce sont les messagers de la déesse Sekhmet qui propagent des miasmes dans l'atmosphère et empêchent le soleil de percer les nuages.

– Comment agir ?

– Réciter en permanence et aussi longtemps que nécessaire les litanies destinées à apaiser Sekhmet ; quand la déesse rappellera ses émissaires partis vers l'Asie, le ciel s'éclaircira. Les prêtres et les prêtresses de Sekhmet sont déjà à l'œuvre. Grâce aux vibrations de leurs chants et à l'effet invisible des rites, nous pouvons espérer un résultat rapide.

Khâ se retira, au moment où Mérenptah accourait. Les deux frères se congratulèrent.

Le roi observa ses fils, si différents et si complémentaires. Ni l'un ni l'autre ne le décevaient ; Khâ ne venait-il pas, à sa manière, d'agir comme un homme d'État ? Khâ disposait de l'élévation de pensée indispensable pour gouverner, Mérenptah de la force nécessaire pour commander. Quant à la fille du monarque, Méritamon, elle avait regagné Thèbes où elle dirigeait les rites d'animation des statues royales, à la fois dans le sanctuaire de Séthi et dans le temple des millions d'années de Ramsès.

Le pharaon remercia les dieux de lui avoir offert trois enfants exceptionnels qui, chacun à sa manière, transmettaient l'esprit de la civilisation égyptienne et s'attachaient davantage à ses valeurs qu'à leur propre personne. Néfertari et Iset la belle pouvaient reposer en paix.

Mérenptah s'inclina devant Pharaon.

– Tu m'as mandé, Majesté.

– La fille d'Hattousil et de Poutouhépa s'apprête à quitter la capitale hittite pour Pi-Ramsès. À titre diplomatique, elle deviendra grande épouse royale, et cette union scellera de manière définitive la paix entre le Hatti et l'Égypte. Ce pacte pourrait déplaire à certains groupes d'intérêts. Ta mission consistera à veiller sur la sécurité de la princesse dès qu'elle sortira des territoires contrôlés par le Hatti et entrera dans nos protectorats.

– Que Sa Majesté compte sur moi. De combien d'hommes puis-je disposer ?

– D'autant qu'il sera nécessaire.

– Une armée serait inutile, car trop lente et trop lourde à déplacer. Je rassemblerai une centaine de soldats aguerris, spécialistes de ces contrées et bien armés, et plusieurs messagers dotés des meilleurs chevaux. En cas d'attaque, nous saurons résister ; j'informerai Sa Majesté de manière régulière. Si un courrier avait du retard, la forteresse la plus proche enverrait immédiatement du secours.

– Ta mission est de la plus haute importance, Mérenptah.

– Je ne te décevrai pas, père.

Depuis le début de la matinée, un déluge s'abattait sur Hattousa, menaçant d'inonder la ville basse. L'affolement commençait à gagner, quand l'impératrice Poutouhépa parla à la population. Non seulement les prêtres du Hatti ne cessaient d'implorer la clémence du dieu de l'Orage, mais encore avait-on fait appel aux magiciens d'Égypte.

Le discours de Poutouhépa rassura. Quelques heures plus tard, la pluie cessa ; de lourds nuages noirs stagnèrent dans le ciel, mais une éclaircie apparut, au sud. Le départ de la princesse devenait envisageable. L'impératrice se rendit dans les appartements de sa fille.

Âgée de vingt-cinq ans, elle avait la beauté sauvage des Anatoliennes. Les cheveux blonds, les yeux noirs en amande, le nez fin, presque pointu, un teint de nacre, plutôt grande, les attaches délicates, un port de tête digne de sa haute naissance, la princesse était la sensualité même. Dans le moindre de ses gestes, une note alanguie traduisait la féminité prête à s'offrir et, dans le même instant, à se dérober. Il n'était pas un dignitaire qui n'eût rêvé de l'épouser.

– Le temps s'améliore, dit Poutouhépa.

La princesse coiffait elle-même ses longs cheveux avant de les parfumer.

– Je dois donc me préparer à partir.

– Es-tu angoissée ?

– Au contraire ! Être la première Hittite à épouser un pharaon, et quel pharaon ! Ramsès le Grand, dont la gloire a éteint le feu guerrier du Hatti... Même dans mes rêves les plus fous, comment imaginer destin plus fabuleux ?

Poutouhépa fut surprise.

– Nous allons nous quitter pour toujours et tu ne reverras jamais ton pays... N'est-ce pas un déchirement ?

– Je suis une femme et je vais épouser Ramsès, vivre sur la terre aimée des dieux, régner sur une cour fastueuse, jouir d'un luxe inouï, goûter les charmes d'un climat inégalable, que sais-je encore ! Mais m'unir à Ramsès ne me suffit pas.

– Que veux-tu dire ?

– Je désire aussi le séduire. Pharaon ne pense pas à moi, mais à la diplomatie et à la paix, comme si je n'étais qu'une phrase d'un traité ! Je le ferai changer d'avis.

– Tu risques d'être déçue.

– Suis-je laide et stupide ?

– Ramsès n'est plus un jeune homme. Peut-être ne posera-t-il même pas les yeux sur toi.

– Mon destin m'appartient, personne ne pourra m'aider. Si je ne suis pas capable de conquérir Ramsès, à quoi servira cet exil ?

– Ton mariage garantira la prospérité de deux grands peuples.

– Je ne serai ni une servante ni une recluse, mais une grande épouse royale. Ramsès oubliera mes origines, je régnerai à ses côtés, et chaque Égyptien se prosternera devant moi.

– Je te le souhaite, ma fille.

– C'est ma volonté, mère. Et elle n'est pas inférieure à la tienne.

Bien que peu vigoureux, le soleil réapparut. L'hiver s'installait, avec son cortège de vents et de froidure, mais la route menant aux protectorats égyptiens serait bientôt praticable. Poutouhépa eût aimé échanger des confidences avec sa fille, mais la future femme de Ramsès n'était-elle pas devenue une étrangère dans sa propre demeure ?

Raia ne parvenait pas à se calmer.

Une violente dispute l'avait opposé à Ouri-Téchoup, et les deux hommes s'étaient séparés sans trouver un terrain d'entente. Pour l'ex-général en chef de l'armée hittite, la venue de la fille d'Hattousil pourrait être exploitée au désavantage de Ramsès, et il ne fallait pas empêcher la princesse d'arriver en Égypte. Pour Raia, au contraire, ce mariage diplomatique étouffait les ultimes velléités guerrières.

En renonçant à se battre, Hattousil faisait le jeu de Ramsès. Raia eut envie d'arracher sa petite barbe en pointe et de déchirer sa tunique à bandes colorées, tant cette perspective le torturait. La haine de Ramsès était devenue sa principale raison de vivre, et il était prêt à prendre tous les risques pour abattre ce pharaon dont les statues colossales trônaient dans les grands temples du pays. Non, ce monarque ne continuerait pas à réussir tout ce qu'il entreprenait !

Ouri-Téchoup s'endormait, gavé de confort et de luxure ; Raia, lui, n'avait pas perdu le sens du combat. Ramsès n'était qu'un homme, et il succomberait sous une succession de coups portés avec force et précision. Une urgence : empêcher la princesse hittite de parvenir à Pi-Ramsès.

Sans prévenir Ouri-Téchoup et ses amis hittites, Raia organiserait un attentat avec l'aide de Malfi. Quand le chef des tribus libyennes saurait que Mérenptah, le fils de Ramsès, était à la tête du corps expéditionnaire égyptien, il en saliverait. Supprimer en même temps la princesse hittite, future épouse de Ramsès, et le fils cadet du roi, quel coup d'éclat !

Aucun membre du convoi ne survivrait. Le pharaon croirait à un sursaut d'orgueil d'une fraction de l'armée hittite, hostile à la paix. Sur le terrain, il faudrait disperser des armes caractéristiques et abandonner quelques cadavres de paysans habillés en soldats de l'armée d'Hattousil. Certes, la bataille serait féroce, et il y aurait des pertes dans les rangs libyens ; mais Malfi ne s'arrêterait pas à ce détail. La perspective d'une action brutale, sanglante et victorieuse enflammerait le chef de guerre.

Hattousil perdrait sa fille, Ramsès son fils. Et les deux souverains vengeraient l'affront dans un conflit plus âpre que les précédents. Âcha n'était plus là pour calmer les tensions. Quant à Ouri-Téchoup, il serait placé devant le fait accompli. Ou bien il coopérerait en reconnaissant son erreur, ou bien il serait éliminé. Raia ne manquait pas d'idées pour ronger l'État égyptien de l'intérieur ; pas un jour de répit ne serait accordé à Ramsès.

On frappa à la porte de la réserve où le marchand rangeait ses vases les plus précieux. À cette heure tardive, il ne pouvait s'agir que d'un client.

– Qui est là ?

– Le capitaine Rérek.

– Je ne veux pas te voir ici !

– J'ai eu un coup dur, mais je m'en suis sorti... Il faut que je vous parle.

Raia entrouvrit.

Le marchand syrien eut à peine le temps d'entrevoir le visage du marin. Poussé dans le dos, ce dernier bouscula Raia qui tomba cul par-dessus tête, pendant que Serramanna et Sétaou s'engouffraient dans la réserve.

Le géant sarde s'adressa au capitaine Rérek.

– Comment s'appelle cet homme ? demanda-t-il en désignant Raia.

– Améni, répondit le marin.

Les mains immobilisées par des menottes en bois et les chevilles enserrées dans une corde, Rérek était réduit à l'immobilité. Profitant de l'obscurité qui régnait dans le fond de la réserve, Raia s'y faufila à la manière d'un reptile et grimpa à l'échelle menant sur le toit. Avec un peu de chance, il sèmerait ses poursuivants.

Assise à l'un des angles du toit, une jolie Nubienne le fixa d'un regard sévère.

– N'allez pas plus loin.

Raia sortit un poignard de la manche droite de sa tunique.

– Écarte-toi ou je te tue !

Alors qu'il s'élançait, le bras levé pour frapper, une vipère marbrée le mordit au talon droit. La douleur fut si intense que Raia lâcha son arme, heurta un rebord, perdit l'équilibre et tomba dans le vide.

Quand Serramanna se pencha sur le marchand syrien, il eut une moue de dépit. Dans sa chute, Raia s'était brisé la nuque.

31

Languissante, comblée, le corps enivré par la fougue de son amant, la dame Tanit s'allongea sur le torse puissant d'Ouri-Téchoup.

– Fais-moi encore l'amour, je t'en supplie !

Le Hittite aurait volontiers cédé, mais un bruit de pas l'alerta. Il se leva et tira une épée courte de son fourreau.

On frappa à la porte de la chambre.

– Qui est là ?

– L'intendant.

– J'avais interdit qu'on nous dérange ! ragea la dame Tanit.

– Un ami de votre mari... Il prétend que c'est très urgent.

La Phénicienne retint Ouri-Téchoup par le poignet.

– C'est peut-être un piège.

– J'ai de quoi me défendre.

Ouri-Téchoup appela un Hittite qui montait la garde dans le jardin de la villa. Fier de servir l'ex-général en chef, il fit son rapport à voix basse et disparut.

Quand son amant revint dans la chambre, la dame Tanit, nue, lui sauta au cou et le couvrit de baisers. Comme elle le sentait préoccupé, elle s'écarta et lui donna à boire une coupe de vin frais.

– Que se passe-t-il ?

– Notre ami Raia est mort.

– Un accident ?

– Il est tombé d'un toit en tentant d'échapper à Serramanna.

La Phénicienne blêmit.

– Ce maudit Sarde ! Mais... il va remonter jusqu'à toi !

– Possible.

– Il faut fuir, fuir tout de suite !

– Surtout pas. Serramanna guette la moindre faute ; si Raia n'a pas eu le temps de parler, je demeure hors d'atteinte. La disparition de ce marchand syrien est plutôt une bonne nouvelle... Il commençait à perdre son sang-froid. À présent, je n'ai plus besoin de lui, puisque je suis en contact direct avec les Libyens.

– Et si... nous nous contentions de notre bonheur ?

Avec violence, Ouri-Téchoup pétrit les seins de la dame Tanit.

– Contente-toi d'être une épouse docile et silencieuse, et je ferai ton bonheur.

Quand il la dévora comme une gourmandise, elle défaillit de plaisir.

Les chasseurs présentèrent les peaux d'animaux à Téchonq. Le Libyen choisissait lui-même sa matière première ; il n'avait confiance qu'en son propre jugement et se montrait d'une extrême sévérité, refusant les trois quarts des marchandises proposées. Le matin, il avait rabroué deux chasseurs qui lui proposaient des peaux de mauvaise qualité.

Soudain, on jeta à ses pieds une tunique à bandes colorées.

– La reconnais-tu ? demanda Serramanna.

Pris de douleurs dans l'abdomen, le Libyen posa les mains sur son ventre rond.

– C'est... c'est un vêtement usuel.

– Examine-le attentivement.

– Je vous assure... Je ne vois rien d'autre...

– Je vais t'aider, Téchonq, parce que tu m'es sympathique. Cette tunique appartenait au marchand syrien Raia, un personnage trouble qui n'avait pas la conscience tranquille et s'est stupidement tué en tentant de s'enfuir. Son passé d'espion est brutalement remonté à la surface, dirait-on. Moi, j'ai une certitude : vous deviez être amis ou, plutôt, complices.

– Je ne fréquentais pas ce...

– Ne m'interromps pas, Téchonq. Je n'ai pas de preuves, mais je ne doute pas que le défunt Raia, toi et Ouri-Téchoup ayez conclu un pacte contre Ramsès. La mort du Syrien est un avertissement : si tes autres alliés essaient encore de nuire au roi, ils finiront comme Raia. À présent, j'aimerais toucher mon dû.

– Je ferai livrer chez vous un bouclier de cuir et des sandales de luxe.

– Un début satisfaisant... As-tu des noms à me donner ?

– Chez les Libyens, tout est calme, seigneur Serramanna ! Ils reconnaissent l'autorité de Ramsès.

– Qu'ils continuent. À bientôt, Téchonq.

À peine le cheval de Serramanna s'était-il éloigné que le Libyen, les mains crispées sur son ventre, se précipitait vers les lieux d'aisances.

L'empereur Hattousil était en désaccord avec son épouse Poutouhépa. D'ordinaire, l'impératrice appréciait la sagacité de son époux et la justesse de ses vues ; mais, cette fois, une violente querelle les avait opposés.

– Il faut prévenir Ramsès du départ de notre fille, insista Poutouhépa.

– Non, rétorqua l'empereur ; il convient de profiter de la situation pour savoir si des militaires factieux ont la capacité d'agir contre nous.

– Contre nous... Tu veux dire contre ta fille et son escorte ! Te rends-tu compte que tu envisages d'utiliser ton propre enfant comme appât ?

– Elle ne risquera rien, Poutouhépa ; en cas d'agression, les meilleurs soldats hittites la protégeront et anéantiront les rebelles. Ainsi, nous ferons coup double : éliminer le reliquat de l'opposition militaire à notre politique, et sceller la paix avec Ramsès.

– Ma fille ne doit courir aucun risque.

– Ma décision est prise : elle partira demain. C'est seulement quand elle aura atteint la frontière de la zone d'influence égyptienne, après avoir traversé le Hatti, que Ramsès sera averti de la venue de sa future femme.

Comme elle paraissait fragile, la jeune princesse, au milieu des officiers et des soldats hittites aux lourdes cuirasses et aux casques menaçants ! Équipé d'armes neuves, doté de chevaux jeunes et en pleine santé, le détachement d'élite chargé de l'escorter semblait invincible. L'empereur Hattousil savait que sa fille courait des risques, mais l'occasion était trop belle. Un chef d'État ne devait-il pas privilégier son pouvoir, parfois au détriment de sa propre famille ?

Dans plusieurs chariots, la dot de la princesse et les offrandes à Ramsès le Grand : de l'or, de l'argent, du bronze, des étoffes, des bijoux. Et un présent auquel le pharaon serait particulièrement sensible : dix magnifiques chevaux dont il prendrait soin lui-même et qui, à tour de rôle, auraient l'honneur de tirer son char.

Le ciel était bien dégagé, la chaleur anormale. Sous leurs manteaux d'hiver, les soldats étouffaient et transpiraient. Février ressemblait brusquement à un mois d'été. Cette anomalie ne pouvait pas durer ; dans quelques heures, sans nul doute, la pluie tomberait et remplirait les citernes.

La princesse s'agenouilla devant son père, qui l'oignit avec l'huile des fiançailles.

– Ramsès célébrera lui-même l'onction du mariage, annonça-t-il ; bon voyage, future reine d'Égypte.

Le convoi s'ébranla. Derrière le chariot où avait pris place la jeune femme, un autre véhicule de même taille, tout aussi confortable.

À l'arrière, assise sur un trône en bois léger, l'impératrice Poutouhépa.

– Je pars avec ma fille, dit-elle à l'empereur en passant devant lui, et je l'accompagnerai jusqu'à la frontière.

Montagnes hostiles, chemins escarpés, gorges inquiétantes, bois épais où pouvait se cacher l'agresseur... L'impératrice Poutouhépa avait peur de son propre pays. Certes, les soldats demeuraient sur le qui-vive, et leur nombre aurait dû décourager n'importe quel assaillant. Mais le Hatti avait été longtemps le théâtre de luttes intestines et sanglantes ; Ouri-Téchoup en personne, ou l'un de ses émules, ne tenterait-il pas de supprimer la princesse, symbole de la paix ?

Le plus pénible était l'absence d'hiver. Préparés à cette période, les organismes devaient subir soleil ardent et sécheresse ; une fatigue inhabituelle s'accumulait, rendant le voyage accablant. Poutouhépa s'aperçut que la vigilance de l'escorte s'amoindrissait et que les forces des officiers déclinaient. Seraient-ils capables de faire face à une attaque massive ?

La princesse demeurait imperturbable, comme si l'épreuve n'avait aucune prise sur elle. Altière, elle éclairait le chemin avec la volonté farouche d'atteindre son but.

Lorsque les pins bruissaient, quand le chant d'un torrent ressemblait à la course d'hommes armés, Poutouhépa sursautait. Où les séditieux se cachaient-ils ? Quelle stratégie avaient-ils adoptée ? L'impératrice du Hatti se réveillait souvent la nuit, guettant le moindre bruit suspect, et elle passait la journée à scruter les bois, les pentes abruptes et le bord des rivières.

La princesse et sa mère ne se parlaient pas. Enfermée dans son silence, la fille de Poutouhépa refusait tout contact avec son ancienne existence ; pour elle, le Hatti était mort, et l'avenir s'appelait Ramsès.

Souffrant de la chaleur, assoiffé, épuisé, le convoi dépassa Kadesh et arriva au poste frontière d'Aya, en Syrie du Sud. Là se dressait une forteresse égyptienne, à l'orée du territoire contrôlé par Pharaon.

Des archers prirent position aux créneaux, la grande porte se ferma. La garnison croyait à un assaut. La princesse descendit de son chariot et enfourcha l'un des chevaux destinés à Ramsès. Sous les regards stupéfaits de sa mère et du chef du détachement hittite, elle galopa vers la place forte et s'immobilisa au pied des remparts. Aucun archer égyptien n'avait osé tirer.

– Je suis la fille de l'empereur du Hatti et la future reine d'Égypte, déclara-t-elle ; Ramsès le Grand m'attend pour célébrer notre mariage. Faites-moi bon accueil ; sinon, la colère de Pharaon vous brûlera comme un feu.

Le commandant de la forteresse se montra.

– Il y a une armée derrière vous !

– Pas une armée, mais mon escorte.

– Ces guerriers hittites sont menaçants.

– Vous vous trompez, commandant ; je vous ai dit la vérité.

– Je n'ai reçu aucun ordre de la capitale.

– Prévenez immédiatement Ramsès de ma présence.

32

Le souffle court, les yeux rougis, la poitrine encombrée, Améni avait pris froid. Les nuits de février étaient glaciales, et ce n'était pas le pâle soleil de la journée qui suffisait à réchauffer l'atmosphère. Améni avait pourtant commandé une grande quantité de bois de chauffage, mais la livraison tardait. De fort mauvaise humeur, il s'apprêtait à passer sa hargne sur l'un de ses subordonnés lorsqu'un courrier de l'armée déposa sur son bureau un message en provenance de la forteresse d'Aya, en Syrie du Sud.

En dépit d'une série d'éternuements, Améni déchiffra le texte codé, jeta un manteau de laine sur sa robe de lin épais, entoura sa gorge d'un foulard et, malgré ses bronches en feu, courut jusqu'au bureau de Ramsès.

– Majesté... Une nouvelle incroyable ! La fille d'Hattousil est arrivée à Aya. Le commandant de la forteresse attend vos instructions.

À cette heure tardive, le roi travaillait à la lueur de lampes à huile dont la mèche ne produisait aucune fumée. Posées sur de hauts lampadaires en bois de sycomore, elles dispensaient une lumière douce et bien répartie.

– C'est forcément une erreur, estima Ramsès ; Hattousil m'aurait prévenu du départ de sa fille.

– Le commandant de la forteresse se trouve face à une armée hittite qui se présente comme... un convoi nuptial !

Le roi fit quelques pas dans son vaste bureau que chauffaient des braseros.

– Une ruse, Améni ; une ruse de l'empereur pour vérifier l'étendue de son pouvoir à l'intérieur même du Hatti. Le convoi aurait pu être attaqué par des militaires insoumis.

– Comme appât... Sa propre fille !

– À présent, Hattousil doit être rassuré ; que Mérenptah parte immédiatement pour la Syrie avec le corps expéditionnaire prévu pour protéger la princesse. Ordonne au commandant de la forteresse d'Aya d'ouvrir ses portes et d'accueillir les Hittites.

– Et si...

– Je prends le risque.

Aussi étonnés les uns que les autres, les Hittites et les Égyptiens fraternisèrent, firent la fête, burent et mangèrent ensemble comme de vieux compagnons d'armes. Poutouhépa pouvait s'en retourner, rassurée, vers Hattousa, cependant que sa fille, accompagnée de dignitaires et de quelques soldats hittites, continuerait sa route vers Pi-Ramsès, sous la protection de Mérenptah.

Demain, ce serait la séparation définitive ; les yeux embués de larmes, l'impératrice regarda sa fille, belle et conquérante.

– Ne conçois-tu aucun regret ? demanda Poutouhépa.

– Je n'ai jamais été si joyeuse !

– Nous ne nous reverrons plus.

– C'est la loi de la vie. Chacun son destin... Et le mien est fabuleux !

– Sois heureuse, mon enfant.

– C'est déjà le cas !

Blessée, Poutouhépa n'embrassa même pas sa fille. L'ultime lien venait de se rompre.

– C'est tout à fait anormal, constata le commandant de la forteresse d'Aya, un militaire de carrière au visage carré et à la voix rugueuse. En cette saison, les montagnes devraient être couvertes de neige, et il devrait pleuvoir chaque jour. Si cette canicule continue, nous allons manquer d'eau pour les citernes.

– Nous avons avancé à marche forcée, rappela Mérenptah, et je déplore plusieurs malades. Sur le chemin, nombre de sources et de puits sont taris. Je crains d'entraîner la princesse dans une aventure bien périlleuse.

– Tout à fait anormal, répéta le commandant ; seule une divinité peut provoquer cette perturbation.

Mérenptah redoutait d'entendre cette opinion.

– Je crains que vous n'ayez raison. Disposez-vous d'une statue protectrice, dans cette forteresse ?

– Oui, mais elle n'écarte que les mauvais esprits des environs ; elle n'a pas assez de puissance pour modifier le climat. Il faudrait implorer une divinité dont l'énergie soit comparable à celle du ciel.

– Avez-vous des réserves d'eau suffisantes pour notre voyage de retour ?

– Hélas, non ! Vous devrez rester ici et attendre la pluie.

– Si ce faux été dure, il n'y aura pas assez d'eau pour les Égyptiens et les Hittites.

– Nous sommes en hiver, cette sécheresse devrait bientôt prendre fin.

– Vous l'avez remarqué, commandant : elle n'est pas naturelle. Partir est risqué ; rester ne l'est pas moins.

Le front de l'officier se rida.

– Mais... que comptez-vous faire ?

– Informer Ramsès. Lui seul saura agir.

Khâ déroula sur le bureau de Ramsès trois longs papyrus qu'il avait découverts dans les archives de la Maison de Vie d'Héliopolis.

– Les textes sont formels, Majesté ; un seul dieu règne sur le climat d'Asie : Seth. Mais aucun collège de magiciens n'est qualifié pour entrer directement en contact avec lui. C'est à toi, et à toi seul, qu'il appartient de dialoguer avec Seth afin qu'il remette les saisons à leur bonne place. Cependant...

– Parle, mon fils.

– Cependant, je suis hostile à cette démarche. La puissance de Seth est dangereuse et incontrôlable.

– Redouterais-tu ma propre faiblesse ?

– Tu es le fils de Séthi, mais modifier le climat exige de manier l'éclair, la foudre et l'orage... Or, Seth est imprévisible. Et l'Égypte a besoin de toi. Envoyons en Syrie plusieurs statues divines et un convoi de ravitaillement.

– Crois-tu que Seth les laissera passer ?

Khâ baissa la tête.

– Non, Majesté.

– Il ne me laisse donc pas le choix. Ou bien je remporte le combat qu'il me propose, ou bien, Mérenptah, la princesse hittite et tous leurs compagnons mourront de soif.

Le fils aîné de Ramsès n'avait aucun argument à opposer à son père.

– Si je ne reviens pas du temple de Seth, dit Pharaon à Khâ, sois mon successeur et donne ta vie à l'Égypte.

La princesse hittite, logée dans l'appartement du commandant de la forteresse, exigea de parler à Mérenptah. Ce dernier la jugea agitée et autoritaire, mais se comporta avec les égards dus à une grande dame.

– Pourquoi ne partons-nous pas immédiatement pour l'Égypte ?

– Parce que c'est impossible, princesse.

– Le temps est magnifique.

– C'est la sécheresse à la saison des pluies, et nous manquons d'eau.

– Nous n'allons tout de même pas prendre racine dans cette horrible forteresse !

– Le ciel nous est contraire ; c'est une volonté divine qui nous cloue sur place.

– Vos magiciens sont-ils des incapables ?

– J'ai fait appel au plus grand d'entre eux : Ramsès en personne.

La princesse sourit.

– Vous êtes un homme intelligent, Mérenptah ; je parlerai de vous à mon époux.

– Espérons, princesse, que le ciel entendra nos prières.

– N'en doutez pas ! Je ne suis pas venue ici pour mourir de soif. Le ciel et la terre ne sont-ils pas dans le poing de Pharaon ?

Ni Sétaou ni Améni n'avaient réussi à modifier la décision du souverain. Au cours du dîner, Ramsès avait mangé un morceau de viande découpé dans la cuisse d'un bœuf, animal incarnant la puissance séthienne, et bu du vin fort des oasis placé sous la protection du même dieu. Puis, après s'être purifié la bouche avec du sel, l'exsudation de Seth, porteur de ce feu terrestre indispensable à la conservation des aliments, il s'était recueilli devant la statue de son père, lui qui avait osé, par son nom, se proclamer le représentant terrestre du maître de l'orage.

Sans l'aide de Séthi, Ramsès n'avait aucune chance de convaincre Seth. Une seule erreur, un geste rituel approximatif, une pensée déviée, et la foudre frapperait. Face à la puissance à l'état brut, une seule arme : la rectitude. Cette rectitude que Séthi avait enseignée à Ramsès en l'initiant à la fonction de Pharaon.

Au milieu de la nuit, le roi entra dans le temple de Seth, bâti sur le site d'Avaris, la capitale haïe de l'envahisseur hyksôs. Un lieu consacré au silence et à la solitude, un lieu où seul Pharaon pouvait pénétrer sans crainte d'être anéanti.

Face au dieu Seth, il fallait vaincre la peur, puis jeter un regard de feu sur le monde, le connaître dans sa violence et ses convulsions, et devenir la force à son origine, au cœur du cosmos, là où ne pénétrait pas l'intelligence humaine.

Sur l'autel, Ramsès déposa une coupe de vin et un oryx miniature en acacia. Capable de résister aux chaleurs extrêmes du désert et de survivre dans ce milieu hostile, l'oryx était habité par la flamme de Seth.

– Le ciel est sur tes mains, dit le roi au dieu, la terre sous tes pieds. Ce que tu ordonnes se produit. Tu as provoqué chaleur et sécheresse, rends-nous la pluie d'hiver.

La statue de Seth ne réagit pas, ses yeux demeurèrent froids.

– C'est moi, Ramsès, fils de Séthi, qui te parle. Nul dieu n'a le droit de perturber l'ordre du monde et le cours des saisons, toute divinité doit se soumettre à la Règle. Toi, comme les autres.

Les yeux de la statue rougeoyèrent; une brusque chaleur envahit le sanctuaire.

– Ne dirige pas ta puissance contre Pharaon; en lui sont réunis Horus et Seth. Tu es en moi, et j'utilise ta force pour combattre les ténèbres et repousser le désordre. Obéis-moi, Seth, fais pleuvoir sur les contrées du Nord!

Le ciel se zébra d'éclairs et le tonnerre se déchaîna au-dessus de Pi-Ramsès.

Une nuit de combat débutait.

33

La princesse affronta Mérenptah.

– Cette attente m'est insupportable ! Emmenez-moi immédiatement en Égypte.

– J'ai ordre de garantir votre sécurité ; tant que durera cette sécheresse anormale, il serait imprudent de prendre la route.

– Pourquoi Pharaon n'intervient-il pas ?

Un goutte d'eau tomba sur l'épaule gauche de la princesse, une deuxième s'écrasa sur sa main droite. Elle et Mérenptah levèrent en même temps les yeux vers le ciel qui s'était obscurci et se chargeait de nuages noirs. Un éclair perça les nuées, suivi du fracas du tonnerre, et une pluie abondante se déclencha. En quelques minutes, la température chuta.

L'hiver froid et pluvieux, conforme à la loi des saisons, chassa l'été et la sécheresse.

– Voici la réponse de Ramsès, dit Mérenptah.

La princesse hittite pencha la tête en arrière, ouvrit la bouche et but goulûment l'eau du ciel.

– Partons, partons vite !

Améni faisait les cent pas devant la porte de la chambre du roi. Assis, les bras croisés, renfrogné, Sétaou regardait fixement devant lui. Khâ lisait un papyrus magique dont il psalmodiait intérieurement les formules. Pour la dixième fois au moins, Serramanna nettoyait son épée courte avec un chiffon imbibé d'huile de lin.

– À quelle heure Pharaon est-il sorti du temple de Seth ? demanda le Sarde.

– À l'aube, répondit Améni.

– A-t-il parlé à quelqu'un ?

– Non, il n'a pas prononcé un seul mot, déclara Khâ. Il s'est enfermé dans sa chambre, j'ai appelé le médecin-chef du royaume, il a accepté de la recevoir.

– Elle l'examine depuis plus d'une heure ! protesta Sétaou.

– Visibles ou non, les brûlures de Seth sont redoutables, précisa le grand prêtre. Faisons confiance à la science de Néféret.

– Je lui ai donné plusieurs remèdes pour la santé du cœur, rappela Sétaou.

Enfin, la porte s'ouvrit.

Les quatre hommes entourèrent Néféret.

– Ramsès est hors de danger, affirma le médecin-chef du royaume ; une journée de repos, et le roi reprendra le cours normal de ses activités. Couvrez-vous bien : le temps va devenir frais et humide.

La pluie commençait à tomber sur Pi-Ramsès.

Unis comme des frères sous le commandement de Mérenptah, Égyptiens et Hittites traversèrent Canaan, empruntèrent la route côtière surplombée par le Sinaï et entrèrent dans le Delta. À chaque halte, dans les fortins, c'était la fête ; pendant le voyage, plusieurs soldats troquèrent leurs armes contre des trompettes, des flûtes et des tambourins.

La princesse hittite dévora des yeux les paysages

verdoyants, s'émerveilla devant les palmeraies, les champs fertiles, les canaux d'irrigation, les forêts de papyrus. Le monde qu'elle découvrait ne ressemblait en rien au rude plateau anatolien de sa jeunesse.

Quand le cortège arriva en vue de Pi-Ramsès, les rues étaient noires de monde ; personne n'aurait pu dire comment l'information s'était répandue, mais chacun savait que la fille de l'empereur du Hatti allait bientôt faire son entrée dans la capitale de Ramsès le Grand. Les riches se mêlaient aux humbles, les notables côtoyaient les manœuvres, la joie élargissait les cœurs.

– Extraordinaire, commenta Ouri-Téchoup, au premier rang des spectateurs, en compagnie de son épouse. Ce pharaon a réussi l'impossible.

– Il a fait pleuvoir après avoir dominé le dieu Seth, commenta la dame Tanit, elle aussi éblouie. Ses pouvoirs sont infinis.

– Ramsès est l'eau et l'air pour son peuple, ajouta un tailleur de pierre ; son amour est semblable au pain que nous mangeons et aux étoffes dont nous nous vêtons. Il est le père et la mère du pays entier !

– Son regard sonde les esprits et fouille les âmes, surenchérit une prêtresse de la déesse Hathor.

Ouri-Téchoup était vaincu. Comment lutter contre un pharaon habité par une puissance surnaturelle ? Ramsès commandait aux éléments, modifiait le temps en Asie même, régnait sur une cohorte de génies capables de vaincre n'importe quelle armée ! Et comme le pressentait le Hittite, rien n'avait pu s'opposer au bon déroulement du voyage de la fille de l'empereur. Toute attaque contre le convoi aurait été vouée à l'échec.

L'ancien général en chef des guerriers d'Anatolie se ressaisit. Il n'allait pas, lui aussi, succomber à la magie de Ramsès ! Son but, son unique but, était d'abattre cet homme qui avait ruiné sa carrière et réduit le fier Hatti à l'état de vassal. Quels que fussent ses pouvoirs, ce pharaon n'était pas un dieu, mais un humain, avec ses faiblesses et ses insuffisances. Enivré par ses victoires et sa popularité, Ramsès finirait par perdre sa lucidité ; le temps jouerait contre lui.

Et c'était une princesse hittite qui allait l'épouser ! Dans ses veines coulait le sang d'une nation indomptable et avide de revanche. En croyant sceller la paix par cette union, Ramsès se trompait peut-être lourdement.

– La voilà ! cria la dame Tanit, dont l'acclamation fut reprise par des milliers de poitrines enthousiastes.

À l'intérieur de son chariot, la princesse achevait de se maquiller. Elle peignit ses paupières avec du fard vert, à base de silicate de cuivre hydraté, et traça un ovale noir autour de ses yeux, en appliquant avec un bâtonnet un fard composé de sulfure de plomb, d'argent et de charbon végétal. Elle contempla son œuvre dans un miroir et en fut satisfaite. Sa main n'avait pas tremblé.

Aidée par Mérenptah, la jeune Hittite descendit du chariot.

Sa beauté stupéfia la foule. Vêtue d'une longue robe verte qui mettait en valeur son teint de nacre, la princesse avait bien l'allure d'une reine.

Soudain, toutes les têtes se tournèrent vers l'avenue principale de la ville d'où montait un bruit caractéristique, formé du galop des chevaux et du frottement des roues d'un char.

Ramsès le Grand venait à la rencontre de sa future épouse.

Les deux chevaux, jeunes et fougueux, étaient des descendants du couple qui, avec le lion Massacreur, avaient été les seuls alliés de Pharaon, à Kadesh, lorsque ses soldats l'avaient abandonné, face à la ruée hittite. Les deux superbes destriers étaient ornés d'un panache de plumes rouges à l'extrémité bleue ; sur leur dos, une couverture de coton rouge, bleu et vert. Les rênes étaient attachées à la ceinture du monarque qui tenait dans la main droite le sceptre d'illumination.

Plaqué d'or, le char avançait à bonne allure, sans heurt. Ramsès commandait ses chevaux à la voix, sans avoir besoin de hausser le ton. Coiffé de la couronne bleue, qui rappelait l'origine céleste de la monarchie pharaonique, le souverain semblait entièrement vêtu d'or.

Oui, c'était le soleil qui suivait sa course, éclairant ses sujets de ses rayons. Quand le char s'immobilisa, à quelques mètres de la princesse hittite, les nuages gris se déchirèrent et le soleil régna en maître absolu dans un ciel devenu bleu. Ramsès, le Fils de la Lumière, n'était-il pas l'auteur de ce nouveau miracle ?

La jeune femme garda les yeux baissés. Le roi constata qu'elle avait pris le parti de la simplicité. Un discret collier en argent, de petits bracelets du même métal, une robe dépouillée... L'absence d'artifices mettait en valeur son corps superbe.

Khâ s'approcha de Ramsès et lui remit un vase de faïence bleue.

Ramsès oignit le front de la princesse avec de l'huile fine.

– Voici l'onction du mariage, déclara le pharaon. Elle fait de toi la grande épouse royale du maître des Deux Terres. Que les forces mauvaises s'écartent de toi. En ce jour, tu nais à ta fonction, selon la règle de Maât, et tu prends le nom de « Celle qui voit Horus et la perfection de la lumière divine * ». Regarde-moi, Mat-Hor, mon épouse.

Ramsès tendit les bras vers la jeune femme qui, très lentement, mit ses mains dans celles de Pharaon. Elle, qui n'avait jamais connu la peur, était terrorisée. Après avoir tant espéré ce moment, au cours duquel elle déploierait ses mille et une séductions, elle craignait de s'évanouir comme une fillette effarouchée. Un tel magnétisme se dégageait de Ramsès

* En égyptien, Mat-Hor-neferou-Râ, que nous abrégeons en Mat-Hor.

qu'elle eut l'impression de toucher la chair d'un dieu et de basculer dans un autre monde où elle ne possédait aucun point de repère. Le séduire... La jeune femme mesurait à présent la vanité de ses desseins, mais il était trop tard pour reculer, bien qu'elle eût envie de s'enfuir et de retourner au Hatti, loin, très loin de Ramsès.

Les mains prisonnières de celles du roi, elle osa lever les yeux et le regarder.

À cinquante-six ans, Ramsès était un homme magnifique, d'une prestance inégalable. Le front large, dégagé, les arcades sourcilières saillantes, les sourcils fournis, les yeux perçants, les pommettes proéminentes, le nez long, mince et busqué, les oreilles rondes et finement ourlées, le buste ample, il était l'union rêvée de la force et de la finesse.

Mat-Hor, la Hittite devenue égyptienne, en tomba aussitôt amoureuse avec la violence des femmes de son sang.

Ramsès l'invita à monter sur son char.

– En cette trente-quatrième année de mon règne, la paix avec le Hatti est à jamais proclamée, déclara le pharaon d'une voix sonore qui monta jusqu'au ciel. Des stèles consacrées à ce mariage seront déposées à Karnak, à Pi-Ramsès, à Éléphantine, à Abou Simbel et dans tous les sanctuaires de Nubie. Des fêtes seront célébrées dans toutes les villes et dans tous les villages, et l'on y boira du vin offert par le palais. À partir de ce jour, les frontières entre l'Égypte et le Hatti sont ouvertes ; que circulent librement les personnes et les biens à l'intérieur d'un vaste espace d'où la guerre et la haine seront absentes.

Une formidable clameur salua la déclaration de Ramsès.

Saisi malgré lui par l'émotion, Ouri-Téchoup mêla sa voix à la liesse.

34

Partant de l'extrémité supérieure du mât double et aboutissant au bordage, la voile de lin rectangulaire était gonflée par le vent du nord, et le bateau royal, à vive allure, remontait le courant en direction de Thèbes. À la proue, le capitaine sondait souvent le Nil à l'aide d'une longue perche ; il connaissait si bien le courant et l'emplacement des bancs de sable qu'aucune fausse manœuvre ne compromettrait le voyage de Ramsès et de Mat-Hor. Pharaon avait lui-même hissé la voile, pendant que sa jeune épouse se reposait dans une cabine ornée de fleurs et que le cuisinier plumait un canard qu'il apprêterait pour le dîner. Trois barreurs maintenaient la rame-gouvernail pourvue de deux yeux magiques qui indiquaient la bonne direction, un matelot puisait de l'eau dans le fleuve en s'accrochant d'une main à la rambarde, un mousse agile comme un singe grimpait au sommet du mât pour voir au loin et prévenir le capitaine de l'éventuelle présence d'un troupeau d'hippopotames.

Avec délectation, l'équipage avait bu un cru exceptionnel du grand vignoble de Pi-Ramsès datant de l'an 22 du règne, année mémorable au cours de laquelle avait été signé le traité de paix avec le Hatti. D'une qualité incomparable, le vin avait été conservé dans des jarres de terre cuite beige rosé, de forme conique, au bec droit que fermait un bouchon d'argile et de paille. Sur les flancs, des fleurs de lotus et une représentation de Bès, le maître de l'initiation aux grands mystères, personnage trapu au torse épais et aux jambes courtes, tirant une langue rouge pour exprimer la toute-puissance du Verbe.

Quand Ramsès, après avoir savouré l'air vivifiant qui courait sur le fleuve, rentra dans la cabine centrale, Mat-Hor était réveillée. Parfumée au jasmin, les seins nus, vêtue d'une jupe très courte, elle était la séduction même.

– Pharaon est le maître du rayonnement, dit-elle d'une voix douce, l'étoile filante suivie de sillons de feu, le taureau indomptable aux cornes acérées, le crocodile au milieu des eaux qu'on ne peut approcher, le faucon qui s'empare de sa proie, le griffon divin que personne ne peut vaincre, la tempête qui éclate, la flamme qui perce les ténèbres épaisses.

– Tu connais bien nos textes traditionnels, Mat-Hor.

– La littérature égyptienne est l'une des disciplines que j'ai étudiées. Tout ce qui est écrit à propos de Pharaon me passionne ; n'est-il pas l'homme le plus puissant du monde ?

– Tu dois donc savoir que Pharaon déteste la flatterie.

– Je suis sincère ; il n'existe pas de plus grand bonheur que cet instant. J'ai rêvé de vous, Ramsès, pendant que mon père vous combattait. J'étais persuadée que seul le soleil d'Égypte me donnerait vie. Aujourd'hui, je sais que j'avais raison.

La jeune femme se blottit contre la jambe droite de Ramsès qu'elle enserra avec tendresse.

– M'est-il interdit d'aimer le maître des Deux Terres ?

L'amour d'une femme... Ramsès n'y songeait plus depuis longtemps. Néfertari avait été l'amour, Iset la belle la passion, et ces bonheurs-là appartenaient au passé. Cette jeune Hittite réveillait en lui le désir qu'il croyait éteint. Savamment parfumée, offerte sans être alanguie, elle savait se rendre attirante sans perdre sa noblesse ; Ramsès fut ému par sa beauté sauvage et le charme de ses yeux noirs en amande.

– Tu es bien jeune, Mat-Hor.

– Je suis une femme, Majesté, et aussi votre épouse ; n'ai-je pas le devoir de vous conquérir ?

– Viens à la proue et découvre l'Égypte ; c'est d'elle dont je suis l'époux.

Le roi couvrit d'une cape les épaules de Mat-Hor et l'emmena à l'avant du bateau. Il lui indiqua le nom des provinces, des villes et des villages, décrivit leurs richesses, détailla les systèmes d'irrigation, évoqua les coutumes et les fêtes.

Et ce fut Thèbes.

Sur la rive d'Orient, les yeux émerveillés de Mat-Hor contemplèrent l'immense temple de Karnak et le sanctuaire du *ka* des dieux, le lumineux Louxor. Sur la rive d'Occident, dominée par la Cime où résidait la déesse du silence, la Hittite demeura muette d'admiration face au Ramesseum, le temple des millions d'années de Ramsès, et au colosse gigantesque incarnant dans la pierre le *ka* du roi, assimilé à une puissance divine.

Mat-Hor constata que l'un des noms de Pharaon, « celui qui ressemble à l'abeille », était pleinement justifié, car l'Égypte était bien une ruche où l'oisiveté n'était pas de mise. Chacun avait une fonction à remplir, en respectant une hiérarchie de devoirs. Dans le temple même, l'activité était incessante : près du sanctuaire s'affairaient les corps de métiers tandis qu'à l'intérieur les initiés célébraient les rites. Pendant la nuit, les observateurs du ciel faisaient leurs calculs astronomiques.

Ramsès n'accorda aucun temps d'adaptation à la nouvelle grande épouse royale. Logée dans le palais du Ramesseum, elle dut se soumettre aux exigences de sa charge et apprendre son métier de reine. Elle sut qu'obéir était indispensable pour conquérir Ramsès.

Le char royal stoppa devant l'entrée du village de Deir el-Médineh, gardé par la police et par l'armée. Le suivait un convoi qui apportait aux artisans, chargés de creuser et de décorer les tombes des Vallées des Rois et des Reines, les nourritures habituelles : des miches de pain, des sacs de haricots, des légumes frais, du poisson de première qualité, des blocs de viande séchée et marinée. L'administration fournissait également des sandales, des pièces de tissu et des onguents.

Mat-Hor s'appuya sur le bras de Ramsès pour descendre du char.

– Que venons-nous faire ici ?

– Pour toi, l'essentiel.

Sous les acclamations des artisans et de leur famille, le couple royal se dirigea vers la maison blanche à deux étages du chef de la communauté, un quinquagénaire dont le génie de sculpteur forçait l'admiration de tous.

– Comment remercier Votre Majesté de ses largesses ? demanda-t-il en s'inclinant.

– Je connais la valeur de ta main, je sais que toi et tes frères ignorez la fatigue. Je suis votre protecteur et j'enrichirai votre communauté pour que ses œuvres soient immortelles.

– Ordonnez, Majesté, et nous agirons.

– Viens avec moi, je te montrerai l'emplacement de deux chantiers à ouvrir immédiatement.

Lorsque le char royal s'engagea sur la route menant à la Vallée des Rois, Mat-Hor fut prise d'angoisse. La vision des falaises écrasées de soleil, d'où toute vie semblait absente, lui serra le cœur. Arrachée au luxe et au confort du palais, elle subissait le choc de la pierre et du désert.

Sur le seuil de la Vallée des Rois, gardée jour et nuit, une soixantaine de dignitaires, d'âges divers, attendaient Ramsès. La tête rasée, la poitrine couverte d'un collier large, revêtus d'un pagne long et plissé, ils tenaient une hampe dont le manche en sycomore était surmonté d'une plume d'autruche.

– Ce sont mes « fils royaux », expliqua Ramsès.

Les dignitaires élevèrent leurs hampes, formèrent une haie d'honneur, puis suivirent le monarque en procession.

Ramsès s'immobilisa non loin de l'entrée de sa propre tombe.

– Ici, ordonna-t-il au chef de la communauté de Deir el-Médineh, tu creuseras un immense tombeau *, avec des salles à colonnes et autant de chambres funéraires qu'il y aura de « fils royaux ». En compagnie d'Osiris, je les protégerai à jamais.

Ramsès remit au maître d'œuvre le plan qu'il avait lui-même tracé sur papyrus.

– Voici la demeure d'éternité de la grande épouse royale Mat-Hor ; tu creuseras cette tombe dans la Vallée des Reines, à bonne distance de celle d'Iset la belle et loin de celle de Néfertari.

La jeune Hittite blêmit.

– Ma tombe, mais...

– Telle est notre tradition, précisa Ramsès. Dès qu'un être est chargé de lourds devoirs, il doit songer à l'au-delà. La mort est notre meilleure conseillère, car elle situe nos actions à leur juste place et permet de distinguer l'essentiel du secondaire.

– Mais je ne veux pas me noyer dans de tristes pensées !

– Tu n'es plus une femme comme les autres, Mat-Hor, tu n'es plus une princesse hittite uniquement préoccupée de son bon plaisir, tu es la reine d'Égypte. Donc, seul compte ton devoir ; pour le comprendre, il te faut rencontrer ta propre mort.

– Je refuse !

Le regard de Ramsès fit aussitôt regretter à Mat-Hor d'avoir prononcé ces paroles. La Hittite tomba à genoux.

– Pardonnez-moi, Majesté.

---

* Cette tombe de la Vallée des Rois, qui porte le n° 5, fut découverte en 1820 par James Burton. Les fouilles ont été récemment reprises par une équipe américaine, étonnée par l'ampleur du monument. Il s'agit du plus grand tombeau égyptien connu.

– Relève-toi, Mat-Hor ; tu n'es pas ma servante, mais celle de Maât, la règle de l'univers qui a créé l'Égypte et lui survivra. À présent, allons vers ton destin.

Fière malgré sa peur, réussissant à contenir son angoisse, la jeune Hittite découvrit la Vallée des Reines qui, malgré son caractère désertique, lui parut moins austère que celle des Rois. Comme le site n'était pas enclos au cœur de hautes falaises mais ouvert sur le monde des vivants qu'elle ressentait tout proche, Mat-Hor se concentra sur la pureté du ciel et se rappela la beauté des paysages de la vraie vallée, celle du Nil, où elle comptait vivre d'innombrables heures de gaieté et de plaisir.

Ramsès pensait à Néfertari qui reposait là, dans la salle d'or d'une magnifique demeure d'éternité où elle ressuscitait à chaque instant sous la forme d'un phénix, d'un rayon de lumière ou d'un souffle de vent s'élevant jusqu'aux extrémités du monde. Néfertari qui voguait dans une barque, sur le fluide céleste, au cœur de la lumière.

Mat-Hor demeura silencieuse, n'osant pas interrompre la méditation du roi. Malgré la gravité du lieu et du moment, elle fut troublée au plus profond d'elle-même par sa prestance et sa puissance. Quelles que fussent les épreuves à surmonter, la Hittite atteindrait son but : séduire Ramsès.

35

La patience de Serramanna était à bout. Puisque la ruse et la douceur ne donnaient aucun résultat, le géant sarde avait décidé de revenir à une méthode plus directe. Après avoir dégusté une côte de bœuf et des pois chiches, il se rendit à cheval à l'atelier de Téchonq.

Cette fois, le Libyen dirait tout ce qu'il savait et, notamment, le nom de l'assassin d'Âcha.

Quand il mit pied à terre, Serramanna fut surpris par un attroupement devant l'atelier du tanneur. Femmes, enfants, vieillards, ouvriers babillaient à qui mieux mieux.

– Ôtez-vous de là, ordonna le Sarde, et laissez-moi passer.

Le géant n'eut pas à répéter son ordre ; le silence s'établit.

À l'intérieur du local, l'odeur était toujours aussi épouvantable ; Serramanna, qui avait pris l'habitude de se parfumer à l'égyptienne, hésita à entrer. Mais la vision de l'équipe de tanneurs, agglutinés près des peaux d'antilopes salées, l'incita à s'aventurer en ce lieu nauséabond. Il écarta des chapelets de gousses d'acacia, riches en acide tannique, longea un bac de terre ocre et posa ses énormes mains sur les épaules de deux apprentis.

– Qu'est-ce qui se passe ?

Les apprentis s'écartèrent. Serramanna découvrit le

cadavre de Téchonq, la tête plongée dans un bassin rempli d'urine et de fiente.

– Un accident, un terrible accident, expliqua le chef d'atelier, un Libyen trapu.

– Comment est-ce arrivé ?

– Personne n'en sait rien... Le patron devait venir travailler de bonne heure, et nous l'avons trouvé comme ça en arrivant.

– Aucun témoin ?

– Aucun.

– Ça m'étonne... Téchonq était un technicien expérimenté. Pas le genre à mourir aussi bêtement. Non, c'est un crime, et l'un de vous sait quelque chose.

– Vous vous trompez, protesta mollement le chef d'atelier.

– Je vais vérifier ça moi-même, promit Serramanna, l'air carnassier ; un bon interrogatoire s'impose.

Le plus jeune apprenti se faufila comme une anguille et sortit de l'atelier en détalant à toutes jambes. La belle vie n'avait pas émoussé les réflexes du Sarde qui se lança à sa poursuite.

Les ruelles du quartier ouvrier n'avaient pas de secrets pour le jeune homme, mais la puissance physique du chef de la garde personnelle de Ramsès lui permit de ne pas perdre le contact. Alors que l'apprenti tentait d'escalader un mur, la lourde poigne de Serramanna se referma sur son pagne.

Projeté en l'air, le fuyard hurla et tomba lourdement sur le sol.

– Mes reins... J'ai les reins brisés !

– Tu les soigneras quand tu m'auras dit la vérité. Ne tarde pas, garnement ; sinon, je te casse aussi les poignets.

Terrorisé, l'apprenti parla de manière saccadée.

– C'est un Libyen qui a tué le patron... Un homme aux yeux noirs, au visage carré et aux cheveux ondulés... Il a traité Téchonq de traître... Le patron a protesté, il a juré qu'il ne vous avait rien dit... Mais l'autre ne l'a pas cru... Il l'a étranglé et lui a plongé la tête dans le bac à fiente... Puis il s'est tourné vers nous et nous a menacés : « Aussi vrai que je m'appelle Malfi et que je suis le maître de la Libye, je vous tuerai si vous parlez à la police... » Et maintenant que je vous ai tout raconté, moi, je suis mort !

– Ne dis pas n'importe quoi, garçon ; tu ne remettras plus les pieds dans ton atelier et tu travailleras dans le domaine de l'intendant du palais.

– Vous... vous ne m'envoyez pas en prison ?

– J'aime les gamins courageux. Allez, debout !

En clopinant tant bien que mal, l'apprenti réussit à suivre le géant qui semblait fort contrarié. Contrairement à ce qu'il avait espéré, ce n'était donc pas Ouri-Téchoup qui avait supprimé Téchonq.

Ouri-Téchoup, le Hittite félon associé à Malfi, un Libyen tueur, ennemi héréditaire de l'Égypte... Oui, voilà ce qui se tramait dans l'ombre ! Encore faudrait-il en convaincre Ramsès.

Sétaou lavait les bols en cuivre, les gourdes et les filtres de tailles diverses pendant que Lotus nettoyait les étagères du laboratoire. Puis le spécialiste des venins de serpents ôta sa peau d'antilope, la trempa dans l'eau et la tordit pour en extraire les solutions médicinales dont elle était saturée. Il revenait à Lotus de transformer à nouveau la tunique en véritable pharmacie ambulante grâce aux trésors qu'offraient le cobra noir, la vipère souffleuse, la vipère à cornes et leurs semblables. La belle Nubienne se pencha sur le liquide brun et visqueux ; dilué, il serait un remède efficace pour les troubles de la circulation sanguine et les faiblesses du cœur.

Quand Ramsès entra dans le laboratoire, Lotus s'inclina, mais Sétaou poursuivit sa besogne.

– Tu es de mauvaise humeur, constata le roi.

– Exact.

– Tu désapprouves mon mariage avec cette princesse hittite.

– Encore exact.

– Pour quelle raison ?

– Elle te portera malheur.

– N'es-tu pas excessif, Sétaou ?

– Lotus et moi, nous connaissons bien les serpents ; pour découvrir la vie au cœur de leur venin, il faut être un spécialiste. Et cette vipère hittite est capable d'attaquer d'une manière que même le meilleur spécialiste ne saurait prévoir.

– Grâce à toi, ne suis-je pas immunisé contre les reptiles ?

Sétaou grommela. De fait, depuis son adolescence et pendant de nombreuses années, il avait fait absorber à Ramsès une potion contenant d'infimes doses de venin afin de lui permettre de survivre à n'importe quel type de morsure.

– Tu es trop confiant en ton pouvoir, Majesté... Lotus croit que tu es presque immortel, mais moi, je suis persuadé que cette Hittite cherchera à te nuire.

– On murmure qu'elle est très amoureuse, susurra la Nubienne.

– Et alors ! s'exclama le charmeur de serpents ; quand l'amour se transforme en haine, il est une arme terrifiante. Cette femme tentera de venger les siens, c'est l'évidence ! Ne dispose-t-elle pas d'un champ de bataille inespéré, le palais royal ? Bien sûr, Ramsès ne m'écoutera pas.

Le pharaon se tourna vers Lotus.

– Votre opinion ?

– Mat-Hor est belle, intelligente, rusée, ambitieuse et... hittite.

– Je ne l'oublierai pas, promit Ramsès.

Le roi lut avec attention le rapport que lui avait remis Améni. Le teint blafard, le cheveu de plus en plus rare, le secrétaire particulier du monarque avait noté d'une main sûre et précise les déclarations enflammées de Serramanna.

– Ouri-Téchoup, l'assassin d'Âcha, et Malfi le Libyen, son complice... Mais nous n'avons aucune preuve.

– Aucun tribunal ne les condamnera, reconnut Améni.

– Ce Malfi... En as-tu entendu parler ?

– J'ai consulté les archives du ministère des Affaires étrangères, les notes d'Âcha, et interrogé les spécialistes de la Libye. Malfi est le chef d'une tribu guerrière, particulièrement vindicative à notre égard.

– Simple bande de fous ou danger réel ?

Améni prit un temps de réflexion.

– J'aimerais te donner une réponse rassurante, mais la rumeur prétend que Malfi aurait réussi à fédérer plusieurs clans qui, jusqu'à présent, s'entre-déchiraient.

– Rumeur ou certitude ?

– La police du désert n'est pas parvenue à repérer l'emplacement de son camp.

– Et pourtant, ce Malfi est entré en Égypte, a assassiné l'un de ses compatriotes dans son atelier et il est reparti en toute impunité !

Améni redoutait de subir la colère de Ramsès, d'autant plus violente qu'elle était rare.

– Nous ignorions sa capacité de nuisance, précisa le scribe.

– Si nous ne savons plus discerner le mal, comment gouvernerons-nous le pays ?

Ramsès se leva et marcha jusqu'à la grande fenêtre de son bureau, d'où il contemplait le soleil en face sans se brûler les yeux. Le soleil, son astre protecteur, lui donnait chaque jour l'énergie d'assumer sa tâche, quelles que fussent les difficultés.

– Il ne faut pas négliger Malfi, déclara le roi.

– Les Libyens sont incapables de nous attaquer !

– Une poignée de démons peut semer le malheur, Améni ; ce Libyen vit dans le désert, il y capte des forces destructrices et rêve de les utiliser contre nous. Il ne s'agira pas d'une guerre comme celle que nous avons menée contre les Hittites, mais d'une autre sorte d'affrontement, plus sournois, mais non moins violent. Je ressens la haine de Malfi. Elle grandit, elle s'approche.

Naguère, c'était Néfertari qui exerçait ses dons de voyance pour orienter l'action du roi ; depuis qu'elle brillait au ciel, parmi les étoiles, Ramsès avait le sentiment que son esprit vivait en lui et qu'elle continuait à le guider.

– Serramanna mènera une enquête approfondie, indiqua Améni.

– As-tu d'autres soucis, mon ami ?

– Une petite centaine de problèmes, comme chaque jour, et tous très urgents.

– Inutile de te demander de prendre un peu de repos, je suppose ?

– Le jour où il n'y aura plus aucun problème à résoudre, je me reposerai.

36

Avec de la cendre et du natron, mélange de carbonate et de bicarbonate de sodium, la plus habile des masseuses du palais frotta la peau de Mat-Hor pour la débarrasser de ses impuretés. Puis elle savonna la jeune Hittite avec un savon à base d'écorce et de chair de balanite, arbre riche en saponine, et la pria de s'étendre sur des dalles chaudes afin de la frictionner. La pommade odoriférante soulageait les douleurs, supprimait les tensions et parfumait le corps.

Mat-Hor était au paradis. Jamais, à la cour de son père, l'empereur du Hatti, on ne s'était occupé d'elle avec autant de soin et de doigté. Maquilleuses, manucures et pédicures pratiquaient leur art à la perfection, et la nouvelle reine d'Égypte se sentait plus belle de jour en jour. N'était-ce pas une condition indispensable pour conquérir le cœur de Ramsès ? Éclatante de jeunesse et de bonheur, Mat-Hor se sentait irrésistible.

– À présent, décida la masseuse, la pommade antirides.

La Hittite se révolta.

– À mon âge ? Tu es folle !

– C'est à votre âge qu'il faut commencer à lutter contre le vieillissement, et non lorsqu'il est trop tard.

– Mais...

– Ayez confiance, Majesté ; pour moi, la beauté d'une reine d'Égypte est une affaire d'État.

Vaincue, Mat-Hor abandonna son visage aux mains de la masseuse qui lui appliqua une coûteuse pommade composée de miel, de natron rouge, de poudre d'albâtre, de graines de fenugrec et de lait d'ânesse.

À la première sensation de fraîcheur succéda une douce chaleur, qui repoussait au loin la laideur et la vieillesse.

Mat-Hor allait de banquet en réception, était reçue chez les nobles et les riches, visitait les harems où l'on apprenait le tissage, la musique et la poésie, et s'initiait chaque jour avec volupté à l'art de vivre à l'égyptienne.

Tout était encore plus beau que dans ses rêves ! Elle ne songeait plus à Hattousa, la triste et grise capitale de son enfance, vouée à l'affirmation de la puissance militaire. Ici, à Pi-Ramsès, pas de hautes murailles, mais des jardins, des plans d'eau et des demeures ornées de tuiles vernissées qui faisaient de la capitale de Ramsès la cité de turquoise où la joie de vivre se mêlait au chant des oiseaux.

La princesse hittite avait rêvé de l'Égypte, et l'Égypte lui appartenait ! Elle en était la reine, respectée de tous.

Mais régnait-elle vraiment ? Elle savait que Néfertari avait œuvré quotidiennement aux côtés de Ramsès, pris réellement part à la conduite des affaires de l'État et même été le principal artisan du traité de paix conclu avec les Hittites.

Elle, Mat-Hor, s'étourdissait de luxe et de plaisirs, mais voyait si peu Ramsès ! Certes, il lui faisait l'amour avec désir et tendresse, mais il demeurait lointain et elle n'exerçait sur le roi aucun pouvoir. Et elle n'avait rien appris sur les secrets du gouvernement.

Cet échec n'était que provisoire. Mat-Hor séduirait Ramsès, elle le dominerait. L'intelligence, la beauté et la ruse seraient ses trois armes. La bataille serait longue et difficile, car l'adversaire était de taille ; pourtant, la jeune Hittite ne doutait pas de son succès. Ce qu'elle convoitait avec ardeur, elle l'avait toujours obtenu. Et ce qu'elle voulait aujourd'hui, c'était devenir une reine si prestigieuse qu'elle effacerait jusqu'au souvenir de Néfertari.

– Majesté, murmura la femme de chambre, je crois... je crois que Pharaon se trouve dans le jardin.

– Va voir et, si c'est bien lui, reviens immédiatement !

Pourquoi Ramsès ne l'avait-il pas prévenue de sa présence ? À cette heure-là, en fin de matinée, le monarque n'avait pas coutume de s'accorder un peu de repos. Quel événement insolite justifiait cet écart ?

La femme de chambre revint, affolée.

– C'est bien Pharaon, Majesté.

– Et... il est seul ?

– Oui, seul.

– Donne-moi ma robe la plus légère et la plus simple.

– Vous ne voulez pas celle en lin fin, avec les broderies rouges et...

– Dépêche-toi.

– Quels bijoux désirez-vous ?

– Pas de bijou.

– Et... la perruque ?

– Pas de perruque. Vas-tu te dépêcher, à la fin ?

Ramsès était assis en scribe au pied d'un sycomore à la large couronne et à la frondaison étincelante, chargé de fruits verts et rouges. Le roi était vêtu du pagne traditionnel que portaient les pharaons de l'Ancien Empire, à l'époque où l'on bâtissait des pyramides. À ses poignets, deux bracelets d'or.

La Hittite l'observa.

Sans aucun doute, il parlait à quelqu'un.

Pieds nus, elle s'approcha. Un léger vent faisait bruire les feuilles du sycomore dont le chant avait l'onctuosité du miel. Stupéfaite, la jeune femme découvrit l'interlocuteur du monarque : son chien, Veilleur, allongé sur le dos !

– Majesté...

– Viens, Mat-Hor.

– Vous saviez que j'étais là ?

– Ton parfum te trahit.

Elle s'assit à côté de Ramsès. Veilleur roula sur le côté et prit la posture du sphinx.

– Vous... vous parliez à cette bête ?

– Tous les animaux parlent. Lorsqu'ils sont proches de nous, comme l'était mon lion et comme l'est ce chien, héritier d'une dynastie de Veilleur, ils ont même beaucoup à nous dire, si nous savons les écouter.

– Mais... que vous raconte-t-il ?

– Il me transmet la fidélité, la confiance et la droiture, et il me décrit les beaux chemins de l'au-delà sur lesquels il me guidera.

Mat-Hor fit la moue.

– La mort... Pourquoi parler de cette horreur ?

– Seuls les humains commettent des horreurs ; la mort est une simple loi physique, et l'au-delà de la mort peut devenir plénitude, si notre existence a été juste et conforme à la règle de Maât.

Mat-Hor se rapprocha de Ramsès et le contempla de ses superbes yeux noirs en amande.

– Ne crains-tu pas de salir ta robe ?

– Je ne suis pas encore habillée, Majesté.

– Un vêtement austère, aucun bijou, pas de perruque... Pourquoi tant de simplicité ?

– Votre Majesté me le reprocherait-elle ?

– Tu as un rang à tenir, Mat-Hor, et tu ne peux pas te comporter comme n'importe quelle femme.

La Hittite se révolta.

– L'ai-je jamais fait ? Je suis la fille d'un empereur et, à présent, l'épouse du pharaon d'Égypte ! Mon existence a toujours été soumise aux exigences de l'étiquette et du pouvoir.

– L'étiquette, c'est certain ; mais pourquoi évoquer le pouvoir ? Tu n'exerçais aucune responsabilité à la cour de ton père.

Mat-Hor se sentit prise au piège.

– J'étais trop jeune... Et le Hatti est un État militaire où les femmes sont considérées comme des êtres inférieurs. Ici, tout est différent ! La reine d'Égypte n'a-t-elle pas le devoir de servir son pays ?

La jeune femme déploya ses cheveux sur les genoux de Ramsès.

– Te sens-tu vraiment égyptienne, Mat-Hor ?

– Je ne veux plus entendre parler du Hatti !

– Renierais-tu ton père et ta mère ?

– Non, bien sûr que non... Mais ils sont si loin !

– Tu vis une difficile épreuve.

– Une épreuve ? Mais non, c'est ce que j'ai toujours souhaité ! Je ne veux plus entendre parler du passé.

– Comment préparer demain si l'on n'a pas percé les secrets d'hier ? Tu es jeune, Mat-Hor, et tu t'agites, à la recherche de ton équilibre. Il ne sera pas facile à découvrir.

– Mon avenir est tout tracé : je suis la reine d'Égypte !

– Régner est une fonction qui se construit jour après jour et n'est jamais acquise.

La Hittite fut dépitée.

– Je... je ne comprends pas.

– Tu es le vivant emblème de la paix entre l'Égypte

et le Hatti, déclara Ramsès ; beaucoup de morts ont jalonné la route qui menait à la fin d'un long conflit. Grâce à toi, Mat-Hor, la joie a remplacé la souffrance.

– Ne suis-je... qu'un symbole ?

– Il te faudra de nombreuses années pour percer les secrets de l'Égypte ; apprends à servir Maât, la déesse de la Vérité et de la Justice, et ton existence sera lumineuse.

La Hittite se leva et fit face au maître des Deux Terres.

– Je désire régner à vos côtés, Ramsès.

– Tu n'es qu'une enfant, Mat-Hor ; renonce d'abord à tes caprices, tiens ton rang et laisse le temps accomplir son œuvre. À présent, laisse-moi seul ; Veilleur a beaucoup de confidences à me faire.

Vexée, la Hittite regagna ses appartements en courant ; Ramsès ne la verrait pas pleurer de rage.

37

Pendant les mois qui suivirent cet entretien avec Ramsès, Mat-Hor fut éblouissante. Parée de robes somptueuses, elle illumina de sa beauté et de son charme les soirées thébaines, jouant à la perfection le rôle d'une reine vouée aux mondanités. Attentive aux conseils du roi, elle se familiarisa avec les coutumes de la cour et approfondit sa connaissance de la culture de la vieille Égypte, dont la profondeur la fascina.

Mat-Hor ne rencontra aucune hostilité, mais ne réussit pas à gagner la sympathie d'Améni, dont chacun disait qu'il était le plus proche ami du monarque ; quant à Sétaou, autre confident, il était reparti pour la Nubie en compagnie de Lotus, afin de récolter le venin de ses chers reptiles et de mettre en application ses idées relatives au développement de la région.

La jeune Hittite avait tout et ne possédait rien. Si près d'elle, le pouvoir lui échappait, et l'amertume commençait à envahir son cœur. Elle cherchait en vain le moyen de conquérir Ramsès et, pour la première fois, doutait d'elle-même. Mais elle ne donnerait pas au roi l'occasion de s'en apercevoir ; aussi s'étourdissait-elle dans les fêtes et les réjouissances dont elle était la reine incontestée.

En ce soir d'automne, Mat-Hor se sentit lasse ; elle congédia ses domestiques et s'allongea sur son lit, les yeux ouverts, pour mieux rêver de Ramsès, de cet homme tout-puissant et insaisissable.

Un souffle de vent souleva le voile de lin disposé devant la fenêtre. Du moins la Hittite le crut-elle un instant, jusqu'à ce que surgisse un homme aux cheveux longs, au torse imposant.

Mat-Hor se redressa et croisa les bras sur sa poitrine.

– Qui êtes-vous ?

– Un compatriote.

La lumière lunaire permit à la reine de mieux discerner les traits du visiteur inattendu.

– Ouri-Téchoup !

– Tu te souviens de moi, jeune fille ?

– Tu as osé pénétrer dans ma chambre !

– Ce ne fut pas facile, et je te guette depuis des heures. Comme ce diable de Serramanna ne cesse de me faire surveiller, j'ai longtemps attendu avant de m'approcher de toi.

– Ouri-Téchoup... Tu as tué l'empereur Mouwattali et tu as tenté de supprimer mon père et ma mère !

– C'est loin, tout ça... Aujourd'hui, nous sommes deux Hittites exilés en Égypte.

– Oublies-tu qui je suis ?

– Une jolie femme condamnée à s'enivrer dans un monde artificiel.

– Je suis l'épouse de Ramsès et la reine de ce pays !

Ouri-Téchoup s'assit au pied du lit.

– Sors de ton rêve, petite fille.

– J'appelle la garde !

– Eh bien, appelle-la.

Ouri-Téchoup et Mat-Hor se défièrent du regard. La jeune femme se leva et se servit une coupe d'eau fraîche.

– Tu n'es qu'un monstre et qu'une brute ! Pourquoi devrais-je t'écouter, toi, le général félon !

– Parce que nous appartenons au même peuple qui sera toujours l'ennemi de cette maudite Égypte !

– Cesse de divaguer : le traité de paix est signé.

– Cesse de te bercer d'illusions, Mat-Hor ; pour Ramsès, tu n'es qu'une étrangère qui sera bientôt recluse dans un harem.

– Tu te trompes !

– T'a-t-il accordé une seule parcelle de pouvoir ?

La jeune femme resta muette.

– Aux yeux de Ramsès, tu n'existes pas. Tu n'es qu'une Hittite et l'otage de cette paix que le pharaon finira par briser pour écraser un ennemi démobilisé. Ramsès est fourbe et cruel, il a tendu un piège subtil dans lequel Hattousil est tombé. Et toi, tu as été sacrifiée par ton propre père ! Étourdis-toi, Mat-Hor, prends du bon temps car la jeunesse passe vite, beaucoup plus vite que tu ne te l'imagines.

La reine tourna le dos à Ouri-Téchoup.

– As-tu terminé ?

– Réfléchis à ce que je viens de te dire, et tu constateras la véracité de mes propos ; si tu désires me revoir, arrange-toi pour me le faire savoir sans alerter Serramanna.

– Quelle raison aurais-je de te revoir ?

– Tu aimes ton pays autant que moi. Et tu n'acceptes ni la défaite ni l'humiliation.

Mat-Hor hésita longtemps avant de se retourner.

Un vent léger soulevait le rideau de lin, Ouri-Téchoup avait disparu. N'était-il qu'un démon de la nuit ou venait-il lui rappeler la réalité ?

Les six hommes chantaient à tue-tête, agitant en cadence leurs pieds plongés dans une large cuve emplie de raisins ; avec un bel entrain, ils foulaient les grappes mûres qui donneraient un excellent vin. À moitié ivres à cause des vapeurs s'exhalant de la cuve, ils se tenaient d'une main plus ou moins hésitante aux branches de la treille. Le plus enthousiaste était Serramanna qui imposait le rythme à ses compagnons.

– Quelqu'un vous demande, dit un vigneron.

– Continuez, ordonna Serramanna à ses hommes, et ne mollissez pas !

L'homme était un gradé appartenant à la police du désert. Buriné, le visage carré, il ne se séparait jamais de son arc, de ses flèches et de son épée courte.

– Je viens au rapport, dit-il à Serramanna ; nos patrouilles sillonnent le désert de Libye depuis plusieurs mois, à la recherche de Malfi et des séditieux dont il a pris la tête.

– Les as-tu enfin localisés ?

– Malheureusement non. Ce désert est immense, nous ne contrôlons que la zone proche de l'Égypte. S'aventurer plus loin serait risqué. Les Bédouins nous espionnent et préviennent Malfi de nos approches. Pour nous, il est une ombre insaisissable.

Serramanna fut déçu et contrarié. La compétence des policiers du désert était indiscutable ; leur échec prouvait à quel point Malfi était un adversaire redoutable.

– Est-on certain que Malfi a fédéré plusieurs tribus ?

– Je n'en suis pas persuadé, répondit le gradé ; peut-être ne s'agit-il que d'une rumeur comme tant d'autres.

– Malfi s'est-il vanté de posséder une dague de fer ?

– Je n'ai rien entendu de tel.

– Laisse en place le dispositif d'alerte ; au moindre incident, avertis le palais.

– À votre guise... Mais qu'avons-nous à redouter des Libyens ?

– Nous sommes certains que Malfi cherchera à nous nuire d'une manière ou d'une autre. Et il est soupçonné de crime.

Améni ne jetait aucun document. Au fil des années, son bureau de Pi-Ramsès s'était empli d'archives, sous forme de papyrus et de tablettes de bois. Trois pièces annexes abritaient les dossiers anciens. À plusieurs reprises, ses subordonnés lui avaient recommandé de se débarrasser de textes sans importance, mais Améni voulait garder sous la main le maximum d'informations, sans être contraint de faire appel aux diverses administrations dont la lenteur l'exaspérait.

Le scribe travaillait vite ; de son point de vue, tout problème dont la solution traînait avait tendance à s'envenimer. Et la plupart du temps, il valait mieux ne compter que sur soi-même sans songer aux innombrables relations promptes à se dérober dès que la difficulté semblait insurmontable.

Rassasié par un énorme plat de viande bouillie qui ne le ferait pas davantage grossir que ses autres repas, Améni travaillait à la lueur des lampes à huile lorsque Serramanna entra dans son bureau.

– Encore en train de lire...

– Il faut bien que quelqu'un s'occupe des détails, dans ce pays.

– Tu vas t'user la santé, Améni.

– Elle a sombré depuis longtemps.

– Je peux m'asseoir ?

– À condition de ne rien déranger.

Le géant sarde resta debout.

– Rien de nouveau à propos de Malfi, déplora-t-il ; il se terre dans le désert de Libye.

– Et Ouri-Téchoup ?

– Il mène grande vie avec sa riche Phénicienne. Si je ne le connaissais pas comme un chasseur connaît son gibier, je jurerais qu'il est devenu un respectable nanti sans autres ambitions que le bonheur conjugal et la bonne chère.

– Pourquoi pas, après tout ? D'autres étrangers furent séduits par une existence tranquille.

– Justement...

Le ton du Sarde intrigua Améni.

– Que sous-entends-tu ?

– Tu es un excellent scribe, mais le temps passe, et tu n'es plus un jeune homme.

Améni posa son pinceau et croisa les bras.

– J'ai rencontré une femme charmante et très timide, avoua le Sarde ; de toute évidence, elle ne me convient pas. En revanche, toi, tu devrais l'apprécier...

– Voudrais-tu... me marier ?

– Moi, j'ai besoin de changer souvent... Mais toi, tu serais fidèle à une bonne épouse.

Améni se mit en colère.

– Mon existence, c'est ce bureau et la gestion des affaires publiques ! Imagines-tu une femme ici ? Elle rangerait à son idée et sèmerait la pagaille et le chaos !

– J'avais pensé...

– Ne pense plus et cherche plutôt à identifier l'assassin d'Âcha.

38

Le temple des millions d'années de Ramsès, sur la rive ouest de Thèbes, s'étendait sur une superficie de cinq hectares. Conformément aux vœux du pharaon, les pylônes semblaient monter jusqu'au ciel, des arbres ombrageaient les bassins d'eau pure, les portes étaient en bronze doré, les dallages en argent, et des statues vivantes, animées par la présence du *ka*, résidaient dans ses cours. Autour du sanctuaire, une bibliothèque et des entrepôts ; au cœur de l'édifice, les chapelles dédiées à Séthi, le père de Ramsès, à Touya, sa mère, et à Néfertari, sa grande épouse royale.

Le maître des Deux Terres se rendait fréquemment dans ce domaine magique qui appartenait aux divinités. Il y vénérait la mémoire de ces êtres chers, à jamais présents en lui ; mais ce voyage-là revêtait un caractère exceptionnel.

Méritamon, la fille de Ramsès et de Néfertari, devait accomplir un rite qui immortaliserait le pharaon régnant.

Lorsqu'il la vit, Ramsès fut de nouveau frappé par la ressemblance avec sa mère ; dans sa robe moulante, ornée de deux rosettes à la hauteur de la poitrine, Méritamon incarnait Séchat, la déesse de l'Écriture. Son fin visage, encadré de deux boucles d'oreilles en forme de disque, était fragile et lumineux.

Le roi la prit dans ses bras.

– Comment te portes-tu, ma fille chérie ?

– Grâce à toi, je peux méditer dans ce temple et j'y joue de la musique pour les dieux. À chaque instant, je ressens la présence de ma mère.

– C'est à ta demande que je suis venu à Thèbes. Quel mystère désires-tu me dévoiler, toi qui es la seule reine d'Égypte reconnue par les temples ?

Méritamon s'inclina devant le souverain.

– Que Sa Majesté veuille bien me suivre.

La déesse qu'elle incarnait guida Ramsès jusqu'à une chapelle où l'attendait un prêtre portant le masque d'ibis du dieu Thot. Sous le regard de Ramsès, Thot et Séchat inscrivirent les cinq noms du roi sur les feuilles d'un grand arbre gravé en relief dans la pierre.

– Ainsi, dit Méritamon, tes annales sont-elles établies des millions de fois, ainsi seront-elles durables à jamais.

Ramsès éprouva une étrange émotion. Il n'était qu'un homme auquel le destin avait confié une lourde charge, mais le couple divin évoquait une autre réalité, celle de Pharaon, dont l'âme passait de roi en roi, depuis l'origine des dynasties.

Les deux célébrants se retirèrent, laissant Ramsès contempler l'arbre des millions d'années où venait de s'inscrire son éternité.

Méritamon regagnait le domaine des musiciennes du temple lorsqu'une jeune femme blonde, vêtue de manière somptueuse, lui barra le chemin.

– Je suis Mat-Hor, déclara-t-elle, agressive ; nous ne nous sommes jamais rencontrées, mais il fallait que je vous parle.

– Vous êtes l'épouse officielle de mon père, nous n'avons rien à nous dire.

– C'est vous, la véritable reine d'Égypte !

– Mon rôle est strictement théologique.

– Autrement dit, essentiel !

– Interprétez les faits à votre guise, Mat-Hor ; pour moi, il n'y aura jamais d'autre grande épouse royale que Néfertari.

– Elle est morte, et moi je suis vivante ! Puisque vous refusez de régner, pourquoi m'en empêcher ?

Méritamon sourit.

– Votre imagination est trop fertile. Je vis ici en recluse et ne m'intéresse pas aux affaires du monde.

– Mais vous êtes présente lors des rites d'État, en tant que reine d'Égypte !

– Telle est la volonté du pharaon. La contesteriez-vous ?

– Parlez-lui, convainquez-le de me donner la place qui me revient ; votre influence sera déterminante.

– Que désirez-vous vraiment, Mat-Hor ?

– J'ai le droit de régner, mon mariage m'y autorise.

– L'Égypte ne se conquiert pas par la force, mais par l'amour. Sur cette terre, si vous négligez la règle de Maât en oubliant vos devoirs, vous aurez de pénibles désillusions.

– Vos discours ne m'intéressent pas, Méritamon ; c'est votre aide que j'exige. Moi, je ne renonce pas au monde.

– Vous avez plus de courage que moi ; bonne chance, Mat-Hor.

Ramsès médita longuement dans l'immense salle à colonnes du temple de Karnak que son père Séthi avait commencée et que, conformément à sa qualité de fils et de successeur, il avait achevée. Filtrée par les fenêtres de pierre *a claustra*, la lumière éclairait tour à tour les scènes sculptées et peintes où l'on voyait le pharaon faire offrande aux divinités pour qu'elles consentent à résider sur terre.

Amon, la grande âme de l'Égypte qui donnait le souffle à toute narine, demeurait mystérieux, mais partout à l'œuvre ; *il vient dans le vent*, révélait un hymne, *mais on ne le voit pas. La nuit est emplie de sa présence. Ce qui est haut et ce qui est bas, c'est lui qui l'accomplit.* Tenter de connaître Amon, en sachant qu'il échapperait toujours à l'intelligence humaine, n'était-ce pas, comme l'affirmait le *Livre de sortir dans la lumière*, écarter le mal et les ténèbres, percer l'avenir et organiser le pays afin qu'il soit à l'image du ciel ?

L'homme qui s'avançait vers Ramsès avait un visage carré et ingrat que l'âge n'avait pas adouci. Ancien contrôleur des écuries du royaume, il était entré au service d'Amon de Karnak et avait franchi les échelons de la hiérarchie pour devenir le deuxième prophète du dieu. Le crâne rasé, vêtu d'une robe de lin immaculée, Bakhen s'immobilisa à quelques pas du monarque.

– Grande est ma joie de vous revoir, Majesté.

– Grâce à toi, Karnak et Louxor sont dignes des divinités qui les habitent. Comment se porte Nébou ?

– Le grand prêtre ne sort plus de sa petite maison, près du lac sacré, et il n'a plus d'âge ; mais il continue à donner des ordres.

Ramsès appréciait la fidélité de Bakhen ; il était l'un de ces êtres exceptionnels, dépourvus d'ambition, et dont le principal souci était d'agir en rectitude. La gestion du plus grand domaine sacré d'Égypte était entre de bonnes mains.

Pourtant Bakhen semblait moins serein qu'à l'ordinaire.

– De graves préoccupations ? demanda Ramsès.

– Je viens de recevoir des plaintes émanant des petits sanctuaires de la région thébaine ; bientôt ils manqueront d'oliban, d'encens et de myrrhe, indispensables lors de la pratique quotidienne des rites. Dans l'immédiat, les réserves de Karnak suffiront à leur venir en aide, mais mes propres stocks seront épuisés dans deux ou trois mois.

– Les temples ne doivent-ils pas être livrés avant le début de l'hiver ?

– Certes, Majesté, mais quelle quantité recevrons-nous ? Les dernières récoltes ont été si maigres que nous risquons de manquer de ces substances essentielles. Si le rituel n'est plus célébré de manière satisfaisante, qu'adviendra-t-il de l'harmonie du pays ?

Dès que Ramsès fut de retour dans la capitale, Améni se présenta à son bureau, les bras chargés de papyrus administratifs. Chacun se demandait où un scribe d'apparence si frêle puisait l'énergie nécessaire pour porter de si lourdes charges.

– Majesté, il faut intervenir au plus vite ! La taxe sur les bateaux de charge est excessive, et...

Améni s'interrompit. La gravité du visage de Ramsès le dissuada de l'importuner avec des détails.

– Quel est l'état de nos réserves d'oliban, d'encens et de myrrhe ?

– Je ne peux pas te répondre sur l'instant, je dois vérifier... Mais rien d'alarmant.

– Comment peux-tu en être certain ?

– Parce que j'ai mis en place un système de contrôle. Si les stocks avaient baissé de manière significative, je l'aurais su.

– Dans la région thébaine, ce sera bientôt la pénurie.

– Utilisons les réserves des entrepôts de Pi-Ramsès et souhaitons que les prochaines récoltes soient abondantes.

– Délègue tes tâches secondaires et occupe-toi immédiatement de ce problème.

Améni convoqua dans son bureau le directeur des réserves de la Double Maison blanche, le chef du Trésor et le supérieur de la Maison du Pin, chargé de vérifier les livraisons de marchandises en provenance de l'étranger. Les trois notables avaient atteint une cinquantaine épanouie.

– J'ai été contraint de quitter une réunion importante, se plaignit le chef du Trésor, et j'espère que vous ne nous dérangez pas pour rien.

– Vous êtes tous les trois responsables de nos réserves d'oliban, de myrrhe et d'encens, rappela Améni. Puisque aucun de vous ne m'a alerté, je suppose que la situation n'a rien d'inquiétant.

– Je n'ai presque plus d'oliban, avoua le directeur des réserves de la Double Maison blanche, mais ce n'est certainement pas le cas de mes collègues.

– Moi, je n'ai plus qu'un petit stock, précisa le chef du Trésor, mais, la cote d'alerte n'étant pas tout à fait atteinte, je n'ai pas jugé bon d'adresser un rapport à mes collègues.

– Ma déclaration est identique, dit le directeur de la Maison du Pin. Si mes stocks avaient continué à baisser pendant les prochains mois, je n'aurais pas manqué d'intervenir.

Améni était atterré.

Les trois hauts fonctionnaires avaient sacrifié l'esprit à la lettre et, comme trop souvent, n'avaient pas communiqué entre eux.

– Donnez-moi l'état précis de vos stocks.

Les calculs d'Améni furent rapides : avant le printemps prochain, il n'y aurait plus un grain d'encens en Égypte, la myrrhe et l'oliban auraient disparu des laboratoires et des temples.

Et, dans tout le pays, naîtrait et s'amplifierait un sentiment de révolte contre l'imprévoyance de Ramsès.

39

Toujours aussi belle qu'une aurore de printemps, le médecin-chef Néféret termina la préparation d'un amalgame composé de résine de pistachier, de miel, de parcelles de cuivre et d'un peu de myrrhe, destiné à soigner une dent de son illustre patient.

– Aucun abcès, expliqua-t-elle à Ramsès, mais des gencives fragiles et une tendance de plus en plus nette à l'arthrite. Que Votre Majesté n'oublie pas les bains de bouche et les décoctions d'écorce de saule.

– J'ai fait planter des milliers de saules le long du fleuve et au bord des pièces d'eau ; vous disposerez bientôt d'une grande quantité de produits anti-inflammatoires.

– Merci, Majesté ; je vous prescris également une pâte à mâcher, à base de bryone, de genévrier, de fruits de sycomore et d'encens. Puisque j'ai évoqué l'encens et la myrrhe, dont l'action sur la douleur est remarquable, je tiens à vous informer que ces produits vont bientôt nous manquer.

– Je sais, Néféret, je sais...

– Quand les médecins et les chirurgiens seront-ils livrés ?

– Aussi vite que possible.

Percevant l'embarras du monarque, Néféret ne posa pas les questions qui lui brûlaient les lèvres. Le problème devait être grave, mais elle faisait confiance à Ramsès pour sortir le pays de ce mauvais pas.

Ramsès avait longuement médité devant la statue de son père Séthi dont le visage de pierre était animé d'une vie intense, grâce au génie du sculpteur. Dans l'austère bureau aux murs blancs, la présence de Séthi reliait la pensée du pharaon régnant à celle de son prédécesseur ; lorsqu'il lui fallait prendre des décisions engageant l'avenir du royaume, Ramsès n'omettait jamais de consulter l'âme du monarque qui l'avait initié à sa fonction, au prix d'une éducation rigoureuse que peu d'êtres auraient tolérée.

Séthi avait eu raison. Si Ramsès supportait le poids d'un long règne, c'était à cette formation exigeante qu'il le devait. Avec la maturité, le feu qui l'animait n'avait pas baissé d'intensité, mais la passion de la jeunesse s'était métamorphosée en un désir ardent de bâtir son pays et son peuple comme ses ancêtres l'avaient fait.

Quand les yeux de Ramsès se posèrent sur la grande carte du Proche-Orient qu'il consultait souvent, le pharaon songea à Moïse, son ami d'enfance. Lui aussi brûlait d'un feu ardent, son véritable guide dans le désert, à la recherche de la Terre Promise.

À plusieurs reprises, en dépit de l'avis de ses conseillers militaires, le pharaon avait refusé d'intervenir contre Moïse et les Hébreux ; ne devaient-ils pas aller jusqu'au terme de leur destin ?

Ramsès fit entrer Améni et Serramanna.

– J'ai pris plusieurs décisions. L'une d'elles devrait te satisfaire, Serramanna.

En écoutant le roi, le géant sarde éprouva une joie intense.

Tanit, la pulpeuse Phénicienne, ne se lassait pas du corps d'Ouri-Téchoup. Bien que le Hittite la traitât avec brutalité, elle se pliait à toutes ses exigences ; grâce à lui, elle découvrait chaque jour les plaisirs de l'union charnelle et vivait une nouvelle jeunesse. Ouri-Téchoup était devenu son dieu.

Après l'avoir embrassée sauvagement, le Hittite se leva et, dans la splendeur de sa nudité, s'étira comme un fauve.

– Tu es une superbe pouliche, Tanit ! Par moments, tu me ferais presque oublier mon pays.

Tanit quitta le lit à son tour et, accroupie, embrassa les mollets de son amant.

– Nous sommes heureux, si heureux ! Ne pensons qu'à nous et à notre plaisir...

– Nous partons demain pour ta villa du Fayoum.

– Je ne l'aime pas, mon chéri ; je préfère Pi-Ramsès.

– Dès que nous y serons arrivés, je repartirai ; et toi, tu feras savoir que nous sommes ensemble, dans ce nid d'amour.

Tanit se redressa et plaqua ses seins lourds contre la poitrine d'Ouri-Téchoup qu'elle enlaça avec ardeur.

– Où vas-tu et combien de temps seras-tu absent ?

– Tu n'as pas besoin de le savoir. À mon retour, si Serramanna t'interroge, tu n'auras que quelques mots à dire : nous ne nous sommes pas quittés une seule seconde.

– Fais-moi confiance chéri, je...

Le Hittite gifla la Phénicienne qui poussa un cri de douleur.

– Tu es une femelle, et une femelle ne doit pas se mêler des affaires d'hommes. Obéis et tout ira bien.

Ouri-Téchoup partait rejoindre Malfi pour intercepter le convoi d'oliban, de myrrhe et d'encens, et détruire les précieux produits. À la suite de ce désastre, la popularité de Ramsès serait gravement atteinte et le trouble s'emparerait du pays, créant des conditions propices pour une attaque surprise des Libyens. Au Hatti, le parti hostile à la paix avec l'Égypte chasserait Hattousil de son trône et rappellerait Ouri-Téchoup, le seul chef de guerre capable de vaincre les armées de Pharaon.

Une servante affolée parut sur le seuil de la chambre.

– Maîtresse, c'est la police ! Un géant casqué et armé...

– Renvoie-le, ordonna Tanit.

– Non, intervint Ouri-Téchoup ; voyons ce que nous veut notre ami Serramanna. Qu'il patiente, nous arrivons.

– Je refuse de m'entretenir avec ce rustaud !

– Au contraire, ma belle ! Oublies-tu que nous sommes le couple le plus amoureux du pays ? Enfile une robe qui laisse les seins nus et asperge-toi de parfum.

– Un peu de vin, Serramanna ? demanda Ouri-Téchoup, serrant dans ses bras une Tanit langoureuse.

– Je suis en mission officielle.

– En quoi nous concerne-t-elle ? interrogea la Phénicienne.

– Ramsès a accordé le droit d'asile à Ouri-Téchoup en des temps difficiles, et il se félicite aujourd'hui de son intégration à la société égyptienne. C'est pourquoi le roi vous accorde un privilège dont vous pouvez être fiers.

Tanit fut étonnée.

– De quoi s'agit-il ?

– La reine entreprend une visite de tous les harems d'Égypte où, en son honneur, seront organisées de nombreuses festivités. J'ai le plaisir de vous annoncer que vous êtes au nombre de ses invités et que vous l'accompagnerez pendant tout son voyage.

– C'est... c'est merveilleux ! s'exclama la Phénicienne.

– Tu n'as pas l'air satisfait, Ouri-Téchoup, remarqua le Sarde.

– Bien sûr que si... Moi, un Hittite...

– La reine Mat-Hor n'est-elle pas d'origine hittite ? Et tu es marié à une Phénicienne. L'Égypte est très accueillante, lorsqu'on respecte ses lois. Puisque c'est ton cas, tu es considéré comme un authentique sujet de Pharaon.

– Pourquoi as-tu été chargé de nous apprendre cette nouvelle ?

– Parce que je suis responsable de la sécurité des hôtes de marque, répondit le Sarde avec un grand sourire. Et je ne te perdrai pas des yeux un seul instant.

Ils n'étaient qu'une centaine, mais puissamment armés et parfaitement entraînés. Malfi avait formé un commando où ne figuraient que ses meilleurs hommes, mélange de guerriers expérimentés et de jeunes combattants à l'énergie inépuisable.

Après une ultime séance d'entraînement, qui avait vu la mort d'une dizaine d'incapables, le commando avait quitté le camp secret, au cœur du désert de Libye, pour prendre la route du Nord, en direction de la frange occidentale du delta d'Égypte. Tantôt en barque, tantôt par des chemins fangeux, les Libyens traverseraient ce delta d'ouest en est, puis bifurqueraient vers la péninsule arabique pour attaquer le convoi de substances précieuses. Ouri-Téchoup et ses partisans les rejoindraient avant la frontière et leur donneraient des renseignements précis qui leur permettraient d'éviter les patrouilles égyptiennes et d'échapper à la surveillance des guetteurs.

La première étape de la conquête serait un triomphe. Les Libyens opprimés reprendraient espoir, et Malfi deviendrait le héros d'un peuple vengeur, avide de revanche. Grâce à lui, le Nil se transformerait en fleuve de sang. Mais il fallait d'abord frapper l'Égypte dans ses valeurs essentielles : la célébration des rites et le culte rendu aux divinités, expressions de la règle de Maât. Sans oliban, sans myrrhe et sans encens, les prêtres se sentiraient abandonnés et accuseraient Ramsès d'avoir rompu le pacte avec le ciel.

L'éclaireur revenait sur ses pas.

– Nous ne pouvons pas aller plus loin, dit-il à Malfi.

– As-tu perdu l'esprit ?

– Venez voir vous-même, seigneur.

À plat ventre sur une butte de terre molle, caché par des épineux, Malfi n'en crut pas ses yeux.

L'armée égyptienne s'était déployée sur une large bande de terre, entre la mer et les marécages que sillonnaient de petites barques occupées par des archers. Des tours en bois permettaient à des guetteurs de surveiller un vaste horizon. Il y avait là plusieurs milliers d'hommes, commandés par Mérenptah, fils cadet de Ramsès.

– Impossible de passer, estima l'éclaireur ; nous serions repérés et massacrés.

Malfi ne pouvait entraîner à la mort ses meilleurs hommes, les futurs fers de lance de l'armée libyenne. Détruire une caravane était aisé, mais affronter un si grand nombre de soldats égyptiens serait suicidaire.

De rage, le Libyen empoigna une touffe d'épineux et la broya dans son poing.

40

Le patron des caravanes en partance pour l'Égypte était abasourdi. Lui, un commerçant aguerri, Syrien de cinquante-huit ans qui avait sillonné toutes les routes du Proche-Orient pour son négoce, n'avait jamais vu un tel trésor. Il avait demandé aux producteurs de le rejoindre à la pointe nord-ouest de la péninsule arabique, dans une région aride et désolée, où la température diurne était torride et la nocturne souvent glaciale, sans compter les serpents et les scorpions. Mais l'endroit était idéal pour abriter un entrepôt secret où, depuis trois ans, le Syrien accumulait les richesses volées au trésor égyptien.

À ses complices, le Libyen Malfi et le Hittite Ouri-Téchoup, il avait affirmé avec conviction que les stocks de produits précieux, d'ailleurs très faibles en raison des maigres récoltes, avaient été détruits. Malfi et Ouri-Téchoup étaient des guerriers, non des négociants ; ils ignoraient qu'un bon commerçant ne sacrifie jamais une marchandise.

Des cheveux noirs et collants plaqués sur un crâne rond, un visage lunaire, un large buste planté sur de courtes jambes, le Syrien mentait et volait depuis son adolescence, en n'oubliant pas d'acheter le silence de ceux qui auraient pu le dénoncer aux autorités.

Ami d'un autre Syrien, Raia, espion à la solde des Hittites, qui avait connu une mort brutale, le patron des caravanes avait amassé, au fil des ans, une jolie fortune occulte. N'était-elle pas ridicule en comparaison de l'incroyable pactole qui venait d'être déposé dans son entrepôt ?

Hauts de trois mètres en moyenne, les arbres à encens d'Arabie avaient donné trois récoltes tellement abondantes qu'il avait fallu engager deux fois plus de travailleurs saisonniers qu'à l'ordinaire ; feuilles vert sombre et fleurs dorées au cœur pourpre n'étaient qu'ornements à côté de la superbe écorce brune. En la grattant, on faisait sourdre des gouttelettes de résine qui, agglutinées en boulettes dures par des spécialistes, exhaleraient en brûlant un parfum merveilleux.

Et que dire de la quantité incroyable d'oliban ! Sa résine blanchâtre, laiteuse et parfumée avait coulé avec une générosité digne de l'âge d'or ; les petites larmes en forme de poire, blanches, grises ou jaunes, avaient fait pleurer de joie le patron des caravanes. Il connaissait les nombreuses vertus de ce produit coûteux et recherché, antiseptique, anti-inflammatoire et analgésique ; en onctions, en emplâtres, en poudre ou même en boisson, les médecins égyptiens s'en servaient pour lutter contre les tumeurs, les ulcères, les abcès, les ophtalmies et les otites. L'oliban stoppait les hémorragies et hâtait la cicatrisation des plaies ; il était même un contre-poison. Néféret, le célèbre médecin-chef des Deux Terres, paierait à prix d'or l'indispensable oliban.

Et la gomme-résine verte de galbanum, et la résine sombre de ladanum, et l'huile épaisse et résineuse du baumier, et la myrrhe... Le Syrien était au bord de l'extase. Quel négociant aurait cru posséder un jour une telle fortune ?

Le Syrien n'avait pas omis de disposer un leurre à l'intention de ses alliés, donc d'envoyer une caravane sur la route où l'attendaient Ouri-Téchoup et Malfi. N'avait-il pas commis une erreur en ne lui confiant qu'un modeste chargement ? Hélas, la rumeur circulait déjà : on parlait d'une récolte exceptionnelle, et ces bruits risquaient d'atteindre trop vite les oreilles du Hittite et du Libyen.

Comment gagner du temps ? Dans deux jours, le Syrien accueillerait des marchands grecs, chypriotes et libanais auxquels il vendrait le contenu de son entrepôt avant de s'enfuir en Crète où il coulerait une retraite heureuse. Deux jours interminables, au cours desquels il craignait de voir apparaître ses redoutables alliés.

– Un Hittite désire vous parler, le prévint l'un de ses serviteurs.

La bouche du Syrien se dessécha et ses yeux le brûlèrent. La catastrophe ! Méfiant, Ouri-Téchoup venait lui demander des explications. Et s'il l'obligeait à ouvrir son entrepôt... Fallait-il prendre la fuite ou tenter de convaincre l'ex-général en chef de l'armée hittite ?

Tétanisé, le Syrien fut incapable de prendre une décision.

L'homme qui vint vers lui n'était pas Ouri-Téchoup.

– Tu... tu es hittite ?

– Je le suis.

– Et tu es un ami de...

– Pas de nom. Oui, je suis un ami du général, du seul homme capable de sauver le Hatti du déshonneur.

– Bien, bien... Que les dieux lui soient favorables ! Quand le reverrai-je ?

– Tu devras être patient.

– Il ne lui est pas arrivé malheur ?

– Non, rassure-toi ; mais il est retenu en Égypte par des cérémonies officielles et compte sur toi pour respecter à la lettre les termes de votre contrat.

– Qu'il n'ait aucune inquiétude ! Le contrat a été exécuté, tout s'est déroulé comme il le désirait.

– Je peux donc rassurer le général.

– Qu'il se réjouisse : ses vœux ont été exaucés ! Dès mon arrivée en Égypte, je le contacterai.

Aussitôt après le départ du Hittite, le patron des caravanes avala sans respirer trois coupes de liqueur forte. La chance le servait au-delà de ses espérances ! Ouri-Téchoup retenu en Égypte... Décidément, il existait bien un bon génie pour les voleurs !

Restait Malfi, un fou dangereux, parfois animé de lueurs de lucidité. D'ordinaire, la vue du sang suffisait à l'enivrer. En assassinant quelques marchands, il avait dû prendre autant de plaisir qu'avec une femme et oublier d'examiner de près les marchandises. Mais s'il s'était montré soupçonneux, il rechercherait le chef des caravanes avec la hargne d'un dément.

Le Syrien avait beaucoup de qualités, mais pas le courage physique ; affronter Malfi était au-dessus de ses forces.

Au loin, un nuage de poussière.

Le négociant n'attendait personne... Il ne pouvait s'agir que du Libyen et de son commando de tueurs !

Accablé, le Syrien s'affala sur une natte ; sa chance venait de tourner. Malfi l'égorgerait avec délectation, et il mettrait du temps à mourir.

Le nuage de poussière se déplaçait lentement. Des chevaux ? Non, ils auraient progressé plus vite. Des ânes... Oui, c'étaient des ânes. Donc, une caravane ! Mais d'où venait-elle ?

Réconforté mais intrigué, le marchand se leva et ne perdit plus de vue le cortège des quadrupèdes lourdement chargés qui avançaient à leur rythme, d'un pas très sûr. Et il reconnut les caravaniers : ceux qu'il avait envoyés à la mort, sur la route où les attendait Malfi !

N'était-il pas victime d'un mirage ? Non, voici qu'arrivait le chef du convoi, un compatriote plus âgé que lui.

– Bon voyage, l'ami ?

– Aucun problème.

Le patron des caravanes dissimula sa stupéfaction.

– Pas le moindre incident ?

– Pas le moindre. Nous avons hâte de boire, de manger, de nous laver et de dormir. Tu t'occupes du chargement ?

– Bien sûr, bien sûr... Va te reposer.

La caravane saine et sauve, le chargement intact... Une seule explication possible : Malfi et ses Libyens avaient été stoppés. Peut-être le fou de guerre avait-il été tué par la police du désert.

La chance et la fortune... L'existence comblait le Syrien de tous les bonheurs. Comme il avait eu raison de prendre des risques !

Un peu ivre, il courut jusqu'à l'entrepôt dont il était seul à posséder la clé.

Le verrou de bois était brisé.

Livide, le patron des caravanes poussa la porte. Face à lui, devant l'amoncellement des trésors, un homme au crâne rasé, vêtu d'une peau de panthère.

– Qui... qui êtes-vous ?

– Khâ, grand prêtre de Memphis et fils aîné de Ramsès. Je suis venu chercher ce qui appartient à l'Égypte.

Le Syrien empoigna sa dague.

– Pas de geste stupide... Pharaon t'observe.

Le voleur se retourna. Partout, surgissant de derrière les monticules de sable, des archers égyptiens. Et, sous le soleil, Ramsès le Grand, coiffé de la couronne bleue, debout sur son char.

Le patron des caravanes tomba à genoux.

– Pardon... Je ne suis pas coupable... On m'a obligé...

– Tu seras jugé, annonça Khâ.

À la seule idée de comparaître devant un tribunal qui prononcerait le châtiment suprême, le Syrien s'affola. La dague levée, il se rua sur un archer qui s'approchait de lui pour lui passer des menottes en bois et lui planta la lame dans le bras.

Estimant leur camarade en danger de mort, trois autres archers n'hésitèrent pas à décocher leurs traits ; le corps percé de flèches, le voleur s'effondra.

Malgré l'avis défavorable d'Améni, Ramsès avait tenu à

prendre lui-même la tête de l'expédition. Grâce aux renseignements fournis par la police du désert et à l'utilisation de sa baguette de radiesthésiste, le roi avait localisé le point d'arrivage clandestin des caravanes détournées. Et il avait également perçu une autre anomalie dont il voulait vérifier la réalité.

Le char du pharaon s'élança dans le désert, suivi par une cohorte de véhicules militaires. Les deux chevaux de Ramsès étaient si rapides qu'ils distancèrent le reste de l'escorte.

Jusqu'à l'horizon, du sable, des pierres et des monticules.

– Pourquoi le roi se perd-il dans ces solitudes ? demanda un lieutenant de charrerie à l'archer qui formait avec lui l'équipage du char.

– J'ai participé à la bataille de Kadesh ; Ramsès n'agit jamais au hasard. C'est une force divine qui le guide.

Le monarque passa une dune et s'arrêta.

À perte de vue, des arbres magnifiques à l'écorce jaune et gris, au bois blanc et doux. Une extraordinaire plantation d'olibans qui offriraient à l'Égypte leur précieuse résine pendant de longues années.

41

Les nerfs d'Ouri-Téchoup étaient soumis à rude épreuve. Ni la beauté des jardins, ni la qualité des nourritures, ni le charme des concerts ne pouvaient lui faire oublier la présence obsédante de Serramanna et son insupportable sourire. Tanit, en revanche, appréciait cette visite des harems en compagnie d'une reine éblouissante qui séduisait les administrateurs les plus revêches. Mat-Hor paraissait ravie des flatteries de courtisans en quête de ses bonnes grâces.

– Excellente nouvelle, lui annonça Serramanna : Ramsès vient d'accomplir un nouveau miracle. Pharaon a découvert une énorme plantation d'olibans, et les caravanes sont arrivées saines et sauves à Pi-Ramsès.

Le Hittite serra les poings. Pourquoi Malfi n'était-il pas intervenu ? Si le Libyen avait été arrêté ou tué, Ouri-Téchoup n'avait plus aucune chance de semer le trouble en Égypte.

Pendant que Tanit discutait avec quelques femmes d'affaires invitées par la reine au harem de Mer-Our, celui-là même dont Moïse avait été l'un des gestionnaires, Ouri-Téchoup s'assit à l'écart, sur un muret de pierres sèches, au bord d'un lac de plaisance.

– À quoi penses-tu, cher compatriote ?

L'ex-général en chef de l'armée hittite leva les yeux pour contempler une Mat-Hor à l'apogée de sa beauté.

– Je suis triste.

– Quelle est la cause de ce chagrin ?

– Toi, Mat-Hor.

– Moi ? Tu as bien tort !

– N'as-tu pas encore compris la stratégie de Ramsès ?

– Révèle-la-moi, Ouri-Téchoup.

– Tu vis tes derniers instants de rêve. Ramsès vient de mener une expédition militaire pour asservir davantage les populations de ses colonies ; faut-il être aveugle pour ne pas s'apercevoir qu'il consolide ses bases de départ pour une attaque contre le Hatti ? Avant de lancer l'offensive, il se débarrassera de deux personnages gênants : toi et moi. Moi, je serai assigné à résidence sous la surveillance de la police et probablement victime d'un accident ; toi, tu seras enfermée dans l'un de ces harems que tu visites avec tant de plaisir.

– Les harems ne sont pas des prisons !

– On te conférera une charge honorifique et fictive, et tu ne reverras plus jamais le roi. Car Ramsès ne songe qu'à la guerre.

– Comment peux-tu en être si sûr ?

– J'ai mon réseau d'amis, Mat-Hor, et il me donne les véritables informations, celles auxquelles tu n'as pas accès.

La reine parut troublée.

– Que proposes-tu ?

– Le roi est un gourmet. Il apprécie particulièrement une recette créée pour lui, le « délice de Ramsès », une marinade avec de l'ail doux, des oignons, du vin rouge des oasis, de la viande de bœuf et des filets de perche du Nil. C'est une faiblesse qu'une Hittite devrait savoir exploiter.

– Oserais-tu me proposer de... ?

– Ne joue pas les ingénues ! À Hattousa, tu as appris à manier le poison.

– Tu es un monstre !

– Si tu ne supprimes pas Ramsès, il te détruira.

– Ne m'adresse plus jamais la parole, Ouri-Téchoup.

Le Hittite jouait gros. S'il n'avait pas réussi à introduire le doute et l'angoisse dans l'esprit de Mat-Hor, elle le dénoncerait à Serramanna. Dans le cas contraire, il aurait accompli une bonne partie du chemin.

Khâ était inquiet.

Pourtant, le programme de restauration qu'il avait entrepris sur le site de Saqqara se traduisait déjà par de remarquables résultats. La pyramide à degrés de Djéser, celle d'Ounas à l'intérieur de laquelle avaient été inscrits les premiers *Textes des Pyramides* révélant les modes de résurrection de l'âme royale, les monuments de Pépi Ier, avaient bénéficié de ses soins attentifs.

Et le grand prêtre de Memphis ne s'était pas arrêté là : il avait également demandé à ses équipes de maîtres d'œuvre et de tailleurs de pierre de panser les plaies des pyramides et des temples des pharaons de la cinquième dynastie, sur le site d'Abousir, au nord de Saqqara. À Memphis même, Khâ avait fait agrandir le temple de Ptah qui abritait désormais une chapelle à la mémoire de Séthi et serait complété, dans un proche avenir, par un sanctuaire à la gloire de Ramsès.

Lorsqu'une lourde fatigue le gagnait, Khâ se rendait à l'endroit où avaient été creusées les tombes des rois de la première dynastie, à la bordure du plateau désertique de Saqqara, dominant les palmeraies et les cultures. La sépulture du roi Djet, que signalaient trois cents têtes de taureau en terre cuite, disposées en saillie sur le pourtour et munies de véritables cornes, lui transmettait l'énergie nécessaire pour consolider les liens du présent avec le passé.

Khâ n'avait pas encore découvert le livre de Thot et se résignait parfois à l'échec. N'était-il pas dû à son manque de vigilance et à sa négligence envers le culte du taureau ? Le grand prêtre se promettait de corriger ses erreurs, mais il lui fallait d'abord mener à terme son programme de restauration.

Mais y parviendrait-il ? Pour la troisième fois depuis le début de l'année, Khâ se fit conduire en char jusqu'à la pyramide de Mykérinos sur laquelle, une fois la restauration achevée, il désirait graver une inscription commémorative.

Et, pour la troisième fois, le chantier était vide, à l'exception d'un vieux tailleur de pierre qui mangeait du pain frais frotté d'ail.

– Où sont tes collègues ? demanda Khâ.

– Rentrés chez eux.

– Encore le fantôme !

– Oui, le fantôme est réapparu. Plusieurs l'ont vu ; il tenait des serpents dans les mains et menaçait de tuer quiconque l'approchait. Tant que ce spectre n'aura pas été chassé, personne n'acceptera de travailler ici, même en échange d'un gros salaire.

Tel était le désastre que redoutait Khâ : se trouver dans l'impossibilité de remettre en état les monuments du plateau de Guizeh. Et ce fantôme faisait tomber les pierres et causait des accidents. Chacun savait qu'il s'agissait d'une âme tourmentée, revenue sur terre pour semer le malheur parmi les vivants. Malgré toute sa science, Khâ n'était pas parvenu à l'empêcher de nuire.

Quand il vit s'approcher le char de Ramsès auquel il avait demandé assistance, Khâ reprit espoir. Mais si le roi échouait, il faudrait déclarer une partie du plateau de Guizeh zone interdite et se résigner à voir des chefs-d'œuvre se dégrader.

– La situation empire, Majesté ; plus personne n'accepte de travailler ici.

– As-tu prononcé les conjurations habituelles ?

– Elles sont restées sans effet.

Ramsès contempla la pyramide de Mykérinos, aux puissantes assises de granit. Chaque année, le pharaon venait puiser à Guizeh l'énergie des bâtisseurs qui avaient incarné dans la pierre les rayons de lumière unissant la terre au ciel.

– Sais-tu où se cache le fantôme ?

– Aucun artisan n'a osé le suivre.

Le roi aperçut le vieux tailleur de pierre qui continuait à manger et il s'approcha de lui. Surpris, ce dernier laissa tomber son morceau de pain et s'agenouilla, mains tendues en avant, le front contre le sol.

– Pourquoi ne t'es-tu pas enfui avec les autres ?

– Je... je ne sais pas, Majesté !

– Tu connais l'endroit où se terre le fantôme, n'est-ce pas ?

Mentir au roi, c'était se damner pour l'éternité.

– Conduis-nous.

Tremblant, le vieil homme guida le roi dans les rues de tombeaux où reposaient les fidèles serviteurs de Mykérinos qui, dans l'au-delà, continuaient à former la cour royale. Âgées de plus de mille ans, certaines, que l'œil exercé de Khâ ne manqua pas de remarquer, exigeaient des réfections.

Le tailleur de pierre entra dans une petite cour à ciel ouvert dont le sol était jonché de débris de calcaire. Dans un angle, un empilement de petits blocs.

– C'est ici, mais n'allez pas plus loin.

– Qui est ce fantôme ? demanda Khâ.

– Un sculpteur dont la mémoire n'a pas été honorée et qui se venge en agressant ses collègues.

D'après les inscriptions hiéroglyphiques, le défunt avait dirigé une équipe de bâtisseurs à l'époque de Mykérinos.

– Ôtons ces blocs, ordonna Ramsès.

– Majesté...

– Au travail.

Apparut la bouche d'un puits rectangulaire ; Khâ y jeta un caillou dont la chute parut interminable.

– Plus de quinze mètres, conclut le tailleur de pierre, quand il entendit le bruit de l'impact du projectile contre le fond du puits. Ne vous aventurez pas dans cette gueule d'enfer, Majesté.

Une corde à nœuds pendait le long de la paroi.

– Il faut pourtant y descendre, estima Ramsès.

– En ce cas, c'est à moi de prendre le risque, décida l'artisan.

– Si tu rencontres le spectre, objecta Khâ, sauras-tu prononcer les formules qui l'empêcheront de nuire ?

Le vieil homme baissa la tête.

– En tant que grand prêtre de Ptah, dit le fils aîné de Ramsès, il me revient d'accomplir cette tâche. Ne me l'interdis pas, père.

Khâ s'engagea dans une descente qui lui parut interminable. Le fonds du puits n'était pas obscur : des parois de calcaire émanait une lueur étrange. Le grand prêtre posa enfin le pied sur un sol inégal et s'engagea dans un étroit couloir qui aboutissait à une fausse porte sur laquelle était représenté le défunt, entouré de colonnes d'hiéroglyphes.

Alors Khâ comprit.

Une large fissure traversait la pierre gravée dans toute sa hauteur et défigurait le bénéficiaire des textes de résurrection. Ne pouvant plus s'incarner dans une image vivante, son esprit s'était transformé en fantôme agressif, reprochant aux humains d'avoir méprisé sa mémoire.

Lorsque Khâ remonta du puits, il était fourbu mais radieux. Dès que la fausse porte serait restaurée et le visage du défunt sculpté de nouveau avec amour, le maléfice disparaîtrait.

42

Depuis son retour à Pi-Ramsès, Ouri-Téchoup ne décolérait pas. Sans cesse surveillé par Serramanna au cours d'un voyage interminable, réduit à l'inactivité, privé d'informations, il avait envie de massacrer l'Égypte entière, en commençant par Ramsès. Et il lui fallait supporter les assauts amoureux de la sirupeuse Tanit qui avait besoin de sa ration quotidienne de plaisir.

Et elle réapparaissait, à moitié nue, dans son nuage de parfum...

– Chéri... les Hittites !

– Quoi, les Hittites ?

– Des centaines... des centaines de Hittites ont envahi le centre de Pi-Ramsès !

Ouri-Téchoup prit la Phénicienne par les épaules.

– Es-tu devenue folle ?

– Ce sont mes servantes qui l'affirment !

– Les Hittites ont attaqué, ils ont frappé au cœur du royaume de Ramsès... C'est fabuleux, Tanit !

Ouri-Téchoup repoussa son épouse et revêtit une tunique courte à rayures noires et rouges. Exalté comme au temps de sa splendeur, il sauta sur le dos d'un cheval, prêt à se lancer dans la bataille.

Hattousil avait été renversé, les partisans de la guerre à outrance avaient triomphé, les lignes de défense égyptiennes avaient été percées lors d'une attaque surprise, et le destin du Proche-Orient basculait !

Sur la grande allée menant du temple du dieu Ptah au palais royal, une foule bigarrée faisait la fête.

Pas un soldat en vue, pas la moindre trace de combat.

Interloqué, Ouri-Téchoup s'adressa à un policier débonnaire qui participait à la liesse.

– Il paraît que des Hittites ont envahi Pi-Ramsès !

– C'est la vérité.

– Mais... où sont-ils ?

– Au palais.

– Ont-ils tué Ramsès ?

– Qu'est-ce que vous racontez ?... Ce sont les premiers Hittites qui viennent visiter l'Égypte, et ils ont apporté des cadeaux à notre souverain.

Des touristes... Abasourdi, Ouri-Téchoup fendit la foule et se présenta à la grande porte du palais.

– On n'attendait plus que toi ! clama la voix tonitruante de Serramanna ; veux-tu assister à la cérémonie ?

Hébété, le Hittite se laissa entraîner par le géant sarde dans la salle d'audience où se pressaient les courtisans.

Au premier rang, les délégués des visiteurs, les bras chargés de cadeaux. Quand Ramsès apparut, les bavardages cessèrent. Un à un, les Hittites présentèrent au pharaon du lapis-lazuli, des turquoises, du cuivre, du fer, des émeraudes, des améthystes, de la cornaline et du jade.

Le roi s'attarda sur quelques superbes turquoises ; elles ne pouvaient provenir que du Sinaï où, du temps de sa jeunesse, Ramsès s'était rendu en compagnie de Moïse. Impossible d'oublier la montagne rouge et jaune, ses roches inquiétantes et ses ravins secrets.

– Toi qui m'apportes ces merveilles, as-tu croisé la route de Moïse et du peuple hébreu ?

– Non, Majesté.

– As-tu entendu parler de leur exode ?

– Chacun les redoute, car ils livrent volontiers bataille ; mais Moïse affirme qu'ils atteindront leur pays.

Ainsi, l'ami d'enfance de Ramsès était-il toujours à la poursuite de son rêve. Songeant à ces lointaines années où s'étaient bâtis leurs destins respectifs, le monarque ne prêta qu'une attention distraite à l'accumulation des présents.

Le chef de la délégation fut le dernier à s'incliner devant Ramsès.

– Sommes-nous libres d'aller et de venir dans toute l'Égypte, Majesté ?

– Telle est bien la conséquence de la paix.

– Pourrons-nous honorer nos dieux, dans votre capitale ?

– À l'orient de la ville se dresse le temple de la déesse syrienne Astarté, la compagne du dieu Seth, et la protectrice de mon char et de mes chevaux. C'est à elle que j'ai demandé de veiller sur la sécurité du port de Memphis. Le dieu de l'Orage et la déesse du Soleil, que vous vénérez à Hattousa, sont également les bienvenus à Pi-Ramsès.

Dès que la délégation hittite eut quitté la salle d'audience, Ouri-Téchoup aborda l'un de ses compatriotes.

– Tu me reconnais ?

– Non.

– Je suis Ouri-Téchoup, le fils de l'empereur Mouwattali !

– Mouwattali est mort, c'est Hattousil qui règne.

– Cette visite... c'est une ruse, n'est-ce pas ?

– Quelle ruse ? Nous venons visiter l'Égypte, et bien d'autres Hittites nous suivront. La guerre est finie, vraiment finie.

Pendant de longues minutes, Ouri-Téchoup demeura immobile au milieu de la grande allée de Pi-Ramsès.

Le directeur du Trésor qu'accompagnait Améni osa enfin se présenter devant Ramsès. Jusqu'alors il avait préféré tenir sa langue en espérant que le scandale n'éclaterait pas et que la raison l'emporterait. Mais l'arrivée des visiteurs hittites, ou plus exactement l'apport de leurs cadeaux, avait provoqué de tels excès que le haut fonctionnaire n'avait plus le droit de se taire.

Affronter Ramsès étant au-dessus de ses forces, le directeur du Trésor s'était adressé à Améni qui l'avait écouté sans mot dire. Les explications terminées, le secrétaire particulier du monarque lui avait aussitôt demandé audience, enjoignant le dignitaire à répéter ses accusations mot pour mot, sans omettre le moindre détail.

– Tu n'as rien à ajouter, Améni ?

– Est-ce vraiment utile, Majesté ?

– Étais-tu au courant de tout ?

– Ma vigilance a été prise en défaut, je le reconnais ; mais j'avais quand même fait des mises en garde.

– Considérez, l'un et l'autre, que ce problème est résolu.

Soulagé, le directeur du Trésor évita le regard sévère du roi ; par bonheur, ce dernier n'avait formulé aucun blâme à son encontre. Quant à Améni, il comptait sur Ramsès pour rétablir la règle de Maât au cœur de son propre palais.

– Enfin, Majesté ! s'exclama Mat-Hor ; je désespérais de vous revoir. Pourquoi n'étais-je pas à vos côtés lorsque vous avez reçu mes compatriotes ? Ils auraient été ravis de m'admirer.

Superbe dans sa robe rouge ornée de rosettes d'argent, Mat-Hor virevolta au milieu d'un ballet de servantes. Comme chaque jour, elles traquaient le moindre grain de poussière, apportaient de nouveaux bijoux et des vêtements somptueux, et changeaient les centaines de fleurs qui embaumaient les appartements de la reine.

– Donne congé à ton personnel, ordonna Ramsès.

La reine se figea.

– Mais... je n'ai pas à m'en plaindre.

Ce n'était pas un homme amoureux que Mat-Hor avait en face d'elle mais le pharaon d'Égypte. Il devait avoir ces yeux-là quand il avait contre-attaqué, à Kadesh, en se ruant, seul, sur des milliers de Hittites.

– Partez toutes, cria la reine, décampez !

Peu habituées à être traitées de la sorte, les servantes se retirèrent sans hâte, abandonnant sur le dallage les objets qu'elles portaient.

Mat-Hor tenta de sourire.

– Que se passe-t-il, Majesté ?

– Crois-tu que ton comportement est celui d'une reine d'Égypte ?

– Je tiens mon rang, comme vous l'avez exigé !

– Au contraire, Mat-Hor, tu te comportes comme un tyran aux caprices inacceptables.

– Que me reproche-t-on ?

– Tu assailles le directeur du Trésor pour faire sortir de ses réserves les richesses qui appartiennent aux temples, et hier tu as osé prendre un décret afin de t'approprier les métaux précieux offerts à l'État par tes compatriotes.

La jeune femme se révolta.

– Je suis la reine, tout est à moi !

– Tu te trompes lourdement. L'Égypte n'est pas régie par l'avidité et l'égoïsme, mais par la loi de Maât. Cette terre est la propriété des dieux ; ils la transmettent au pharaon dont le devoir est de la maintenir en bonne santé, prospère et heureuse. Ce que tu aurais dû montrer en toutes circonstances, Mat-Hor, c'était la rectitude. Lorsqu'un chef n'est plus un modèle, le pays entier court à la décadence et à la ruine. En agissant ainsi, tu portes atteinte à l'autorité de Pharaon et au bien-être de son peuple.

Ramsès n'avait pas élevé la voix, mais ses paroles étaient plus tranchantes que le fil d'une épée.

– Je... je ne croyais pas...

– Une reine d'Égypte n'a pas à croire, mais à agir. Et tu agis mal, Mat-Hor ; j'ai annulé ton décret inique et pris des dispositions pour t'empêcher de nuire. Tu résideras désormais au harem de Mer-Our et ne viendras à la cour que sur mon ordre. Tu ne manqueras de rien, mais tout excès sera désormais banni.

– Ramsès... tu ne peux pas refuser mon amour !

– C'est l'Égypte qui est mon épouse, Mat-Hor, et tu es incapable de le comprendre.

43

Le vice-roi de Nubie ne supportait plus la présence et l'activité de Sétaou, l'ami d'enfance de Ramsès. Conseillé de manière efficace par son épouse Lotus, une sorcière nubienne, Sétaou s'était tellement impliqué dans le développement économique de la province du Grand Sud qu'il avait réussi à mettre toutes les tribus au travail, sans provoquer de conflits entre elles ! Un exploit que le vice-roi croyait irréalisable.

De plus, Sétaou était aimé des tailleurs de pierre, et il couvrait la région de temples et de chapelles à la gloire du pharaon et de ses dieux protecteurs. Et c'était le même Sétaou qui veillait sur la bonne organisation des travaux agricoles, établissait un cadastre et faisait rentrer les impôts !

Le vice-roi devait voir la réalité en face : ce charmeur de serpents, que le haut fonctionnaire avait considéré comme un original sans avenir, s'imposait comme un gestionnaire rigoureux. Si Sétaou continuait à obtenir d'aussi remarquables résultats, la position du vice-roi deviendrait très inconfortable ; accusé d'incapacité et de paresse, il perdrait son poste.

Négocier avec Sétaou était impossible. Têtu, refusant de prendre du bon temps et de réduire son programme de travail, l'ami d'enfance de Ramsès écartait tout compromis. Le vice-roi n'avait même pas tenté de le corrompre ; malgré leur rang, Sétaou et Lotus vivaient simplement, au contact des indigènes, et ne manifestaient aucun goût pour le luxe.

Il ne restait qu'une solution : un accident mortel, organisé avec suffisamment de soin pour qu'aucun doute ne subsistât sur les causes du décès de Sétaou. C'est pourquoi le vice-roi avait convoqué à Abou Simbel un mercenaire nubien récemment sorti de prison. L'homme avait un passé chargé et il était dépourvu de toute conscience morale. Une forte rétribution le convaincrait d'agir sans tarder.

La nuit était sombre. Formant la façade du grand temple, les quatre colosses assis qui incarnaient le *ka* de Ramsès regardaient au loin, perçant des temps et des espaces que des yeux humains ne pouvaient voir.

Le Nubien attendait là. Le front bas, les pommettes saillantes, les lèvres épaisses, il était armé d'une sagaie.

– Je suis le vice-roi.

– Je te connais. Je t'ai vu dans la forteresse où j'étais emprisonné.

– J'ai besoin de tes services.

– Je chasse pour mon village... Maintenant, je suis un homme tranquille.

– Tu mens. On t'accuse de vol, il y a des preuves contre toi.

Rageur, le Nubien planta sa sagaie dans le sol.

– Qui m'accuse ?

– Si tu ne collabores pas avec moi, tu retourneras en prison et tu n'en sortiras plus ; si tu m'obéis, tu seras riche.

– Qu'attendez-vous de moi ?

– Quelqu'un encombre mon chemin ; tu vas m'en débarrasser.

– Un Nubien ?

– Non, un Égyptien.

– Alors, il faudra payer cher.

– Tu n'es pas en position de négocier, déclara sèchement le vice-roi.

– Qui vais-je supprimer ?

– Sétaou.

Le Nubien reprit sa sagaie et la brandit vers le ciel.

– Ça vaut une fortune !

– Tu seras grassement payé, à condition que la mort de Sétaou ressemble à un accident.

– Entendu.

Comme ivre, le vice-roi vacilla et tomba sur les fesses ; le Nubien n'eut pas loisir de s'esclaffer, car il fut victime de la même mésaventure.

Les deux hommes tentèrent de se relever mais, perdant l'équilibre, ils chutèrent de nouveau.

– Le sol tremble, s'exclama le Nubien, le dieu Terre est en colère !

La colline émit un grondement, les colosses bougèrent. Tétanisés, le vice-roi et son complice virent se détacher la tête géante de l'un d'entre eux.

Le visage de Ramsès se précipita vers les criminels et les écrasa sous son poids.

La dame Tanit était désespérée. Depuis plus d'une semaine, Ouri-Téchoup ne lui avait pas fait l'amour. Il partait tôt le matin, galopait dans la campagne la journée durant, rentrait fourbu, mangeait comme quatre et s'endormait sans mot dire.

Tanit n'avait osé l'interroger qu'une seule fois, car il l'avait frappée avec violence, au point de l'assommer. La Phénicienne ne trouvait de réconfort qu'auprès de son petit chat tigré et n'avait même plus le cœur à gérer son patrimoine.

Une nouvelle journée se terminait, vide et languissante. Le félin ronronnait sur les genoux de Tanit.

Le trot d'un cheval... Ouri-Téchoup rentrait !

Le Hittite apparut, enflammé.

– Viens, ma belle !

Tanit se précipita dans les bras de son amant qui lui arracha sa robe et la renversa sur des coussins.

– Mon chéri... Je te retrouve !

La fureur de son amant la combla d'aise ; Ouri-Téchoup la dévora.

– Quel souci te rongeait ?

– Je me croyais abandonné... Mais Malfi est bien vivant et il continue à fédérer les tribus libyennes ! L'un de ses émissaires m'a contacté pour que je garde confiance. La lutte se poursuit, Tanit, et Ramsès n'est pas invulnérable.

– Pardonne-moi de te le répéter, chéri... mais ce Malfi me fait peur.

– Les Hittites se confinent dans leur lâcheté. Seuls les Libyens les feront sortir de leur torpeur, et Malfi est l'homme de la situation. Nous n'avons d'autre choix que la violence et le combat à outrance... Et compte sur moi pour le remporter !

Tanit dormait, repue de plaisir ; assis sur une chaise paillée, dans le jardin, Ouri-Téchoup, la tête pleine de rêves sanglants, contemplait la lune montante et lui demandait son aide.

– Je serai plus efficace que cet astre, murmura derrière lui une voix féminine.

Le Hittite se retourna.

– Toi, Mat-Hor... Tu prends des risques !

– La reine a encore le droit d'aller où elle veut.

– Tu parais désabusée... Ramsès t'aurait-il répudiée ?

– Non, bien sûr que non !

– Alors, pourquoi es-tu ici, en grand secret ?

La belle Hittite leva son regard vers le ciel étoilé.

– Tu avais raison, Ouri-Téchoup. Je suis une Hittite et

je le resterai... Jamais Ramsès ne me reconnaîtra comme sa grande épouse royale. Jamais je ne serai l'égale de Néfertari.

Mat-Hor ne put retenir quelques sanglots. Ouri-Téchoup voulut la prendre dans ses bras, mais elle se déroba.

– Je suis stupide... Pourquoi pleurer sur un échec ? C'est l'attitude des faibles ! Une princesse hittite n'a pas le droit de s'apitoyer sur son destin.

– Toi et moi sommes nés pour vaincre.

– Ramsès m'a humiliée, avoua Mat-Hor, il m'a traitée comme une servante ! Je l'aimais, j'étais prête à devenir une grande reine, je me suis pliée à sa volonté, mais il m'a piétinée avec dédain.

– Es-tu décidée à te venger ?

– Je ne sais pas... Je ne sais plus.

– Demeure lucide, Mat-Hor ! Accepter l'humiliation sans réagir serait une lâcheté indigne de toi. Et si tu es ici, c'est parce que tu as pris une décision.

– Tais-toi, Ouri-Téchoup !

– Non, je ne me tairai pas ! Le Hatti n'est pas vaincu, il peut encore relever la tête. J'ai de puissants alliés, Mat-Hor, et nous avons un ennemi commun : Ramsès.

– Ramsès est mon mari.

– Non, un tyran qui te méprise et a déjà oublié ton existence ! Agis, Mat-Hor, agis comme je te l'ai proposé. Le poison est à ta disposition.

Tuer son rêve... Mat-Hor pouvait-elle détruire l'avenir qu'elle avait tant désiré, mettre fin aux jours de l'homme pour lequel elle avait éprouvé une folle passion, le pharaon d'Égypte ?

– Décide-toi, ordonna Ouri-Téchoup.

La reine s'enfuit dans la nuit.

Le sourire aux lèvres, le guerrier hittite monta sur la terrasse de la villa pour se rapprocher de la lune et la remercier.

– Qui me suit ?

– C'est moi, Tanit.

Le Hittite saisit la Phénicienne à la gorge.

– Tu nous espionnais ?

– Non, je...

– Tu as tout entendu, n'est-ce pas ?

– Oui, mais je me tairai, je te le jure !

– Bien sûr, chérie, tu ne commettrais pas une erreur fatale. Regarde, ma belle, regarde !

De sa tunique, Ouri-Téchoup sortit une dague de fer qu'il pointa en direction de l'astre nocturne.

– Regarde bien cette arme. C'est elle qui a tué Âcha, l'ami de Ramsès ; c'est elle qui tuera le pharaon et qui percera ta gorge, si tu me trahis.

44

Pour fêter son anniversaire, Ramsès avait convié à sa table ses deux fils, Khâ et Mérenptah, ainsi qu'Améni, le fidèle entre les fidèles, qui avait eu l'idée de demander au cuisinier du palais de préparer, à cette occasion, un « délice de Ramsès », servi avec un grand cru de l'an trois de Séthi.

Par bonheur pour l'avenir de l'Égypte, il n'existait aucune dissension entre Khâ et Mérenptah. Le fils aîné, théologien et ritualiste, poursuivait sa quête de la connaissance en étudiant les vieux textes et les monuments du passé ; le cadet exerçait les fonctions de général en chef et veillait sur la sécurité du royaume. Aucun autre « fils royal » ne possédait leur maturité, leur rigueur et leur sens de l'État. Quand il jugerait le moment venu, Ramsès désignerait son successeur en toute sérénité.

Mais qui aurait songé à succéder à Ramsès le Grand, dont l'éclatante soixantaine attirait le regard des belles du palais ? Depuis longtemps, le prestige du monarque avait dépassé les frontières de l'Égypte, et sa légende courait sur les lèvres des conteurs, du sud de la Nubie jusqu'à l'île de Crète. N'était-il pas le souverain le plus puissant du monde, le Fils de la Lumière et le bâtisseur infatigable ? Jamais les dieux n'avaient accordé autant de dons à un être humain.

– Buvons à la gloire de Ramsès, proposa Améni.

– Non, objecta le monarque ; célébrons plutôt notre mère l'Égypte, cette terre qui est le reflet du ciel.

Les quatre hommes communièrent dans l'amour d'une civilisation et d'un pays qui leur offraient tant de merveilles et auxquels ils consacraient leur existence.

– Pourquoi Méritamon n'est-elle pas en notre compagnie ? demanda Khâ.

– En cet instant, elle joue de la musique pour les dieux ; c'est sa volonté, et je la respecte.

– Tu n'as pas convié Mat-Hor, remarqua Mérenptah.

– Elle réside désormais au harem de Mer-Our.

– Pourtant, s'étonna Améni, je l'ai croisée dans les cuisines.

– Elle aurait déjà dû quitter le palais ; dès demain, Améni, veille à ce que ma décision soit effective. Des informations à propos de la Libye, Mérenptah ?

– Rien de nouveau, Majesté, il semble que Malfi soit un fou et que son rêve de conquête soit limité à son cerveau malade.

– Le fantôme de Guizeh a disparu, révéla Khâ ; les tailleurs de pierre travaillent en paix.

L'intendant du palais présenta une missive au roi. Revêtue du sceau de Sétaou, elle portait la mention « urgent ».

Ramsès brisa le sceau, déroula le papyrus, lut le bref message de son ami et, aussitôt, se leva.

– Je pars immédiatement pour Abou Simbel ; finissez ce repas sans moi.

Ni Khâ, ni Mérenptah, ni Améni n'eurent envie de savourer la marinade. Un instant, le cuisinier eut la tentation de la déguster avec ses aides ; mais il s'agissait du repas royal. Y toucher eût été à la fois une insulte et une rapine. Désolé, le cuisinier jeta le plat de fête dans lequel Mat-Hor avait versé le poison procuré par Ouri-Téchoup.

Une fois encore, la Nubie envoûta Ramsès. La pureté de l'air, le bleu absolu du ciel, le vert enchanteur des palmiers et de la frange cultivée qui se nourrissait du Nil pour lutter contre le désert, les vols de pélicans, de grues couronnées, de flamants roses et d'ibis, la senteur des mimosas, la magie ocre des collines permettaient à l'âme de communier avec les forces cachées de la nature.

Ramsès ne quittait pas l'avant du bateau rapide qui l'emmenait vers Abou Simbel. Il avait réduit son escorte au minimum et désigné lui-même un équipage infatigable, formé de marins d'élite, habitués aux risques de la navigation sur le Nil.

Non loin du but, alors que le monarque se restaurait dans sa cabine, assis sur un pliant dont les pieds étaient en forme de têtes de canard incrustées d'ivoire, le bateau ralentit.

Ramsès interrogea le capitaine.

– Que se passe-t-il ?

– Sur la berge, une armée de crocodiles, longs d'au moins sept mètres ! Et dans l'eau, des hippopotames. Pour le moment, nous ne pouvons pas continuer. Je conseille même à Votre Majesté de débarquer. Les bêtes ont l'air nerveuses, elles pourraient s'en prendre à nous.

– Avance sans crainte, capitaine.

– Majesté, je vous assure...

– La Nubie est une terre de miracles.

La gorge serrée, les marins reprirent la manœuvre.

Les hippopotames s'agitèrent. Sur la berge, un énorme crocodile secoua la queue, progressa de quelques mètres en un éclair, s'immobilisa à nouveau.

Ramsès avait senti la présence de son allié avant même de le voir. Écartant de la trompe les branches basses d'un acacia, un grand éléphant mâle poussa un barrissement qui fit s'envoler des centaines d'oiseaux et pétrifia les marins.

Certains crocodiles se réfugièrent dans une zone herbeuse, à demi immergée ; d'autres se jetèrent sur les hippopotames qui se défendirent avec vigueur. Le combat fut bref et violent, puis le Nil retrouva sa quiétude.

L'éléphant poussa un second barrissement, à l'intention de Ramsès qui le salua de la main. Voilà bien des années, le fils de Séthi avait sauvé un éléphanteau blessé ; devenu adulte, l'animal aux grandes oreilles et aux lourdes défenses se manifestait en faveur du roi chaque fois qu'il avait besoin de lui.

– Ne faudrait-il pas capturer ce monstre et l'emmener en Égypte ? suggéra le capitaine.

– Vénère la liberté et garde-toi de l'entraver.

Deux mamelons en forte saillie, une crique, du sable doré, un vallon séparant les deux saillies de la montagne, des acacias dont le parfum embaumait l'air léger, la beauté envoûtante du grès nubien... La vision du site d'Abou Simbel serra le cœur de Ramsès. Là, il avait créé deux temples qui incarnaient l'union du couple royal qu'il formait à jamais avec Néfertari.

Comme le roi le redoutait, la lettre de Sétaou ne comportait aucune exagération : le site avait bien été victime d'un tremblement de terre. Le visage et le torse d'un des quatre colosses assis s'étaient écroulés.

Sétaou et Lotus accueillirent le monarque.

– Des blessés ? demanda Ramsès.

– Deux morts : le vice-roi de Nubie et un repris de justice.

– Que faisaient-ils ensemble ?

– Je l'ignore.

– Des dégâts, à l'intérieur des temples ?

– Constate par toi-même.

Ramsès pénétra dans le sanctuaire. Les tailleurs de pierre étaient déjà au travail ; ils avaient étayé les piliers endommagés de la grande salle et redressé ceux qui menaçaient de s'effondrer.

– L'édifice dédié à Néfertari a-t-il également souffert ?

– Non, Majesté.

– Que les dieux soient remerciés, Sétaou.

– Les travaux seront rondement menés, et toute trace de ce désastre sera effacée. Pour le colosse, ce sera plus difficile. J'ai plusieurs projets à te soumettre.

– Ne cherche pas à le réparer.

– Tu... tu ne vas pas laisser la façade dans cet état ?

– Ce tremblement de terre est un message du dieu de la Terre ; puisqu'il a remodelé cette façade, n'allons pas contre sa volonté.

La décision du pharaon avait choqué Sétaou, mais Ramsès s'était montré inflexible. Seuls trois colosses perpétueraient la présence du *ka* royal ; mutilé, le quatrième porterait témoignage de l'usure et de l'imperfection inhérentes à toute œuvre humaine. La fracture du géant de pierre, loin de nuire à la majesté de l'ensemble, faisait ressortir la puissance de ses trois compagnons.

Le roi, Sétaou et Lotus dînèrent au pied d'un palmier. Le charmeur de serpents n'avait pas demandé au monarque de s'enduire d'*assa foetida*, la gomme résine de la férule de Perse, dont l'odeur épouvantable faisait fuir les reptiles, mais lui avait offert les fruits rouges d'un arbuste * contenant un antidote contre le venin.

– Tu as augmenté la quantité des offrandes divines, dit Ramsès à Sétaou, accumulé le produit des moissons dans les greniers royaux, établi la paix dans cette province turbulente, bâti des sanctuaires dans toute la Nubie, et toujours préféré la vérité au mensonge ; que penserais-tu de devenir, ici, le représentant de la justice de Maât ?

---

* Le *capparis decidua*.

– Mais... c'est la prérogative du vice-roi !

– Je ne l'ai pas oublié, mon ami ; n'es-tu pas le nouveau vice-roi de Nubie, nommé par un décret datant de l'an trente-huit de mon règne ?

Sétaou chercha des mots pour protester, mais Ramsès ne lui en laissa pas le temps.

– Refuser t'est impossible ; pour toi aussi, ce tremblement de terre est un signe. Ton existence prend aujourd'hui une autre dimension. Tu sais combien j'aime cette contrée ; prends-en grand soin, Sétaou.

Le charmeur de serpents s'éloigna dans la nuit parfumée ; il avait besoin d'être seul pour assimiler la décision qui faisait de lui l'un des premiers personnages de l'État.

– M'autorisez-vous, Majesté, à vous poser une question insolente ? demanda Lotus.

– La soirée n'est-elle pas exceptionnelle ?

– Pourquoi avez-vous attendu si longtemps avant de nommer Sétaou vice-roi de Nubie ?

– Il devait apprendre à gérer la Nubie sans y penser ; il vit aujourd'hui sa vocation et répond à un appel qui l'a envahi peu à peu. Nul n'a réussi à le corrompre ni à l'avilir, parce que la volonté de servir cette province anime chacun de ses gestes. Et il lui fallait le temps nécessaire pour en être conscient.

45

Ramsès entra seul dans le grand temple d'Abou Simbel pour y célébrer le rite de l'aube. Le monarque suivit le chemin de la lumière qui allait jusqu'au naos pour éclairer d'abord les statues assises d'Amon et du *ka* royal, puis celles du *ka* royal et de Râ. Le pharaon, et non l'homme chargé de remplir cette fonction sur terre, était associé au dieu caché et à la lumière divine, aux deux grands dieux créateurs qui, réunis sous le nom d'Amon-Râ, formaient un être accompli.

La quatrième statue, celle du dieu Ptah, demeurait dans la pénombre. En tant que fils de Ptah, Ramsès était le bâtisseur de son royaume et de son peuple, il était aussi celui qui transmettait le Verbe grâce auquel toutes choses devenaient réelles. Le roi songea à son fils Khâ, grand prêtre de Ptah, qui avait choisi la voie de ce mystère.

Lorsque le monarque sortit du grand temple, une douce clarté baignait l'esplanade arborée et commençait à faire chanter la couleur chaude du grès nubien dont l'or minéral évoquait la chair des dieux. Ramsès se dirigea vers le temple dédié à Néfertari, celle pour qui le soleil se levait.

Et ce soleil, père nourricier de l'Égypte, se lèverait jusqu'à la fin des temps pour la grande épouse royale qui avait illuminé les Deux Terres de sa beauté et de sa sagesse.

La reine, immortalisée par les sculpteurs et les peintres, donna à Ramsès le désir de passer dans l'au-delà et de la rejoindre enfin ; il l'implora de le prendre par la main, de jaillir de ces murs où elle vivait, éternellement jeune et belle, en compagnie de ses frères les dieux et de ses sœurs les déesses, elle qui faisait reverdir le monde et scintiller le Nil. Mais Néfertari, voguant dans la barque du soleil, se contenta de sourire à Ramsès. La tâche du roi n'était pas achevée ; un pharaon, quelles que fussent ses souffrances d'homme, se devait aux puissances célestes et à son peuple. Étoile impérissable, Néfertari au doux visage et à la parole juste continuerait à guider les pas de Ramsès pour que le pays demeurât sur le chemin de Maât, jusqu'à l'heure où cette dernière lui accorderait le repos.

La journée s'achevait lorsque la magie de Néfertari incita le roi à retourner vers le monde extérieur, vers ce monde où il n'avait pas le droit de faiblir.

Sur l'esplanade, des centaines de Nubiens en costume d'apparat. Portant des perruques teintées de rouge, des boucles d'oreilles en or, une robe blanche tombant aux chevilles et des pagnes ornés de motifs floraux, les chefs de tribu et leurs dignitaires avaient les bras chargés de cadeaux : peaux de panthères, anneaux d'or, ivoire, ébène, plumes et œufs d'autruche, sacs remplis de pierres précieuses, éventails.

En compagnie de Sétaou, le doyen de l'assemblée s'avança vers Ramsès.

– Hommage soit rendu au Fils de la Lumière.

– Hommage soit rendu aux fils de la Nubie qui ont choisi la paix, dit Ramsès ; que ces deux temples d'Abou Simbel, si chers à mon cœur, soient le symbole de leur union avec l'Égypte.

– Majesté, toute la Nubie sait déjà que vous avez nommé Sétaou vice-roi.

Un épais silence régna sur l'assemblée. Si les chefs de tribu désapprouvaient cette décision, le désordre renaîtrait. Mais Ramsès ne désavouerait pas Sétaou ; il savait que son ami était né pour gérer cette contrée et qu'il la rendrait heureuse.

Le doyen se tourna vers Sétaou, vêtu de sa tunique en peau d'antilope.

– Nous remercions Ramsès le Grand d'avoir choisi l'homme qui sait sauver des vies, parle avec son cœur et conquiert le nôtre.

Ému aux larmes, Sétaou s'inclina devant Ramsès.

Et ce qu'il vit le terrifia : une vipère à cornes s'approchait du pied du roi en ondulant sous le sable.

Sétaou voulut crier et alerter le monarque, mais il fut salué et porté en triomphe par les Nubiens, dans un grand concert d'acclamations, et ses avertissements se noyèrent dans le vacarme de la liesse.

Alors que la vipère se dressait pour frapper, un ibis blanc descendu de l'azur planta son bec dans la tête du reptile et reprit son vol en emportant sa proie.

Ceux qui avaient vu la scène n'en doutèrent plus ; c'était le dieu Thot, sous la forme d'un ibis, qui avait sauvé la vie du monarque. Et puisque Thot s'était ainsi manifesté, la manière de gouverner du vice-roi Sétaou serait juste et sage.

S'extirpant de la foule de ses partisans, ce dernier put enfin s'approcher du roi.

– Dire que cette vipère...

– Que craignais-tu, Sétaou, puisque tu m'as immunisé ? Il faut avoir confiance en toi, mon ami.

Deux fois pire, sinon trois, sinon dix ! Oui, c'était pire que ne l'avait imaginé Sétaou. Depuis sa nomination, il était accablé de travail et devait accorder audience à mille et un solliciteurs dont les requêtes étaient plus urgentes les unes que les autres. En quelques jours, il constata que les humains n'avaient aucune pudeur quand il s'agissait de défendre leurs intérêts propres, fût-ce au détriment de ceux d'autrui.

Malgré son désir d'obéir au roi et de remplir la mission qu'il lui avait confiée, Sétaou eut la tentation de renoncer.

Capturer de dangereux reptiles était plus facile que de résoudre des conflits entre factions rivales.

Mais le nouveau vice-roi de Nubie bénéficia de deux aides qu'il n'espérait pas. La première fut celle de Lotus dont la métamorphose le surprit ; elle, l'amoureuse aux initiatives délicieuses, la liane nubienne qui savait extraire un plaisir enchanteur du corps de son amant, la sorcière capable de parler le langage des serpents, l'assistait avec la froideur d'une femme de pouvoir. Sa beauté, intacte malgré les années, fut un avantage précieux lors des discussions avec les dignitaires des tribus qui, oubliant leurs querelles et certaines de leurs exigences, contemplaient les formes ravissantes de l'épouse du vice-roi. Bref, elle charmait d'autres reptiles.

Le second allié fut plus surprenant encore : Ramsès lui-même. La présence du monarque, pendant les premières discussions de Sétaou avec les officiers supérieurs des forteresses égyptiennes, fut déterminante. En dépit de leur esprit plutôt étroit, les gradés comprirent que Sétaou n'était pas un fantoche et qu'il avait l'appui du roi. Ramsès ne prononça pas un seul mot, laissant son ami s'exprimer et prouver sa valeur.

À l'issue de la cérémonie d'installation du vice-roi dans la forteresse de Bouhen, Sétaou et Ramsès se promenèrent sur les remparts.

– Je n'ai jamais su remercier, confessa Sétaou, mais...

– Personne n'aurait pu t'empêcher de t'imposer ; je t'ai fait gagner un peu de temps, rien de plus.

– Tu m'as donné ta magie, Ramsès, et cette force-là est irremplaçable.

– C'est l'amour de ce pays qui a capté ton existence, et tu as accepté la réalité parce que tu es un authentique guerrier, ardent et sincère comme cette terre.

– Un guerrier à qui tu demandes de consolider la paix !

– N'est-elle pas la plus suave des nourritures ?

– Tu vas bientôt repartir, n'est-ce pas ?

– Tu es vice-roi, ton épouse est remarquable ; à vous de rendre la Nubie prospère.

– Reviendras-tu, Majesté ?

– Je l'ignore.

– Pourtant, toi aussi, tu aimes ce pays.

– Si je vivais ici, je m'assiérais sous un palmier, au bord du Nil, face au désert, et je contemplerais la course du soleil en songeant à Néfertari et sans me préoccuper des affaires de l'État.

– Aujourd'hui, aujourd'hui seulement, je commence à ressentir un peu du poids qui pèse sur tes épaules.

– Parce que tu ne t'appartiens plus, Sétaou.

– Je n'ai pas ta puissance, Majesté ; ce fardeau ne sera-t-il pas trop lourd pour moi ?

– Grâce aux serpents, tu as vaincu la peur ; grâce à la Nubie, tu vivras la pratique du pouvoir sans en être l'esclave.

Serramanna s'entraînait à la boxe contre un mannequin de chiffons, tirait à l'arc, courait et nageait ; cette débauche d'exercices physiques n'épuisait pourtant pas son trop plein de hargne contre Ouri-Téchoup. Contrairement à ses espoirs, le Hittite n'avait ni perdu son sang-froid ni commis la faute qui aurait permis au Sarde de l'arrêter. Et son union grotesque avec Tanit prenait la forme d'un mariage respectable auquel s'habituaient les grandes familles de Pi-Ramsès.

Alors que le chef de la garde personnelle de Ramsès congédiait une superbe danseuse nubienne dont la joyeuse sensualité l'avait un peu calmé, l'un de ses subordonnés força sa porte.

– Tu as déjeuné, garçon ?

– Ben...

– Perche du Nil, rognons en sauce, pigeon farci, légumes frais... Ça te conviendra ?

– Plutôt, chef.

– Quand j'ai faim, j'ai les oreilles bouchées ; mangeons, tu parleras après.

Le repas achevé, Serramanna s'étendit sur des coussins.

– Qu'est-ce qui t'amène, garçon ?

– Comme vous me l'aviez demandé, chef, j'ai monté discrètement la garde devant la villa de la dame Tanit, pendant son absence. Un homme à la chevelure bouclée et à la robe multicolore s'est présenté trois fois au portier.

– L'as-tu suivi ?

– Ce n'étaient pas vos consignes, chef.

– Je ne peux donc rien te reprocher.

– Justement... La troisième fois, je l'ai filé et je me demandais si je n'avais pas commis une grosse bourde.

Serramanna se leva, et son énorme main s'abattit sur l'épaule du mercenaire.

– Bravo, petit ! Parfois, il faut savoir désobéir. Résultat de ta filature ?

– Je sais où il habite.

46

Serramanna avait longuement hésité. Devait-il mener une action brutale et faire parler ce suspect ou bien consulter d'abord Améni ? Autrefois, il n'aurait pas tergiversé ; mais l'ancien pirate était devenu égyptien, et le respect de la justice lui apparaissait à présent comme une valeur qui permettait aux humains de cohabiter sans trop de heurts et sans insulter les dieux. Aussi le chef de la garde personnelle de Ramsès entra-t-il dans le bureau d'Améni, à l'heure où le secrétaire particulier et porte-sandales du monarque travaillait seul, à la lueur des lampes à huile.

Tout en lisant des tablettes de bois, Améni dévorait une bouillie de fèves, du pain frais et des gâteaux de miel. Et le miracle continuait : aucun aliment ne le faisait grossir.

– Lorsque tu me rends visite si tard, dit-il à Serramanna, ce n'est pas bon signe.

– Tu te trompes. J'ai peut-être une piste intéressante, mais je n'ai encore rien entrepris.

Améni fut surpris.

– Le dieu Thot t'aurait-il pris sous la protection de son aile d'ibis pour t'insuffler un peu de sagesse ? Tu as bien agi, Serramanna. Le vizir ne plaisante pas avec le respect dû à autrui.

– Il s'agit d'un riche Phénicien, Narish, qui habite une

grande villa. Il s'est rendu à plusieurs reprises chez la dame Tanit.

– Visites de politesse, entre compatriotes.

– Narish ne savait pas que Tanit et Ouri-Téchoup étaient en voyage officiel, en compagnie de la reine. Depuis qu'ils sont rentrés, il n'est venu qu'une seule fois, au milieu de la nuit.

– Ferais-tu surveiller la demeure de Tanit sans autorisation ?

– Pas du tout, Améni ; je dois ces indications à un vigile chargé de la sécurité du quartier.

– Non seulement tu me prends pour un imbécile, mais encore joues-tu les diplomates ! Voilà un nouveau Serramanna...

Le scribe cessa de manger.

– Tu me coupes l'appétit.

– Ai-je commis une erreur grave ? s'inquiéta le Sarde.

– Non, ta présentation des faits est astucieuse et convenable... C'est le nom de Narish qui m'inquiète.

– C'est un homme fortuné et sans doute influent, mais pourquoi échapperait-il à la justice ?

– Il est plus influent que tu ne le crois ! Narish est un commerçant de la ville de Tyr, chargé de préparer, avec notre ministère des Affaires étrangères, la visite du roi en Phénicie.

Le Sarde s'enflamma.

– C'est un piège ! Narish est en contact avec Ouri-Téchoup.

– Il fait des affaires avec sa compatriote, la dame Tanit, riche négociante elle-même ; rien ne prouve qu'il complote avec le Hittite.

– Ne soyons pas aveugles, Améni.

– Je suis dans une situation difficile. Après plusieurs mois passés en Nubie pour asseoir l'autorité de Sétaou, Ramsès a repris le dossier de nos protectorats du Nord et de nos partenaires commerciaux. Les liens avec la Phénicie s'étant un peu distendus, il a décidé de les resserrer par un voyage officiel. Tu connais le roi : ce n'est pas un risque d'attentat qui le fera reculer.

– Il faut poursuivre l'enquête et prouver que ce Narish est un complice d'Ouri-Téchoup !

– Croyais-tu que nous allions rester les bras croisés ?

Les eaux du Nil reflétaient l'or du soleil couchant ; chez les riches comme chez les humbles, on préparait le repas. Les âmes des morts, après avoir vogué en compagnie de l'astre du jour et s'être nourries de son énergie, regagnaient leurs demeures d'éternité pour s'y régénérer avec une autre forme d'énergie, le silence.

Pourtant, ce soir-là, les chiens chargés de garder l'immense nécropole de Saqqara demeuraient sur le qui-vive, car le site accueillait deux visiteurs de marque, Ramsès le Grand et son fils Khâ, en proie à une exaltation inhabituelle.

– Comme je suis heureux de t'accueillir à Saqqara, Majesté !

– As-tu mené tes travaux à bien et découvert le livre de Thot ?

– La plupart des monuments anciens sont restaurés, nous en sommes aux finitions ; quant au livre de Thot, je suis peut-être en train de le reconstituer page après page, et c'est précisément l'une d'elles que j'aimerais te montrer. Pendant ton long séjour en Nubie, maîtres d'œuvre et artisans du dieu Ptah ont travaillé sans relâche.

La joie de son fils comblait Ramsès de bonheur : rarement il l'avait vu aussi heureux.

Sur le vaste domaine de Saqqara régnait la mère pyramide de Djéser et d'Imhotep, la première construction en pierres de taille dont les degrés formaient un escalier vers le ciel ; mais ce ne fut pas vers l'extraordinaire monument que

Khâ emmena son père. Il suivit un chemin inédit, serpentant vers le nord-ouest de la pyramide.

Une chapelle à colonnes surélevées, dont le soubassement s'ornait de stèles dédiées aux divinités par de grands personnages de l'État, marquait l'entrée d'un souterrain que gardaient des prêtres munis de torches.

– Au pagne de cérémonie de Pharaon, rappela Khâ, est accrochée une queue de taureau, car il est la puissance par excellence. Et cette puissance est celle du taureau Apis qui permet au maître des Deux Terres de franchir tous les obstacles. C'est lui, Apis, qui porta sur son dos la momie d'Osiris afin de le ressusciter par sa course céleste. J'avais fait le serment de construire pour les taureaux Apis un sanctuaire convenant à la grandeur de leur dynastie ; cette œuvre est accomplie.

Précédés par les porteurs de torches, le monarque et son fils aîné pénétrèrent dans le temple souterrain des taureaux Apis. Au cours des générations, l'âme du dieu était passée d'animal en animal sans que la transmission de sa force surnaturelle eût été interrompue. Chacun d'eux reposait dans un énorme sarcophage déposé dans une chapelle ; momifiés comme les humains, les taureaux Apis étaient inhumés avec les trésors de leur règne, bijoux, vases précieux et même de petites figurines à tête de taureau qui s'animeraient magiquement dans l'au-delà afin de leur éviter toute fatigue. Les bâtisseurs avaient creusé et aménagé d'impressionnantes galeries reliant entre elles des chapelles où les taureaux momifiés dormaient d'un paisible sommeil.

– Chaque jour, précisa Khâ, des prêtres spécialisés présenteront des offrandes dans chaque chapelle pour que la grande âme d'Apis donne au pharaon la force dont il a besoin. J'ai également fait bâtir un sanatorium où les malades seront logés dans des chambres aux murs enduits de plâtre blanc ; ils y feront des cures de sommeil. Le médecin-chef Néféret ne sera-t-elle pas ravie ?

– Ton œuvre est magnifique, mon fils ; elle traversera les siècles *.

– Apis vient vers toi, Majesté.

Sortant des ténèbres, un colossal taureau noir s'avança lentement vers le pharaon. L'Apis régnant avait l'allure d'un monarque pacifique. Ramsès songea au moment terrifiant où, à Abydos, son père Séthi l'avait confronté à un taureau sauvage. Tant d'années s'étaient écoulées, depuis cet épisode qui avait décidé de la destinée du Fils de la Lumière.

Le taureau s'approcha, Ramsès demeura immobile.

– Viens en paix vers moi, mon frère.

Ramsès toucha la corne du taureau qui, de sa langue râpeuse, lécha la main du monarque.

Les hauts fonctionnaires du ministère des Affaires étrangères avaient approuvé avec force louanges le projet de Ramsès, félicitant le pharaon pour son initiative remarquable et appréciée de toutes les principautés placées sous la protection de l'Égypte et du Hatti. Personne n'avait émis l'ombre d'une critique ni même d'une suggestion ; la pensée de Ramsès le Grand n'était-elle pas divine ?

Quand Améni entra dans le bureau du monarque, il perçut aussitôt sa contrariété.

– Dois-je appeler le médecin-chef Néféret, Majesté ?

– Je souffre d'un mal qu'elle ne pourra pas guérir.

– Laisse-moi deviner : tu ne supportes plus la flatterie.

– Bientôt trente-neuf ans de règne, des courtisans veules et hypocrites, des notables qui m'encensent au lieu de réfléchir par eux-mêmes, de soi-disant responsables qui n'existent que par mes décisions... Puis-je me réjouir ?

– Te fallait-il dépasser la soixantaine pour découvrir la vraie nature des courtisans ? Ce moment de faiblesse ne te

* C'est l'égyptologue français Mariette, qui, en 1850, découvrit l'emplacement des chapelles funéraires des taureaux Apis, connu sous le nom de Sérapeum.

ressemble pas, Majesté. Et moi, pour qui me prends-tu ? Les dieux ne m'ont pas accordé ta hauteur et ta largeur de vue, mais j'exprime quand même mon opinion.

Ramsès sourit.

– Et tu n'approuves pas mon voyage officiel en Phénicie.

– D'après Serramanna, tu pourrais être victime d'un attentat.

– C'est le risque inhérent à tout déplacement dans cette région ; si ma magie est efficiente, qu'ai-je à redouter ?

– Comme il est certain que Ta Majesté ne renoncera pas à son projet, je renforcerai le dispositif de sécurité autant que faire se peut. Mais est-il vraiment indispensable de te rendre à Tyr ? Nos agents commerciaux sont capables de résoudre bien des problèmes.

– Sous-estimerais-tu l'importance de mon intervention ?

– Tu as donc une intention cachée.

– L'intelligence est une vertu réconfortante, Améni.

47

Ouri-Téchoup se leva tard et déjeuna dans le jardin, au soleil.

– Où est ma femme? demanda-t-il à l'intendant.

– La dame Tanit avait des affaires à régler en ville.

Le Hittite n'apprécia pas. Pourquoi la Phénicienne ne lui avait-elle pas parlé de cette démarche? Dès son retour, il l'apostropha.

– D'où viens-tu?

– De temps à autre, je dois m'occuper de mes biens.

– Qui as-tu rencontré?

– Un riche compatriote.

– Son nom?

– Serais-tu jaloux, mon chéri?

Ouri-Téchoup gifla Tanit.

– Ne t'amuse pas à me défier et réponds-moi quand je t'interroge.

– Tu... tu m'as fait mal!

– Son nom!

– Narish. Il souhaite développer le volume d'échanges avec l'Égypte et sert même d'intermédiaire pour le prochain voyage de Ramsès en Phénicie.

Ouri-Téchoup embrassa la Phénicienne sur les lèvres.

– Passionnant, ma petite caille... Voilà ce qu'il fallait me dire tout de suite, sans me provoquer de manière stupide. Quand dois-tu revoir ce Narish ?

– Nous avons conclu un marché, et je...

– Trouve une nouvelle idée pour travailler avec lui et extirpe-lui un maximum d'informations sur ce voyage. Grâce à ton pouvoir de séduction, tu réussiras sans peine.

Tanit tenta de protester, mais Ouri-Téchoup s'allongea sur elle. Envoûtée, la belle Phénicienne s'abandonna ; lutter contre le désir de son amant lui était impossible.

– Tous les banquets sont annulés, annonça Tanit à Ouri-Téchoup, qui avait confié ses mains aux soins d'une manucure.

– Pour quelle raison ?

– Le taureau Apis vient de mourir. Pendant la période de deuil, aucune festivité n'est autorisée.

– Coutume ridicule !

– Pas pour les Égyptiens.

Tanit congédia la manucure.

– C'est la force même de Pharaon qui est en jeu, précisa la Phénicienne ; à lui de découvrir un taureau dans le corps duquel s'incarnera Apis. Sinon, son prestige déclinera.

– Ramsès n'aura aucune difficulté.

– La tâche n'est pas si simple, car l'animal doit présenter des caractéristiques précises.

– Lesquelles ?

– Il faut interroger un prêtre spécialisé dans le culte d'Apis.

– Fais-nous inviter aux funérailles.

La dépouille du vieux taureau Apis, mort dans son enclos du temple de Memphis, avait été déposée sur un lit funéraire, dans « la salle pure » où, tel un Osiris, il avait eu les honneurs d'une veillée funèbre à laquelle assistaient Ramsès et Khâ. Pour le défunt avaient été récitées les formules de résurrection ; Apis, la puissance magique de Ptah, le dieu des bâtisseurs, devait être traité avec les égards dus à sa fonction.

La momification terminée, l'Apis avait été déposé sur un solide traîneau de bois et transporté jusqu'au bateau royal grâce auquel il avait traversé le Nil. Puis une procession s'était organisée en direction de la nécropole de Saqqara et de la sépulture souterraine des taureaux.

Ramsès avait ouvert la bouche, les yeux et les oreilles du taureau ressuscité dans « la demeure de l'or ». Ni Ouri-Téchoup ni Tanit n'avaient été admis à contempler ces rites mystérieux, mais ils réussirent à faire parler un prêtre bavard, satisfait d'étaler sa science.

– Pour devenir un Apis, un taureau doit avoir le pelage noir parsemé de marques blanches, un triangle blanc sur le front, un croissant lunaire sur le poitrail et un autre sur le flanc, et les poils de la queue alternativement noirs et blancs.

– Beaucoup de bêtes répondent-elles à ces critères ? demanda le Hittite.

– Non, il n'existe qu'un seul taureau ainsi façonné par les dieux.

– Et si Pharaon ne le trouvait pas ?

– Il perdrait toute vigueur et de nombreux malheurs s'abattraient sur le pays ; mais Ramsès ne faillira pas à sa tâche.

– Nous en sommes tous convaincus.

Ouri-Téchoup et Tanit s'éloignèrent.

– Si cet animal existe, dit le Hittite, dénichons-le avant Ramsès et tuons-le.

Le visage d'Améni était inquiet et fatigué. Fatigué, comment en aurait-il été autrement ? Ramsès lui-même n'avait jamais pu obtenir de son ami que, malgré ses multiples douleurs, il consentît à ralentir son rythme de travail.

– De nombreuses bonnes nouvelles, Majesté ! Par exemple...

– Commence par la mauvaise, Améni.

– Qui t'a mis au courant ?

– Tu n'as jamais su dissimuler tes sentiments.

– Comme tu voudras... L'empereur Hattousil vient de t'écrire.

– Nos diplomates correspondent régulièrement ; qu'y a-t-il d'anormal ?

– Il s'adresse à toi, son frère, parce que Mat-Hor s'est plainte du sort que tu lui as réservé. Hattousil s'étonne et demande des explications.

Le regard de Ramsès flamboya.

Sans doute cette femme t'a-t-elle calomnié pour provoquer la fureur de son père et rallumer la discorde entre nos deux peuples.

– Répondons comme il convient à mon frère Hattousil.

– Je me suis inspiré des textes rédigés par Âcha et je te propose une missive qui devrait donner tous apaisements à l'empereur du Hatti.

Améni montra au roi un brouillon, une tablette de bois usée à force d'avoir été maintes fois effacée et grattée.

– Beau style diplomatique, estima Ramsès ; tu ne cesses de progresser.

– Puis-je confier la rédaction définitive à un scribe à la main parfaite ?

– Non, Améni.

– Mais... pourquoi ?

– Parce que je vais rédiger moi-même la réponse.

– Pardonne-moi, Majesté ; mais je redoute...

– Redouterais-tu la vérité ? Je me contenterai d'expliquer à Hattousil que sa fille est incapable d'assumer la fonction de grande épouse royale et qu'elle coulera désormais des jours paisibles dans une retraite dorée, pendant que Méritamon sera à mes côtés lors des cérémonies officielles.

Améni était blême.

– Hattousil est peut-être ton frère, mais c'est un monarque très susceptible... Une réponse aussi brutale risque de provoquer une réaction qui ne le sera pas moins.

– Personne ne doit s'offusquer de la vérité.

– Majesté...

– Retourne à tes urgences, Améni ; ma lettre partira dès demain pour le Hatti.

Ouri-Téchoup avait bien choisi son épouse. Belle, sensuelle, amoureuse, admise dans la haute société et riche, très riche. Grâce à la fortune de la dame Tanit, le Hittite avait pu engager un nombre considérable d'indicateurs chargés de le renseigner sur les localités où vivaient des taureaux mâles, adultes, au pelage noir parsemé de taches blanches. Comme Ramsès n'avait encore entamé aucune recherche, Ouri-Téchoup espérait profiter de son avance.

Officiellement, la Phénicienne désirait acheter des troupeaux et comptait acquérir de vaillants reproducteurs avant de se lancer dans l'élevage. Les recherches avaient débuté autour de Pi-Ramsès, puis s'étaient étendues aux provinces qui se trouvaient entre la capitale et Memphis.

– Que fait Ramsès ? demanda Ouri-Téchoup à Tanit qui revenait du palais où elle s'était entretenue avec des fonctionnaires de la Double Maison blanche, chargés d'appliquer la politique économique du souverain.

– Il passe l'essentiel de son temps en compagnie de Khâ ; le père et le fils reformulent le très ancien rituel d'intronisation du nouvel Apis.

– Ce maudit taureau a-t-il été découvert ?

– C'est au pharaon, et au pharaon seul, de l'identifier.

– En ce cas, pourquoi reste-t-il inactif ?

– La période de deuil n'est pas terminée.

– Si nous pouvions déposer devant l'entrée du temple

souterrain le cadavre du nouvel Apis... la renommée de Ramsès serait détruite !

– Mon intendant a un message pour toi.

– Montre-le, vite !

Ouri-Téchoup arracha un tesson de calcaire des mains de Tanit. D'après un rabatteur, un taureau répondant aux critères exigés avait été repéré dans un petit village au nord de Memphis. Son propriétaire en exigeait un prix exorbitant.

– Je pars sur-le-champ, annonça Ouri-Téchoup.

48

En ce milieu d'après-midi ensoleillé, le village sommeillait. Près du puits, sous un bosquet de palmiers, deux fillettes jouaient à la poupée. Non loin, leur mère réparait des paniers en osier.

Lorsque le cheval d'Ouri-Téchoup fit irruption dans ce monde paisible, les deux fillettes, apeurées, se réfugièrent auprès de leur mère, elle-même terrifiée par la violence qui émanait du cavalier aux cheveux longs.

– Toi, la femme, dis-moi où se trouve le propriétaire d'un vigoureux taureau noir.

La mère de famille recula, serrant ses enfants contre elle.

– Parle, ou tu vas tâter de mes poings !

– À la sortie sud du village, une ferme, avec un enclos...

Le cheval s'élança dans la direction indiquée. Quelques minutes de galop, et Ouri-Téchoup aperçut l'enclos.

Un taureau splendide, au pelage noir parsemé de taches blanches, ruminait, immobile.

Le Hittite sauta à terre et l'examina de près : il portait bien tous les signes distinctifs d'un Apis !

Ouri-Téchoup courut vers le bâtiment principal de la ferme où des ouvriers agricoles rentraient du fourrage.

– Où est le patron ?

– Sous la pergola.

Ouri-Téchoup touchait au but ; il paierait le prix sans discuter.

Allongé sur une natte, le patron ouvrit les yeux.

– Tu as fait bon voyage ?

Le Hittite se figea.

– Toi...

Serramanna se leva lentement, dépliant son immense carcasse.

– Tu t'intéresses à l'élevage, Ouri-Téchoup ? Excellente idée ! C'est l'un des points forts de l'Égypte.

– Mais tu n'es pas...

– Le propriétaire de cette ferme ? Bien sûr que si ! Une belle propriété que j'ai pu m'offrir grâce aux libéralités de Ramsès. J'y passerai une vieillesse tranquille. Ne désires-tu pas acquérir mon plus beau taureau ?

– Non, tu te trompes, je...

– Quand Améni et moi avons constaté que tu t'agitais, le secrétaire particulier du roi a eu une idée distrayante : peindre sur le pelage de cette bête les symboles caractéristiques du taureau Apis. Cette facétie restera entre nous, n'est-ce pas ?

La période de deuil serait bientôt terminée, et les ritualistes commençaient à s'inquiéter : pourquoi le roi ne se mettait-il pas en quête du nouvel Apis ? Après avoir visité à plusieurs reprises le temple souterrain des taureaux momifiés et travaillé des journées entières sur le rituel de la première dynastie qui permettait aux Apis de ressusciter, Ramsès écoutait son fils, le grand prêtre de Ptah, lui parler de l'action incessante du dieu des bâtisseurs, à l'œuvre dans les espaces célestes comme dans les ruches ou le ventre des montagnes. Le verbe créateur de Ptah se révélait dans le cœur et se formulait par la langue, car toute pensée vivante devait s'incarner dans une forme juste et belle.

Une semaine avant la date fatidique, Khâ lui-même ne dissimulait pas son inquiétude.

– Majesté, le deuil...

– Je sais, mon fils ; le successeur de l'Apis défunt existe, ne sois pas troublé.

– S'il est loin d'ici, le voyage prendra du temps.

– Cette nuit, je dormirai dans le temple souterrain et je demanderai aux dieux et à Néfertari de me guider.

À la tombée du jour, le roi demeura seul avec la dynastie des Apis. Il connaissait chacun par son nom et il fit appel à l'âme unique qui les reliait les uns aux autres. Allongé sur le lit sommaire d'une cellule de prêtre, Ramsès confia son esprit au sommeil. Non pas au simple repos du corps et des sens, mais au rêve capable de voyager à la manière d'un infatigable oiseau. Comme si son être avait soudain été pourvu d'ailes, le roi quitta la terre, s'éleva dans le ciel, et vit.

Il vit la Haute et la Basse-Égypte, les provinces, les villes et les villages, les grands temples et les petits sanctuaires, le Nil et les canaux d'irrigation, le désert et les cultures.

Un vigoureux vent du nord poussait en direction d'Abydos le bateau aux deux voiles blanches. À la proue, Ramsès goûtait le plaisir jamais assouvi d'admirer son pays au fil de l'eau.

Avec une belle autorité, Khâ avait affirmé aux ritualistes et à la cour qu'il partait avec son père pour identifier le taureau Apis et le ramener à Saqqara. Connaissant les conséquences dramatiques d'un échec, le grand prêtre refusait de l'envisager.

– Nous arrivons, dit-il au monarque.

– Ce voyage m'a semblé si court... Lorsque tant de beauté vous envahit, le temps est aboli.

Au grand complet, le clergé d'Abydos accueillit le roi au débarcadère ; le grand prêtre salua Khâ.

– Sa Majesté vient-elle préparer les mystères d'Osiris ?

– Non, répondit Khâ ; Ramsès est persuadé que la nouvelle incarnation du taureau Apis se trouve ici.

– Si tel était le cas, nous aurions prévenu Sa Majesté ! Sur quelles informations se fonde-t-il ?

– Lui seul le sait.

Le grand prêtre d'Abydos fut consterné.

– Avez-vous tenté de raisonner votre père ?

– Il est Ramsès.

Chacun s'attendait à ce que le monarque explorât la campagne environnante ; mais il marcha sans hésitation vers le désert, vers les tombes des pharaons des premières dynasties. À Saqqara reposaient leurs momies, à Abydos perdurait leur être lumineux. Des tamaris ombrageaient les sépultures.

Sous les feuillages, Ramsès le vit.

Un magnifique taureau noir dont le museau se releva pour se pointer en direction de l'homme qui venait vers lui.

C'était bien la scène que le pharaon avait contemplée dans le rêve offert par la communauté des Apis.

Le quadrupède ne manifesta aucune agressivité ; on aurait juré qu'il retrouvait un vieil ami après une longue séparation.

Sur le front du taureau, un triangle blanc ; sur son poitrail et sur son flanc, un croissant lunaire ; et les poils de sa queue étaient alternativement noirs et blancs.

– Viens, Apis ; je t'emmène vers ta demeure.

Quand le bateau royal accosta le quai principal du port de Memphis, la ville entière était déjà en fête. Les dignitaires de Pi-Ramsès avaient quitté la capitale pour admirer le nouvel Apis, dont la force permettrait au pharaon de régner encore pendant de longues années. Même Améni avait effectué le déplacement, non avec l'intention de participer aux festivités, mais parce qu'il était porteur de mauvaises nouvelles.

Acclamés, le taureau et le roi, côte à côte, descendirent du bateau et cheminèrent en direction du temple de Ptah où, dans un vaste enclos proche du sanctuaire, vivrait désormais l'incarnation d'Apis, entouré de vaches plus ravissantes les unes que les autres.

Devant la porte de l'enceinte se déroula un ancien rite : une femme de qualité, honorablement connue et jouissant d'une excellente réputation, fit face au taureau. Elle remonta sa robe sur son ventre et dévoila son sexe. Ainsi la prêtresse d'Hathor accueillait-elle, au milieu des rires de la foule, le fécondateur qui engrosserait les vaches, animaux sacrés de la déesse, et assurerait la descendance des Apis.

Au premier rang des spectateurs, Ouri-Téchoup ne savait plus où donner du regard. Cette scène insolite, cette femme impudique riant elle aussi aux éclats, ce taureau impassible et ce peuple en vénération devant Ramsès... Ce Ramsès qui paraissait indestructible !

N'importe qui d'autre aurait renoncé ; mais Ouri-Téchoup était un Hittite, un chef de guerre, et Ramsès lui avait volé son trône. Jamais il ne lui pardonnerait d'avoir ainsi réduit la nation hittite, naguère conquérante et victorieuse, à un ramassis de peureux courbant la tête devant l'adversaire d'hier.

La double grande porte du temple se referma. Pendant que la population dansait, chantait, mangeait et buvait aux frais de Pharaon, Ramsès, Khâ et un collège de ritualistes célébrèrent le rituel d'intronisation du nouvel Apis, dont le point culminant était la course du taureau portant sur son dos la momie d'Osiris, le corps recomposé et revivifié du dieu vainqueur de la mort.

– Comment peut-on aimer les voyages à ce point ? bougonna Améni. Et pendant ce temps, les ennuis et les urgences s'accumulent sur mon bureau !

– Si tu t'es déplacé, observa Ramsès, ce n'est pas sans un motif important.

– Tu vas encore m'accuser de perturber une période de festivités.

– T'ai-je déjà adressé un reproche sérieux ?

Le porte-sandales du roi marmonna une réponse indistincte.

– L'empereur Hattousil a répondu avec une rapidité surprenante, révéla-t-il ; il suffit de lire entre les lignes pour percevoir sa colère. Il désapprouve ton attitude, et ses menaces sont à peine voilées.

Un long moment, Ramsès garda le silence.

– Puisque mes arguments ne l'ont pas convaincu, nous utiliserons une stratégie différente. Prends un papyrus neuf, Améni, et ton meilleur pinceau ; mes propositions devraient surprendre mon frère Hattousil.

49

– Les négociations sont terminées, révéla Tanit à Ouri-Téchoup, et le marchand Narish est reparti pour Tyr afin d'y accueillir Ramsès avec le maire de la ville et les personnalités locales.

Le Hittite serra le pommeau de la dague de fer qui ne le quittait jamais.

– N'as-tu pas obtenu des renseignements plus confidentiels ?

– L'itinéraire n'est pas secret, et le monarque sera accompagné de son fils Mérenptah, général en chef de l'armée égyptienne, à la tête de deux régiments d'élite. Toute attaque contre eux serait vouée à l'échec.

Ouri-Téchoup enrageait ; Malfi ne disposait pas encore d'assez d'hommes pour livrer une bataille de cette importance.

– C'est tout de même curieux, ajouta la Phénicienne ; les hauts fonctionnaires de la Double Maison blanche n'ont manifesté aucune exigence particulière, comme si le pharaon n'était guère concerné par les problèmes économiques. Pourtant il existe des points litigieux que l'Égypte n'a pas coutume de passer sous silence.

– Quelle conclusion en tires-tu ?

– Ramsès dissimule le véritable but de son voyage.

Ouri-Téchoup fut perplexe.

– Tu as probablement raison... Eh bien, découvre-le.
– De quelle manière ?
– Va au palais, fais parler les courtisans, vole des documents, que sais-je... Débrouille-toi, Tanit !
– Mais, mon chéri...
– Ne discute pas. Je dois savoir.

Large et sûre, la piste suivait le pied du mont Carmel et descendait en pente douce vers la mer. La mer... Une vision étrange pour nombre de soldats égyptiens, une incroyable plaine d'eau sans limites. Les vétérans mettaient en garde les plus jeunes : si mettre le pied dans l'écume des vagues ne présentait aucun danger, il ne fallait pas nager au loin, sous peine d'être entraîné au fond des eaux par un génie maléfique.

Ramsès marchait à la tête de son armée, juste derrière Mérenptah et les éclaireurs. Le fils cadet du roi n'avait cessé, tout au long du voyage, de vérifier son dispositif de sécurité. Le monarque, lui, n'avait manifesté aucun signe d'inquiétude.

– Si tu règnes, dit-il à Mérenptah, n'oublie pas de te rendre dans nos protectorats à intervalles réguliers ; et si c'est ton frère Khâ, rappelle-le-lui. Lorsque Pharaon est trop lointain et trop absent, la révolte tente de briser l'harmonie ; quand il est proche, les cœurs s'apaisent.

Malgré les paroles réconfortantes des vétérans, les jeunes recrues n'étaient pas rassurées ; une succession de vagues violentes, venant s'écraser contre des éperons rocheux qui s'avançaient dans la mer, leur fit regretter les rives du Nil.

La campagne leur parut moins rébarbative : champs cultivés, vergers et oliveraies témoignaient de la richesse agricole de la région. Mais la vieille cité de Tyr était tournée vers le large ; un bras de mer formait une sorte de fossé infranchissable, protection contre l'attaque d'une flotte ennemie.

Tyr la nouvelle avait été édifiée sur trois îlots que séparaient des canaux peu profonds, le long desquels se trouvaient les cales sèches.

Du haut des tours de guet, les Tyriens observèrent Pharaon et ses soldats. Conduite par Narish, une délégation vint à la rencontre du maître de l'Égypte. Les salutations furent chaleureuses, et Narish, avec enthousiasme, guida Ramsès dans les ruelles de sa cité. Mérenptah garda les yeux rivés sur les toits d'où, à tout instant, pouvait surgir le péril.

Tyr était vouée au commerce ; on y vendait de la verrerie, des vases d'or et d'argent, des tissus colorés avec de la pourpre et quantité d'autres marchandises qui transitaient par le port. Hautes de quatre ou cinq étages, les maisons étaient serrées les unes contre les autres.

Ami intime de Narish, le maire avait offert à Ramsès sa luxueuse villa comme lieu de résidence ; bâtie sur le point culminant de la ville, elle dominait la mer. Sa terrasse fleurie était une merveille, et le propriétaire des lieux avait poussé le raffinement jusqu'à meubler sa vaste demeure en style égyptien afin de ne pas dépayser le pharaon.

– J'espère que vous serez satisfait, Majesté, déclara Narish. Votre visite est un très grand honneur ; dès ce soir, vous présiderez un banquet qui fera date dans nos annales. Pouvons-nous espérer que les relations commerciales avec l'Égypte se développeront ?

– Je n'y suis pas hostile, mais à une condition.

– La baisse de nos bénéfices... Je m'en doutais. Nous n'y sommes pas opposés, pourvu que nous nous rattrapions sur le volume d'échanges.

– Je songeais à une autre condition.

Malgré la douceur de l'air, le négociant phénicien sentit le sang se glacer dans ses veines. À la suite du traité de paix, l'Égypte avait admis que la région soit sous contrôle hittite même si, en réalité, elle bénéficiait d'une réelle indépendance. Une désastreuse volonté de puissance ne poussait-elle pas Ramsès à mettre la main sur la Phénicie, au risque de dénoncer le traité et de provoquer un conflit ?

– Quelles sont vos exigences, Majesté ?

– Allons au port, Mérenptah nous accompagnera.

Sur les ordres du roi, son fils cadet dut se contenter d'une escorte réduite.

À l'extrémité occidentale du port, une centaine d'hommes d'âge et d'origine divers, nus et enchaînés. Les uns tentaient de garder un semblant de dignité, les autres avaient le regard vide.

Des Tyriens à la chevelure bouclée discutaient des prix, soit par individu, soit par lot ; ils comptaient réaliser d'importants bénéfices sur la vente de ces esclaves en bonne santé. La joute oratoire et financière s'annonçait rude.

– Que ces hommes soient libérés, exigea Ramsès.

Narish fut amusé.

– Ils valent cher... Permettez à la ville de Tyr de vous les offrir, Majesté.

– Voici la véritable raison de mon voyage : aucun des Tyriens qui voudront commercer avec l'Égypte ne devra être marchand d'esclaves.

Choqué, le Phénicien dut faire appel à tout son sang-froid pour ne pas émettre une vigoureuse protestation.

– Majesté... L'esclavage est une loi naturelle, les sociétés marchandes le pratiquent depuis toujours !

– Il n'y a pas d'esclavage en Égypte, dit Ramsès ; les êtres humains sont le troupeau de Dieu, nul individu n'a le droit d'en traiter un autre comme un objet sans âme ou une marchandise.

Jamais le Phénicien n'avait entendu un discours aussi aberrant ; si son interlocuteur n'avait été le pharaon d'Égypte, il l'aurait pris pour un fou.

– Vos prisonniers de guerre, Majesté, n'ont-ils pas été réduits en esclavage ?

– En fonction de la gravité des faits qui leur furent

reprochés, ils ont été soumis à des périodes de corvée plus ou moins longues. La liberté recouvrée, ils ont agi comme bon leur semblait ; la plupart sont restés en Égypte, beaucoup y ont fondé une famille.

– Les esclaves sont indispensables pour quantité de travaux !

– La loi de Maât exige un contrat entre celui qui ordonne un travail et celui qui l'accomplit ; sinon, la joie ne peut circuler ni dans l'œuvre la plus sublime ni dans le travail le plus modeste. Et ce contrat se fonde sur la parole donnée de part et d'autre. Crois-tu que les pyramides et les temples auraient pu être construits par des cohortes d'esclaves ?

– Majesté, on ne peut pas modifier des habitudes si anciennes...

– Je ne suis pas naïf et je sais que la plupart des pays continueront à pratiquer l'esclavage. Mais tu connais à présent mes exigences.

– L'Égypte risque de perdre d'importants marchés.

– L'essentiel est qu'elle préserve son âme ; Pharaon n'est pas le patron des marchands mais le représentant de Maât sur terre et le serviteur de son peuple.

Les paroles de Ramsès se gravèrent dans le cœur de Mérenptah ; pour lui, le voyage de Tyr resterait une étape majeure.

Ouri-Téchoup était tellement énervé que, pour se calmer, il avait abattu à la hache un sycomore centenaire qui ombrageait un plan d'eau où aimaient s'ébattre des canards. Épouvanté, le jardinier de la dame Tanit s'était réfugié dans la cabane où il rangeait ses outils.

– Te voilà enfin ! s'exclama le Hittite quand son épouse franchit le seuil de son domaine.

Tanit contempla le désolant spectacle.

– Est-ce toi qui... ?

– Je suis ici chez moi et je fais ce qu'il me plaît ! Qu'as-tu appris, au palais ?

– Laisse-moi m'asseoir, je suis fatiguée.

Le petit chat tigré sauta sur les genoux de sa maîtresse ; elle lui caressa machinalement le sommet du crâne, il ronronna.

– Parle, Tanit !

– Tu vas être déçu : le véritable but du voyage de Ramsès était la lutte contre l'esclavage qui ne cesse de se développer à Tyr et dans la région.

Ouri-Téchoup gifla violemment Tanit.

– Cesse de te moquer de moi !

Voulant défendre sa maîtresse, le petit chat griffa le Hittite ; ce dernier l'agrippa par la peau du cou et, du tranchant de sa dague de fer, l'égorgea.

Éclaboussée de sang, horrifiée, Tanit courut se réfugier dans sa chambre.

50

Améni était soulagé, Serramanna broyait du noir.

– Ramsès est revenu sain et sauf de Phénicie, je respire mieux, avoua le secrétaire particulier du roi. Pourquoi es-tu de si mauvaise humeur, Serramanna ?

– Parce que la piste de Narish se termine en cul-de-sac.

– Qu'espérais-tu ?

– Avoir la preuve que ce Phénicien traitait des affaires louches avec la dame Tanit. J'aurais pu la menacer d'inculpation si elle ne me disait pas la vérité à propos d'Ouri-Téchoup.

– Ce Hittite t'obsède ! Il finira par te troubler l'esprit.

– Oublies-tu qu'il est l'assassin d'Âcha ?

– La preuve manque.

– Tu as malheureusement raison, Améni.

Le Sarde se sentait vieillir. Lui, respecter une loi ! Il lui fallait se résigner et admettre son échec : Ouri-Téchoup s'était montré assez rusé pour échapper à la justice égyptienne.

– Je rentre chez moi.

– Une nouvelle conquête ?

– Même pas, Améni ; je suis fatigué et je vais dormir.

– Une dame vous attend, annonça l'intendant de Serramanna.

– Je n'ai convoqué aucune fille !

– Il ne s'agit pas d'une « fille », mais d'une dame de qualité. Je l'ai priée de s'installer dans la salle d'hôtes.

Intrigué, Serramanna traversa la pièce d'accueil à grandes enjambées.

– Tanit !

La belle Phénicienne se leva et, en pleurs, se précipita dans les bras du géant. Elle était décoiffée, ses joues portaient des traces de coups.

– Protégez-moi, je vous en supplie !

– Je veux bien, mais de quoi... ou de qui ?

– Du monstre qui a fait de moi son esclave !

Serramanna se garda de manifester sa satisfaction.

– Si vous souhaitez que j'agisse de manière officielle, dame Tanit, il faut porter plainte.

– Ouri-Téchoup a égorgé mon chat, il a abattu un sycomore de mon jardin et il ne cesse de me brutaliser.

– Ce sont des délits, il sera condamné à une amende, voire à la corvée. Mais cela ne suffira pas pour le mettre hors d'état de nuire.

– Vos hommes veilleront-ils sur moi ?

– Mes mercenaires forment la garde personnelle du roi et ne sauraient intervenir dans une affaire privée... À moins qu'elle ne devienne une affaire d'État.

Séchant ses larmes, Tanit se détacha du géant et le regarda les yeux dans les yeux.

– Ouri-Téchoup veut assassiner Ramsès. Son allié est le Libyen Malfi avec lequel il a conclu une alliance dans ma propre maison. C'est Ouri-Téchoup qui a tué Âcha avec une dague de fer qui ne le quitte jamais. Et c'est avec cette même dague qu'il veut tuer le roi. Est-ce une affaire d'État, à présent ?

Une centaine d'hommes se déployèrent autour de la villa de la dame Tanit. Des archers grimpèrent dans les arbres donnant sur le jardin de la Phénicienne, d'autres sur les toits des maisons voisines.

Ouri-Téchoup était-il seul ou avec des Libyens ? Prendrait-il des domestiques en otages s'il s'apercevait de l'encerclement ? Serramanna avait exigé un silence complet dans l'approche, sachant que le moindre incident alerterait le Hittite.

Et il ne manqua pas de se produire.

En escaladant le mur d'enceinte, un mercenaire assura mal sa prise et chuta dans un bosquet.

Une chouette hulula, les hommes de Serramanna se figèrent. Après quelques minutes d'immobilité, le Sarde donna l'ordre d'avancer.

Ouri-Téchoup n'avait plus aucune chance de s'enfuir, mais il ne se rendrait pas sans combattre ; Serramanna espérait le capturer vivant et le faire comparaître devant le tribunal du vizir.

Dans la chambre de Tanit, une lueur.

Serramanna et une dizaine de mercenaires rampèrent sur le sol humide de rosée, atteignirent le dallage bordant la demeure et se ruèrent à l'intérieur.

La servante poussa un cri d'effroi et lâcha sa lampe à huile en terre cuite qui se brisa en tombant sur le sol. Pendant quelques instants, la confusion régna ; les mercenaires luttèrent contre d'invisibles adversaires et brisèrent des meubles à coups d'épée.

– Du calme ! hurla Serramanna. De la lumière, vite !

On alluma d'autres lampes. Tremblante, la servante était prisonnière de deux soldats qui la menaçaient de leurs épées.

– Où se trouve Ouri-Téchoup ? interrogea Serramanna.

– Quand il s'est aperçu que la maîtresse avait disparu, il a sauté sur le dos de son meilleur cheval et il est parti au grand galop.

De dépit, le Sarde fracassa du poing une poterie crétoise. L'instinct de guerrier du Hittite lui avait dicté sa conduite ; se sentant en danger, il avait pris la fuite.

Pour Serramanna, être admis dans l'austère bureau de Ramsès équivalait à pénétrer au cœur du sanctuaire le plus secret du pays.

Étaient présents Améni et Mérenptah.

– La dame Tanit a regagné la Phénicie après avoir témoigné devant le vizir, indiqua Serramanna. D'après plusieurs témoignages, Ouri-Téchoup a pris la direction de la Libye. Il a donc rejoint son allié Malfi.

– Simple hypothèse, estima Améni.

– Non, certitude ! Ouri-Téchoup n'a plus d'autre refuge et il ne renoncera jamais à combattre l'Égypte.

– Malheureusement, déplora Mérenptah, nous ne parvenons pas à localiser son camp ; ce Libyen se déplace sans cesse. À y bien réfléchir, notre échec est rassurant : il prouve que Malfi ne parvient pas à rassembler une véritable armée.

– Que notre vigilance ne se relâche pas, ordonna Ramsès ; l'alliance de deux êtres maléfiques et violents constitue un danger non négligeable.

Serramanna se fit très digne.

– Majesté, j'ai une requête à vous présenter.

– Je t'écoute.

– Je suis persuadé que nous croiserons de nouveau la route de ce monstre d'Ouri-Téchoup. Je sollicite le privilège de le combattre, en espérant le tuer de ma main.

– Accordé.

– Merci, Majesté. Quel que soit l'avenir, mon existence, grâce à vous, aura été une belle vie.

Le Sarde se retira.

– Tu sembles contrarié, dit Ramsès à Mérenptah.

– Après d'interminables trajets à travers des régions plus ou moins hostiles, Moïse et les Hébreux s'approchent de Canaan, qu'ils considèrent comme leur Terre Promise.

– Comme Moïse doit être heureux...

– Ce n'est pas le cas des tribus de la région ; elles redoutent la présence de ce peuple belliqueux. C'est pourquoi je sollicite, une fois encore, l'autorisation d'intervenir militairement et d'étouffer dans l'œuf ce péril.

– Moïse ira jusqu'au terme de sa quête et il créera un pays dans lequel ses fidèles vivront à leur guise ; c'est bien ainsi, mon fils, et nous n'interviendrons pas. Demain, nous dialoguerons avec ce nouvel État et serons peut-être ses alliés.

– Et s'il devient un ennemi ?

– Moïse ne sera pas l'ennemi de sa terre natale. Préoccupe-toi des Libyens, Mérenptah, pas des Hébreux.

Le fils cadet de Ramsès n'insista pas ; bien qu'il ne fût pas convaincu par l'argumentation de son père, il se plia à son devoir d'obéissance.

– Nous avons reçu des nouvelles de ton frère Hattousil, révéla Améni.

– Bonnes ou mauvaises ?

– L'empereur du Hatti réfléchit.

Même lorsque le soleil dardait, Hattousil avait froid. À l'intérieur de sa citadelle aux épais murs de pierre, il ne parvenait pas à se réchauffer. Adossé au feu de bois qui crépitait dans une large cheminée, il relut à son épouse Poutouhépa les propositions du pharaon d'Égypte.

– L'audace de Ramsès est incroyable ! Je lui adresse une lettre de réprimandes, et voilà ce qu'il ose me répondre : que je lui envoie une autre princesse hittite pour sceller un nouveau mariage diplomatique et conforter la paix. Mieux encore, que je me rende moi-même en Égypte !

– Merveilleuse idée, estima l'impératrice Poutouhépa ; ta visite officielle démontrera, de manière éclatante, que la paix conclue entre nos deux peuples est irréversible.

– Tu n'y songes pas ! Moi, l'empereur des Hittites, me présenter comme le sujet de Pharaon !

– Personne ne te demande de t'humilier ; sois certain que nous serons reçus avec les honneurs dus à notre rang. La lettre d'accord est rédigée ; tu n'as plus qu'à y apposer ton sceau.

– Il faut réfléchir davantage et entamer des pourparlers.

– Le temps des palabres est révolu ; préparons-nous à partir pour l'Égypte.

– Aurais-tu pris la tête de la diplomatie hittite ?

– Ma sœur Néfertari et moi-même avons bâti la paix ; que l'empereur du Hatti la consolide.

Poutouhépa adressa une pensée fervente à l'homme le plus séduisant qu'elle eût jamais connu, Âcha, l'ami d'enfance de Ramsès, qui vivait aujourd'hui dans le paradis des justes. Pour lui, ce jour était un jour de joie.

51

Quand Mat-Hor apprit la nouvelle qui mettait en émoi l'Égypte entière, à savoir l'annonce de la visite officielle de ses parents, elle crut à son retour en grâce. Certes, elle jouissait d'une existence dorée au harem de Mer-Our et goûtait, sans se lasser, les innombrables plaisirs de sa condition ; mais elle ne régnait pas et n'était qu'une épouse diplomatique, privée de tout pouvoir.

La Hittite écrivit une longue lettre à Améni, secrétaire particulier du monarque ; en des termes virulents, elle exigeait d'occuper la fonction de grande épouse royale pour accueillir l'empereur et l'impératrice du Hatti, et mandait une escorte pour la ramener au palais de Pi-Ramsès.

Signée de Ramsès, la réponse fut cinglante : Mat-Hor n'assisterait pas aux cérémonies et demeurerait au harem de Mer-Our.

Après une violente colère, la Hittite réfléchit : de quelle manière pourrait-elle nuire au pharaon, sinon en empêchant la venue d'Hattousil ? Hantée par ce projet, elle s'arrangea pour croiser le chemin d'un prêtre du dieu crocodile, dont la réputation de ritualiste était bien établie.

– Au Hatti, lui dit-elle, nous consultons souvent des devins pour connaître l'avenir ; ils lisent dans les entrailles des animaux.

– N'est-ce pas un peu... grossier ?

– Utilisez-vous d'autres méthodes ?

– Au pharaon de savoir discerner le lendemain.

– Mais vous, les prêtres, détenez le secret de certaines techniques.

– Il existe un corps de magiciens d'État, Majesté, mais leur formation est longue et exigeante.

– N'interrogez-vous pas les dieux ?

– En certaines circonstances, le grand prêtre d'Amon questionne la puissance créatrice, avec l'autorisation du roi, et le dieu répond par son oracle.

– Et chacun se plie à sa décision, je suppose.

– Qui oserait se dresser contre la volonté d'Amon ?

Sentant les réticences du prêtre, Mat-Hor ne l'importuna pas davantage.

Le jour même, après avoir ordonné à son personnel de ne pas signaler son absence, elle partit pour Thèbes.

La mort au doux sourire avait fini par se rappeler l'âge vénérable de Nébou, le grand prêtre d'Amon, qui s'était éteint dans sa petite demeure, près du lac sacré de Karnak, avec la certitude d'avoir bien servi le dieu caché, principe de toute vie, et le pharaon Ramsès, son représentant sur terre.

Bakhen, le deuxième prophète d'Amon, avait aussitôt prévenu le roi. Et ce dernier était venu rendre hommage à Nébou, l'un de ces hommes intègres grâce auxquels la tradition égyptienne se perpétuait, quels que fussent les assauts des forces du mal.

Le silence du deuil pesait sur l'immense temple de Karnak ; après avoir célébré le rituel de l'aube, Ramsès rencontra Bakhen près du scarabée géant qui, à l'angle nord-ouest du lac sacré, symbolisait la renaissance du soleil après sa victoire sur les ténèbres.

– L'heure est venue, Bakhen. Depuis notre lointain affrontement, tu as parcouru un long chemin sans jamais penser à toi-même. Si les temples de Thèbes sont splendides, c'est en partie à toi qu'ils le doivent ; ta gestion est irréprochable, et chacun se félicite de ton autorité. Oui, l'heure est venue de te nommer grand prêtre de Karnak et premier prophète d'Amon.

La voix grave et rauque de l'ancien contrôleur des écuries trembla d'émotion.

– Majesté, je ne crois pas... Nébou, lui...

– Nébou te proposait comme successeur depuis longtemps, et il savait juger les hommes. Je te remets la canne et l'anneau d'or, insignes de ta nouvelle dignité ; tu gouverneras cette ville sainte et tu veilleras à ce qu'elle ne se détourne pas de sa fonction.

Déjà Bakhen se reprenait ; Ramsès sentit qu'il s'attelait sur l'instant à ses innombrables tâches, sans songer au prestige que lui conférait un titre tant envié.

– Mon cœur ne peut rester muet, Majesté ; ici, dans le Sud, certains notables sont choqués par votre décision.

– Évoques-tu le voyage officiel de l'empercur et de l'impératrice du Hatti ?

– Exactement.

– Plusieurs notables du Nord partagent leur avis, mais cette visite aura lieu, car elle consolidera la paix.

– Nombre de religieux souhaitent l'intervention de l'oracle. Si le dieu Amon vous donne son accord, toute protestation cessera.

– Prépare la cérémonie de l'oracle, Bakhen.

Conseillée par un gestionnaire du harem de Mer-Our, Mat-Hor avait frappé à la bonne porte : celle d'un riche négociant syrien auquel n'échappait aucun événement de la vie thébaine. Il habitait une somptueuse propriété de la rive est, non loin du temple de Karnak, et reçut la reine dans une salle à deux colonnes, décorée de peintures représentant des bleuets et des iris.

– Quel honneur, Majesté, pour un modeste marchand !

– Cet entretien n'a pas eu lieu et nous ne nous sommes jamais rencontrés : est-ce bien clair ?

La Hittite offrit un collier d'or au Syrien qui s'inclina en souriant.

– Si tu m'apportes l'aide dont j'ai besoin, je serai très généreuse.

– Que désirez-vous ?

– Je m'intéresse à l'oracle d'Amon.

– La rumeur est confirmée : Ramsès va précisément le consulter.

– Pour quel motif ?

– Il demandera au dieu d'approuver la venue en Égypte de vos parents.

La chance servait Mat-Hor ; le destin ayant fait le plus gros du travail, il ne lui restait qu'à l'achever.

– Si Amon refuse ? demanda-t-elle.

– Ramsès sera contraint de s'incliner... Et je n'ose imaginer la réaction de l'empereur du Hatti ! Mais Pharaon n'est-il pas le frère des dieux ? La réponse de l'oracle ne saurait être négative.

– J'exige qu'elle le soit.

– Comment... ?

– Je te le répète : aide-moi et tu deviendras très riche. De quelle manière le dieu répond-il ?

– Des prêtres portent la barque d'Amon, le premier prophète interroge le dieu. Si la barque avance, sa réponse est « oui » ; si elle recule, « non ».

– Achète les porteurs de barque, et qu'Amon rejette la proposition de Ramsès.

– C'est impossible.

– Arrange-toi pour faire remplacer les plus réticents par des hommes sûrs, utilise des potions qui rendront malades les incorruptibles... Réussis, et je te couvrirai d'or.

– Les risques...

– Tu n'as plus le choix, marchand : à présent, tu es mon complice. Ne renonce pas et ne me trahis pas ; sinon, je serai impitoyable.

Resté seul face aux sachets contenant des pépites d'or et des pierres précieuses que lui offrait la Hittite comme avance sur sa future fortune, le Syrien réfléchit longuement. Certains affirmaient que Mat-Hor ne retrouverait jamais la confiance du roi, d'autres étaient persuadés du contraire ; et quelques prêtres de Karnak, jaloux de l'ascension de Bakhen, étaient prêts à lui jouer un mauvais tour.

Soudoyer tous les porteurs de la barque sacrée était irréalisable, mais il suffisait d'acheter les bras des plus robustes ; le dieu hésiterait, partagé entre l'avant et l'arrière, puis manifesterait clairement son refus.

La partie était jouable... Et la richesse si tentante !

Thèbes était en émoi.

Dans les campagnes comme dans les quartiers de la ville, on savait qu'allait être célébrée « la belle fête de l'audience divine » au cours de laquelle Amon et Ramsès démontreraient, une fois de plus, leur communion.

Dans la cour du temple où se déroulait le rituel, aucune personnalité de la grande ville du Sud ne manquait. Le maire, les administrateurs, les maîtres de domaine ne voulaient à aucun prix manquer cet événement exceptionnel.

Quand la barque d'Amon sortit du temple couvert pour apparaître en pleine lumière, chacun retint son souffle. Au centre de la barque en bois doré, le naos contenant la statue divine, cachée aux regards humains. C'était pourtant elle, effigie vivante, qui prendrait la décision.

Progressant sur le sol d'argent, les porteurs avançaient avec lenteur. Le nouveau grand prêtre d'Amon, Bakhen, remarqua plusieurs têtes nouvelles ; mais ne lui avait-on pas parlé d'une indisposition alimentaire qui avait empêché plusieurs titulaires de participer à la cérémonie ?

La barque s'arrêta face au pharaon, Bakhen prit la parole.

– Moi, serviteur du dieu Amon, je l'interroge au nom de Ramsès, le Fils de la Lumière ; le pharaon d'Égypte a-t-il raison de faire venir sur cette terre l'empereur et l'impératrice du Hatti ?

Même les hirondelles avaient cessé leur course folle dans le ciel bleu ; dès que le dieu aurait répondu positivement, les poitrines se libéreraient pour acclamer Ramsès.

Soudoyés par le marchand syrien, les porteurs les plus robustes se consultèrent du regard et tentèrent de faire un pas en arrière.

En vain.

Ils crurent que leurs collègues, décidés à aller de l'avant, manifestaient une résistance qui serait de courte durée ; aussi déployèrent-ils une énergie qui serait décisive.

Mais une force étrange les contraignit à avancer. Éblouis par une lumière qui provenait du naos, ils renoncèrent à lutter.

Le dieu Amon avait approuvé la décision de son fils Ramsès, la liesse pouvait commencer.

52

C'était bien lui.

Légèrement voûté, les cheveux grisonnants mais l'œil toujours inquisiteur, il avait, au premier abord, l'allure d'un homme plutôt ordinaire dont on ne se méfiait pas. Lui, Hattousil, l'empereur du Hatti, engoncé dans un épais manteau de laine pour lutter contre la sensation de froid qui, hiver comme été, ne le quittait jamais.

Lui, le chef d'une nation guerrière et conquérante, le commandant suprême des troupes hittites à Kadesh, mais aussi le négociateur du traité de paix ; lui, Hattousil, maître incontesté d'un pays rugueux où il avait anéanti toute opposition.

Et Hattousil venait de poser le pied sur la terre d'Égypte, suivi de deux femmes, son épouse Poutouhépa et une jeune princesse hittite effarouchée.

– C'est impossible, murmura l'empereur du Hatti, tout à fait impossible... Non, ce n'est pas l'Égypte.

Pourtant, il ne rêvait pas : c'était bien Ramsès le Grand qui venait vers son ancien adversaire pour lui donner l'accolade.

– Comment se porte mon frère Hattousil ?

– Je vieillis, mon frère Ramsès.

La fuite d'Ouri-Téchoup, désormais ennemi de l'Égypte comme du Hatti et recherché pour meurtre, avait levé tout obstacle à la visite officielle d'Hattousil.

– Néfertari aurait apprécié ce moment extraordinaire, dit Ramsès à Poutouhépa, superbe dans sa longue robe rouge, et ornée de bijoux égyptiens en or que le pharaon lui avait offerts.

– Tout au long de notre voyage, je n'ai cessé de penser à elle, confessa l'impératrice ; quelle que soit la durée de votre règne, elle demeurera votre unique épouse royale.

Les déclarations de Poutouhépa aplanissaient toute difficulté diplomatique. Dans la lumière d'un été ardent, Pi-Ramsès était en fête ; brillant de tous ses feux, la cité de turquoise avait accueilli des milliers de dignitaires venus de toutes les villes d'Égypte pour assister à l'arrivée des souverains du Hatti et aux nombreuses cérémonies prévues en leur honneur.

La beauté et la richesse de la capitale éblouirent le couple impérial. Sachant que le dieu Amon avait donné son accord à Ramsès, la population fit un accueil enthousiaste aux illustres visiteurs. Debout à côté du pharaon, sur son char que tiraient deux chevaux empanachés, Hattousil allait de surprise en surprise.

– Mon frère ne bénéficie-t-il d'aucune protection ?

– Ma garde personnelle veille, répondit Ramsès.

– Mais ces gens, si proches de nous... Notre sécurité n'est pas assurée !

– Observe le regard de mon peuple, Hattousil : il ne contient ni haine ni agressivité. Aujourd'hui, il nous remercie d'avoir construit la paix, et nous communions avec lui dans la joie.

– Une population qui n'est pas gouvernée par la terreur... Comme c'est étrange ! Et comment Ramsès a-t-il réussi à lever une armée capable de résister aux forces hittites ?

– Les Égyptiens aiment tous leur pays comme les dieux l'aiment.

– C'est toi, Ramsès, qui m'as empêché de vaincre ; toi,

et personne d'autre. Depuis quelques instants, je ne le regrette plus.

L'empereur du Hatti ôta son manteau de laine ; il n'avait plus froid.

– Le climat me convient, constata-t-il. Dommage... J'aurais aimé vivre ici.

Donnée au palais de Pi-Ramsès, la première réception fut grandiose. Il y avait une telle quantité de plats délicieux que Hattousil et Poutouhépa ne purent que picorer tout en trempant leurs lèvres dans des coupes remplies d'un vin exceptionnel. De ravissantes musiciennes aux seins nus charmèrent leurs oreilles et leurs yeux, et l'impératrice goûta l'élégance des robes portées par les nobles dames.

– J'aimerais que cette fête fût dédiée à Âcha, suggéra Poutouhépa. Il a donné sa vie pour la paix, pour ce bonheur dont jouissent à présent nos deux peuples.

L'empereur approuva, mais il paraissait contrarié.

– Notre fille n'est pas présente, regretta Hattousil.

– Je ne reviendrai pas sur ma décision, déclara Ramsès ; bien que Mat-Hor ait commis de graves erreurs, elle demeurera le symbole de la paix et, à ce titre, sera honorée comme elle le mérite. Dois-je apporter davantage de précisions ?

– Inutile, mon frère Ramsès ; parfois, il est bon d'ignorer certains détails.

Ramsès évita donc de mentionner l'arrestation du marchand syrien qui avait dénoncé Mat-Hor, croyant ainsi se dédouaner en se répandant en calomnies sur le compte de la reine.

– Pharaon désire-t-il s'entretenir avec sa future épouse ?

– Ce ne sera pas nécessaire, Hattousil ; nous célébrerons avec faste ce second mariage diplomatique, et nos deux peuples nous en sauront gré. Mais le temps des sentiments et des désirs est passé.

– Néfertari est vraiment inoubliable... Et c'est bien ainsi. Je ne pense pas que la princesse que j'ai choisie, jolie mais à l'intelligence fragile, puisse converser avec Ramsès le Grand. Elle découvrira la douceur de vivre à l'égyptienne et ne cessera de s'en réjouir. Quant à Mat-Hor, qui n'aimait pas le Hatti, elle appréciera chaque jour davantage son pays d'adoption où elle désirait tant résider. L'âge venant, elle s'assagira.

Hattousil venait de sceller le destin des deux princesses hittites. En cette quarantième année du règne de Ramsès, il n'existait plus un seul motif de querelle entre le Hatti et l'Égypte. C'était la raison pour laquelle les yeux marron de l'impératrice Poutouhépa s'étaient éclaircis, traduisant une joie intense.

Les pylônes, les obélisques, les colosses, les grandes cours à ciel ouvert, les colonnades, les scènes d'offrandes, les sols d'argent fascinèrent Hattousil qui s'intéressa aussi à la Maison de Vie, la demeure des livres, aux entrepôts, aux étables, aux cuisines et aux bureaux où travaillaient les scribes. De ses entretiens avec le vizir et ses ministres, l'empereur du Hatti ressortit très impressionné ; l'architecture de la société égyptienne était aussi grandiose que celle de ses temples.

Ramsès invita Hattousil à brûler de l'encens pour enchanter l'odorat des divinités et les attirer vers la demeure que leur avaient construite les hommes. L'impératrice fut associée au rituel de l'apaisement des forces dangereuses, conduit par Khâ avec sa rigueur habituelle. Et puis il y eut la visite des temples de Pi-Ramsès, notamment des sanctuaires dédiés aux dieux étrangers ; et l'empereur goûta sans retenue un moment de repos dans les jardins du palais.

– Il eût été regrettable que l'armée hittite détruisît une aussi jolie ville, dit-il à Ramsès ; l'impératrice est ravie de son séjour. Puisque nous sommes en paix, mon frère me permet-il de solliciter une faveur ?

La relative passivité d'Hattousil commençait à intriguer

Ramsès ; luttant contre l'envoûtement de l'Égypte, le stratège reprenait le dessus.

– L'impératrice et moi-même sommes éblouis par tant de merveilles, mais il faut parfois songer à des réalités moins souriantes, continua Hattousil ; nous avons signé un accord d'assistance mutuelle en cas d'agression contre nos pays respectifs, et j'aimerais observer l'état de l'armée égyptienne. Le pharaon m'autorise-t-il à visiter la caserne principale de Pi-Ramsès ?

Si Ramsès répondait « secret militaire » ou orientait l'empereur vers une caserne secondaire, Hattousil saurait qu'il préparait un mauvais coup ; c'était le moment de vérité pour lequel il avait accepté ce voyage.

– Mérenptah, mon fils cadet, est le général en chef de l'armée égyptienne. C'est lui qui fera visiter à l'empereur du Hatti la caserne principale de Pi-Ramsès.

À l'issue du banquet organisé en l'honneur de l'impératrice Poutouhépa, Hattousil et Ramsès firent quelques pas le long d'un bassin couvert de lotus bleus et blancs.

– J'éprouve un sentiment qui m'était inconnu jusqu'à présent, avoua Hattousil : la confiance. Seule l'Égypte sait créer des êtres de ta dimension, mon frère Ramsès... Avoir réussi à façonner une authentique amitié entre deux souverains naguère prêts à se détruire relève du miracle. Mais nous vieillissons, toi et moi, et devons songer à notre succession... Qui as-tu choisi, parmi tes innombrables fils royaux ?

– Khâ est un homme de science, profond, pondéré, capable d'apaiser les esprits en toutes circonstances et de convaincre sans heurter ; il saura préserver la cohérence du royaume et peser mûrement ses décisions. Mérenptah est courageux, il sait commander et gérer, il est aimé de la caste des militaires et craint de celle des hauts fonctionnaires. L'un et l'autre sont aptes à régner.

– Autrement dit, tu hésites encore ; le destin t'enverra un signe. Avec de tels hommes, je ne suis pas inquiet pour l'avenir de l'Égypte. Ils sauront prolonger ton œuvre.

– Et pour ta propre succession ?

– Elle sera assurée par un médiocre, choisi parmi des médiocres. Le Hatti décline, comme si la paix lui avait tranché sa virilité et ôté toute ambition ; mais je n'ai aucun regret, car il n'y avait pas d'autre choix. Nous aurons au moins vécu quelques années tranquilles et j'aurai offert à mon peuple un bonheur qu'il n'avait jamais connu auparavant. Malheureusement, mon pays ne saura pas évoluer et il disparaîtra. Ah... j'ai une autre requête à te présenter. Dans ma capitale, je n'ai pas l'habitude de marcher autant, et mes pieds sont douloureux. On m'a laissé entendre que le médecin-chef du royaume était très compétent et que, de surcroît, il s'agissait d'une très jolie femme.

Néféret quitta la grande salle de réception du palais, où elle conversait avec Poutouhépa, pour s'occuper des orteils impériaux.

– Une maladie que je connais et que je peux traiter, affirma-t-elle après examen. Dans un premier temps, je vais appliquer une pommade à base d'ocre rouge, de miel et de chanvre. Demain matin, j'utiliserai un autre remède, composé de feuilles d'acacia et de jujubier, de poudre de malachite et de l'intérieur d'une moule, le tout broyé et réduit en poudre. Cette seconde pommade vous donnera une agréable sensation de fraîcheur, mais vous devrez marcher les chevilles bandées.

– Si je vous proposais une fortune, Néféret, accepteriez-vous de venir avec moi au Hatti et d'être mon médecin personnel ?

– Vous savez bien que non, Majesté.

– Je ne serai donc jamais vainqueur de l'Égypte, dit Hattousil avec un léger sourire.

53

Belles-Cuisses sifflotait une chanson à la gloire de Ramsès tout en cheminant, avec son âne chargé de poteries, en direction de la frontière nord-ouest du Delta. Non loin de la côte que rongeaient les vagues de la Méditerranée, le marchand ambulant empruntait des sentiers sinueux pour gagner un petit village de pêcheurs où il était certain d'écouler sa production.

Belles-Cuisses était fier du nom que lui avaient attribué les jeunes filles qui assistaient aux courses de vitesse entre mâles, sur le sable humide, en bordure de mer ; depuis plus de deux ans, aucun concurrent n'avait réussi à le vaincre. Et les admiratrices appréciaient l'effort des athlètes nus, déployant leur énergie pour les séduire. Grâce à ses cuisses, le coureur le plus rapide de l'ouest du Delta ne comptait plus ses conquêtes.

Ce succès n'avait pas que de bons côtés, car ces demoiselles aimaient les parures, et Belles-Cuisses devait faire beaucoup de bonnes affaires pour rester à la hauteur de sa réputation de champion superbe et généreux. Aussi arpentait-il les chemins avec ardeur pour tirer le maximum de profit de son commerce.

Des grues passèrent au-dessus de lui, précédant des nuages bas poussés par le vent ; en observant la position du soleil, Belles-Cuisses comprit qu'il n'atteindrait pas son but avant la nuit. Mieux valait faire halte dans l'une des cabanes de roseau qui jalonnaient la piste. C'était plus prudent car, lorsque les ténèbres auraient envahi la zone côtière, des créatures dangereuses sortiraient de leur tanière et agresseraient les imprudents.

Belles-Cuisses déchargea son âne, le nourrit, puis fit jaillir une flamme avec des silex et un bâton à feu. Il dégusta deux poissons grillés et but de l'eau fraîche conservée dans une jarre. Puis il s'étendit sur sa natte et s'endormit.

Alors qu'il rêvait de sa prochaine course et de son nouveau triomphe, un bruit insolite le réveilla. L'âne grattait le sol de son sabot de devant. Entre lui et son maître, un signal sans équivoque : danger.

Belles-Cuisses se leva, éteignit le feu et se dissimula derrière un bosquet d'épineux. Bien lui en prit, car une trentaine d'hommes armés, portant casques et cuirasses, surgirent de l'obscurité. La lune qui était pleine cette nuit-là lui permit de voir distinctement l'homme qui les commandait. Il allait tête nue, ses cheveux étaient longs et son poitrail couvert de poils roux.

– Il y avait bien un espion ici et il s'est enfui ! s'exclama Ouri-Téchoup en plantant sa lance dans la natte.

– Je ne crois pas, objecta un Libyen ; regarde ces poteries et cet âne : c'est un marchand ambulant qui a décidé de se reposer ici.

– Tous les villages à l'ouest de cette zone sont sous notre contrôle ; il faut retrouver cet espion et le supprimer. Déployons-nous.

Quatre années s'étaient écoulées depuis la visite de l'empereur Hattousil et de l'impératrice Poutouhépa. Les relations entre l'Égypte et le Hatti demeuraient au beau fixe et le spectre de la guerre s'était évanoui. Un flot régulier de visiteurs hittites venait admirer les paysages et les cités du Delta.

Les deux épouses hittites de Ramsès s'entendaient à merveille ; les ambitions de Mat-Hor s'étaient dissoutes sous l'effet d'une existence luxueuse, et sa compatriote savourait avec gourmandise le quotidien. Ensemble, et sans regrets, elles avaient admis que Ramsès le Grand, âgé de soixante-six ans, était devenu une légende vivante, hors de leur portée. Et le pharaon, s'apercevant que les feux destructeurs ne hantaient plus l'âme des deux reines, avait admis leur présence lors de certaines cérémonies officielles.

En l'an 43 de son règne, à la demande pressante de Khâ, Ramsès avait célébré sa cinquième fête de régénération, en présence de la communauté des dieux et des déesses, venus dans la capitale sous la forme de statues animées par le *ka*. Désormais, le pharaon devrait avoir fréquemment recours à ce processus rituel pour pouvoir supporter le poids de l'âge, de plus en plus lourd.

Et Ramsès devait aussi consulter de manière régulière le médecin-chef Néféret. Ignorant la mauvaise humeur de son illustre patient qui, parfois, acceptait mal le vieillissement, elle lui évitait les souffrances dentaires et freinait l'évolution de l'arthrose. Grâce à ses traitements, la vitalité du monarque demeurait intacte, et il ne ralentissait pas son rythme de travail.

Après avoir éveillé la puissance divine dans son sanctuaire et célébré le rituel de l'aube, Ramsès s'entretenait avec le vizir, Améni et Mérenptah ; il laissait le soin à ce trio de concrétiser ses directives. L'après-midi, il étudiait avec Khâ les grands rituels d'État et leur apportait de nouvelles formulations.

Le roi se détachait peu à peu de l'administration du pays, confiée à d'excellentes mains ; et il se rendait souvent à Thèbes pour voir sa fille Méritamon et se recueillir dans son temple des millions d'années.

Alors que Ramsès revenait de Karnak où le grand prêtre Bakhen s'acquittait de sa tâche à la satisfaction générale, il fut accueilli au port de Pi-Ramsès par un Mérenptah soucieux.

– Un rapport inquiétant, Majesté.

Le général en chef de l'armée égyptienne conduisit lui-même le char royal qui s'élança en direction du palais.

– Si les faits sont avérés, Majesté, je dois m'accuser d'une légèreté coupable.

– Explique-toi, Mérenptah.

– L'oasis de Siwa, proche de la frontière libyenne, aurait été attaquée par une bande armée sous les ordres de Malfi.

– De quand date cette information ?

– Une dizaine de jours, mais je viens juste d'être averti.

– Pourquoi la mets-tu en doute ?

– Parce que l'identification de l'officier chargé de la sécurité de l'oasis n'est pas correcte ; mais l'urgence et le feu de l'action sont peut-être les causes de cette erreur. Si l'oasis a bien été attaquée, nous devons réagir ; et s'il s'agit bien de Malfi, nous devons étouffer sa révolte dans l'œuf !

– Pourquoi te considères-tu comme responsable, mon fils ?

– Parce que je n'ai pas été vigilant, Majesté ; la paix avec le Hatti m'a fait oublier que la guerre pouvait jaillir de l'ouest. Et ce maudit Ouri-Téchoup est toujours en liberté... Permets-moi de partir pour Siwa avec un régiment et d'écraser ces séditieux.

– En dépit de tes trente-huit ans, Mérenptah, tu as encore la fougue de la jeunesse ! Un officier expérimenté s'acquittera de cette mission. Quant à toi, mets nos forces en état d'alerte.

– Je vous jure que c'étaient des bandits libyens ! répéta Belles-Cuisses au garde frontière ensommeillé.

– Tu racontes n'importe quoi, petit ; il n'y a aucun Libyen par ici.

– J'ai couru à perdre haleine, ils voulaient me tuer ! Si je n'avais pas été un champion, ils m'auraient rattrapé. Des casques, des cuirasses, des épées, des lances... Une véritable armée !

Après une série de bâillements, le garde frontière considéra le jeune homme d'un œil mauvais.

– La bière forte fait tourner la tête... Cesse de boire ! Les ivrognes finissent mal.

– Comme la lune était pleine, insista Belles-Cuisses, j'ai même vu leur chef, avant de m'enfuir ! Un colosse aux cheveux longs et au poitrail couvert de poils roux.

Ces détails réveillèrent le fonctionnaire. Comme l'ensemble des gradés de l'armée, de la police et des douanes, il avait reçu un dessin représentant le criminel Ouri-Téchoup, avec la promesse d'une bonne prime pour qui contribuerait à l'arrestation du Hittite.

Le garde frontière brandit le portrait sous les yeux de Belles-Cuisses.

– C'est bien lui ?

– Oui, c'est bien leur chef !

Le long de la bande désertique occidentale du Delta, entre le territoire égyptien et la mer, l'administration militaire avait fait bâtir des fortins au pied desquels s'étaient développés des hameaux. Ils étaient séparés l'un de l'autre par une journée de char ou deux jours de marche rapide, et les garnisons avaient pour ordre de prévenir les généraux de Pi-Ramsès et de Memphis au moindre mouvement suspect des Libyens. S'il était une région que le haut commandement considérait comme rigoureusement surveillée, c'était bien celle-là.

Lorsque le gouverneur militaire de la zone frontalière reçut un rapport alarmiste fondé sur les déclarations d'un marchand ambulant, il se garda bien de le transmettre à ses supérieurs, de peur de se ridiculiser. L'éventualité de la capture d'Ouri-Téchoup l'incita néanmoins à envoyer une patrouille près de l'endroit où le Hittite aurait été repéré.

C'est pourquoi Nakti et ses hommes, arrachés à leur quiétude, avançaient à marche forcée dans une région inhospitalière, infestée de moustiques, avec une seule idée en tête : en terminer au plus vite avec cette pénible mission.

Nakti pestait à chaque pas ; quand serait-il enfin muté à Pi-Ramsès, dans une caserne confortable, au lieu de poursuivre des ennemis inexistants ?

– Fortin en vue, chef.

« Les gardes frontières nous prendront peut-être pour des imbéciles, pensa Nakti, mais au moins ils nous offriront à boire et à manger, et nous repartirons dès demain matin. »

– Attention, chef !

Un soldat tira Nakti en arrière ; sur le sentier, un énorme scorpion noir, en position d'attaque. Si l'officier, perdu dans ses réflexions, avait continué de progresser, il aurait été piqué.

– Tue-le, ordonna le gradé à son sauveur.

Le soldat n'eut pas le temps de bander son arc. Des flèches partirent des créneaux du fortin et se fichèrent dans les chairs des Égyptiens ; avec la précision d'archers entraînés, les Libyens commandés par Ouri-Téchoup couchèrent sur le sol tous les membres de la patrouille de Nakti.

Avec sa dague de fer, le Hittite trancha lui-même la gorge des blessés.

54

Comme chaque matin, le gouverneur militaire de la zone frontière avec la Libye se rendit à son bureau pour y consulter les rapports envoyés par les fortins ; d'ordinaire, ce pensum était vite expédié car, sur les tablettes de bois, figurait une seule mention : « Rien à signaler ».

Ce matin-là, aucun rapport.

Inutile de chercher bien loin le coupable : le soldat chargé de la distribution du courrier officiel avait oublié de se réveiller. Furieux, le gouverneur militaire se promit de le démettre de ses fonctions et de le nommer blanchisseur.

Dans la cour du fortin, un soldat maniait sans entrain son balai ; deux jeunes fantassins s'exerçaient au maniement de l'épée courte. Le gouverneur marcha d'un bon pas jusqu'au quartier des facteurs et des éclaireurs.

Sur les nattes, personne.

Stupéfait, le gouverneur s'interrogea sur les raisons d'une telle anomalie ; ni rapports ni soldats chargés de les transmettre... Quelle était la cause de cet incroyable désordre ?

Le gradé demeura bouche bée quand, soudain, la porte du fortin fut enfoncée sous les coups d'une poutre que maniaient des Libyens déchaînés, une plume fichée dans leurs cheveux.

À coups de hache, ils massacrèrent le balayeur et les

deux fantassins, avant d'ouvrir le crâne du gouverneur, pétrifié, qui n'avait même pas tenté de s'enfuir. Ouri-Téchoup cracha sur le cadavre.

– L'oasis de Siwa n'a pas été attaquée, déclara l'officier supérieur à Mérenptah ; nous avons été victimes d'une fausse information.

– Aucune victime ?

– Ni victime ni sédition ; je suis allé là-bas pour rien.

Resté seul, Mérenptah fut en proie à l'angoisse ; si l'on avait ainsi distrait son attention, n'était-ce pas pour mieux attaquer ailleurs ?

Seul Ramsès saurait apprécier l'ampleur du danger.

Au moment où Mérenptah montait sur son char, son aide de camp courut vers lui.

– Général, un message d'une garnison proche de la frontière libyenne... Une attaque en masse contre nos fortins ! La plupart sont déjà tombés et le gouverneur de la zone aurait été tué !

Jamais les chevaux de Mérenptah n'avaient galopé à une telle vitesse. Sautant en marche de son char, le fils cadet du roi gravit en courant l'escalier du palais. Avec l'appui de Serramanna, il interrompit l'audience que le pharaon accordait à des chefs de province.

Le visage décomposé de Mérenptah suffit à Ramsès pour comprendre qu'un événement grave venait de se produire ; aussi le roi congédia-t-il ses hôtes en leur promettant un prochain entretien.

– Majesté, déclara le général en chef, les Libyens ont probablement envahi le nord-ouest du Delta ; l'étendue du désastre m'est inconnue.

– Ouri-Téchoup et Malfi ! s'exclama Serramanna.

– Le Hittite est effectivement mentionné dans le rapport décousu que j'ai reçu. Et Malfi a réussi à unir les clans libyens qui s'entre-déchiraient ! Notre réaction doit être violente et rapide... À moins qu'il ne s'agisse d'un nouveau piège, comme celui de Siwa.

Si l'essentiel des troupes s'engageait au nord-ouest du Delta et s'il s'agissait bien d'un leurre, Malfi attaquerait à la hauteur de Thèbes et ne rencontrerait aucune résistance. Il mettrait la cité sainte du dieu Amon à feu et à sang.

La décision de Ramsès engageait l'avenir de l'Égypte.

– Majesté, dit Serramanna, timide, vous m'aviez promis...

– Je n'ai pas oublié : tu viendras avec moi.

Yeux noirs et cruels dans un visage carré, Malfi était considéré par ses hommes comme l'incarnation d'un démon du désert, capable de voir dans son dos et de déchirer n'importe quel adversaire avec ses doigts coupants comme des lames. La quasi-totalité des tribus libyennes s'était placée sous son commandement parce qu'il avait su, au terme de longs palabres, attiser leur vieille haine contre l'Égypte. Face à la férocité des guerriers libyens, les Égyptiens, affaiblis par une longue accoutumance à la paix, prendraient la fuite. Et la présence du Hittite Ouri-Téchoup, dont la réputation de bravoure n'était plus à établir, galvanisait les conquérants.

– Là-bas, à moins de deux heures de marche, dit Ouri-Téchoup en tendant le bras droit, ce sont les premiers villages du Delta. Bientôt, nous en prendrons possession. Ensuite, nous détruirons Pi-Ramsès dont les défenses seront réduites au minimum. Tu seras proclamé pharaon, Malfi, et ce qui restera de l'armée égyptienne se placera sous ta souveraineté.

– Ta stratégie est-elle infaillible, Ouri-Téchoup ?

– Elle l'est, car je connais bien Ramsès. La diversion de Siwa l'aura troublé et persuadé que nous avons décidé d'ouvrir plusieurs fronts. Sa priorité sera de protéger Thèbes et ses temples ; c'est pourquoi il enverra vers le Sud deux régiments, sans doute placés sous le commandement de Mérenptah. Le troisième assurera la sécurité de Memphis. Et comme Ramsès a la vanité de se croire invincible, il prendra la tête du quatrième pour nous anéantir. Nous n'aurons que quelques milliers d'hommes en face de nous, Malfi, et nous les vaincrons facilement. Je ne te demande qu'une seule faveur : laisse-moi tuer Ramsès avec ma dague.

Le Libyen hocha la tête affirmativement. Il aurait préféré disposer de davantage de temps pour aguerrir encore ses troupes, mais l'alerte donnée par un marchand ambulant l'avait contraint à précipiter l'assaut.

Un unique régiment n'effrayait pas Malfi. Les Libyens avaient envie de se battre ; décuplée par la drogue, leur ardeur leur donnerait l'avantage sur des Égyptiens timorés.

Une seule consigne : pas de quartier.

– Les voilà, annonça Ouri-Téchoup.

Les yeux de Malfi brillèrent d'une lueur d'envie. Enfin, il allait venger l'honneur de la Libye, bafoué par les pharaons depuis tant de siècles, raser les villages opulents et brûler les récoltes. Des survivants, il ferait des esclaves.

– Ramsès marche à la tête de ses troupes, constata le Hittite, exalté.

– Qui est à sa droite ?

Le visage d'Ouri-Téchoup s'assombrit.

– Son fils cadet, Mérenptah.

– Ne devait-il pas commander les troupes massées à Thèbes ?

– Nous tuerons le père et le fils.

– Et l'homme à la gauche du roi ?

– Serramanna, le chef de sa garde personnelle... Le destin nous est favorable, Malfi ! Celui-là, je l'écorcherai vivant.

Des fantassins, des archers et des chars se déployaient sur l'horizon, dans un ordre parfait.

– Il n'y a pas qu'un seul régiment, estima Malfi.

Consterné, Ouri-Téchoup n'osa pas répondre. Minute après minute, la vaste plaine se couvrait de soldats égyptiens.

Le Libyen et le Hittite se rendirent à l'évidence : Ramsès avait pris le risque de venir à leur rencontre avec les quatre régiments des dieux Amon, Râ, Ptah et Seth. C'était la totalité de la force de frappe égyptienne qui se préparait à s'abattre sur ses ennemis.

Malfi serra les poings.

– Tu croyais bien connaître Ramsès, Ouri-Téchoup !

– Sa stratégie est aberrante... Comment ose-t-il prendre autant de risques ?

Le Libyen constata que la retraite était impossible. Les archers nubiens, commandés par le vice-roi Sétaou, lui barraient la route.

– Un Libyen vaut au moins quatre Égyptiens, hurla Malfi à l'intention de ses hommes ; à l'attaque !

Alors que Ramsès demeurait impassible sur son char, les Libyens se ruèrent à l'assaut de la première ligne égyptienne ; les fantassins s'agenouillèrent, afin de faciliter la visée des archers dont le tir décima l'adversaire.

Les archers libyens ripostèrent, mais avec moins d'efficacité ; et la seconde vague d'assaut, trop désordonnée, se brisa sur les fantassins du régiment de Seth. Survint la contre-attaque des chars : sur l'ordre de Mérenptah, ils enfoncèrent les révoltés qui, malgré les invectives de Malfi, commencèrent à se débander.

Les fuyards se heurtèrent aux Nubiens de Sétaou, dont les flèches et les lances furent dévastatrices. Dès lors, l'issue du combat ne fit plus de doute ; la plupart des Libyens, écrasés par le nombre, déposèrent les armes.

Ivre de fureur, Malfi réunit autour de lui ses derniers

partisans ; Ouri-Téchoup avait disparu. Ne songeant plus au lâche qui l'avait abandonné, le Libyen n'eut plus qu'une idée en tête : massacrer le maximum d'Égyptiens. Et sa première victime ne serait autre que Mérenptah, à portée de lance.

Au plus fort de la mêlée, les regards des deux hommes se croisèrent. Malgré la distance qui les séparait, le fils cadet de Ramsès perçut la haine du Libyen.

Au même instant, les deux lances fendirent l'air.

Celle de Malfi frôla l'épaule de Mérenptah, celle du général en chef se planta dans le front du Libyen.

Malfi demeura figé quelques instants, vacilla et s'écroula.

Serramanna passait une agréable journée. Maniant sa lourde épée à double tranchant avec une dextérité remarquable, il ne comptait plus le nombre de Libyens qu'il avait taillés en pièces. La mort de Malfi découragea ses derniers partisans, et le géant sarde put s'interrompre.

En se retournant vers Ramsès, ce qu'il vit le terrifia.

Coiffé d'un casque et protégé par une cuirasse qui masquait sa toison de poils roux, Ouri-Téchoup avait réussi à s'infiltrer dans les rangs égyptiens et s'approchait du char royal par-derrière.

Le Hittite allait assassiner Ramsès.

Au prix d'une course folle, bousculant des fils royaux, Serramanna parvint à s'interposer entre le char et Ouri-Téchoup, mais n'évita pas le coup violent porté par le Hittite. La dague de fer s'enfonça dans la poitrine du géant sarde.

Mortellement blessé, Serramanna eut encore assez de forces pour saisir le cou de son ennemi juré qu'il étrangla de ses deux énormes mains.

– Tu as échoué, Ouri-Téchoup, tu es un vaincu !

Le Sarde ne desserra son étreinte qu'au moment où le Hittite cessa de respirer. Alors, tel un fauve sentant le trépas l'envahir, il se coucha sur le côté.

Ramsès soutint la tête de l'homme qui venait de le sauver.

– Vous avez remporté une grande victoire, Majesté... Et grâce à vous, quelle belle vie j'ai connue...

Fier de son ultime exploit, le Sarde partit pour l'au-delà en rendant l'âme dans les bras de Ramsès.

55

Des vases et des aiguières d'argent massif aux rebords en or d'une quinzaine de kilos, des tables d'offrande d'or et d'argent de plus de trois quintaux, une barque en pin du Liban recouverte d'or et longue de soixante-cinq mètres, des plaques d'or destinées à orner les colonnes, quatre cents kilos de lapis-lazuli, huit cents de turquoise, tels étaient, parmi tant d'autres, les trésors que Ramsès offrit aux temples de Thèbes et de Pi-Ramsès pour remercier les divinités de lui avoir accordé la victoire sur les Libyens et d'avoir sauvé l'Égypte de l'invasion.

Et cette quarante-cinquième année de son règne avait vu la naissance d'un nouveau temple de Ptah en Nubie, à Gerf Hussein, où une vieille grotte sacrée avait été transformée en sanctuaire par Sétaou. Le roi avait inauguré ce petit Abou Simbel, lui aussi creusé dans une montagne de grès ; là, comme sur de nombreux autres sites, avaient été dressées des statues colossales du monarque sous sa forme d'Osiris.

Les festivités achevées, Ramsès et Sétaou contemplèrent le coucher du soleil sur le Nil.

– Deviendrais-tu un bâtisseur infatigable, Sétaou ?

– L'exemple vient de haut, Majesté : le feu de la Nubie est si ardent qu'il doit être canalisé dans les pierres des temples. Ne seront-ils pas ta voix pour la postérité ? Et puis nous aurons bien le temps de nous reposer dans l'éternité !

Notre courte existence est le lieu de l'effort, et c'est lui seul qui nous accorde la longévité.

– Rencontres-tu des difficultés, dans tes nouvelles fonctions ?

– Rien de sérieux. Pendant ton règne, Ramsès, tu as tué la guerre. La paix avec le Hatti, la paix en Nubie, la paix imposée à la Libye... Cette œuvre-là a la beauté d'un édifice grandiose, et elle comptera au nombre de tes plus belles créations. Là où il se trouve, comme Âcha doit être heureux !

– Je pense souvent au sacrifice de Serramanna ; il a offert sa vie pour me sauver.

– Tous tes proches auraient agi comme lui, Majesté ; comment en serait-il autrement, puisque tu es notre porte-parole face à l'au-delà ?

Planté en l'an 1 du règne de Ramsès dans le jardin du palais de Thèbes, le sycomore était devenu un arbre magnifique, dispensant une ombre bienfaisante. Sous son feuillage, Ramsès avait écouté sa fille lui jouer du luth, accompagnée du chant des mésanges.

Comme chaque jour, dans tous les temples d'Égypte, les prêtres s'étaient purifiés avec l'eau des lacs sacrés et avaient célébré les rites au nom de Pharaon ; comme chaque jour, les nourritures avaient été apportées aux sanctuaires, grands et petits, pour être offertes aux divinités avant d'être redistribuées aux humains ; comme chaque jour, la puissance divine avait été éveillée et la déesse Maât avait pu dire au roi : « Tu vis de moi, le parfum de ma rosée te vivifie, tes yeux sont Maât. »

La fille de Ramsès et de Néfertari posa le luth au pied du sycomore.

– Tu es la reine d'Égypte, Méritamon.

– Lorsque tu me parles ainsi, Majesté, c'est que tu t'apprêtes à troubler ma quiétude.

– Le grand âge m'assaille, Méritamon. Bakhen veille sur la prospérité de Karnak, et ses journées comptent plus de tâches que d'heures. Toi, ma fille, sois la gardienne de mon temple des millions d'années. C'est grâce à sa magie que ta mère et moi avons vaincu l'adversité ; fais en sorte que rites et fêtes soient célébrés au moment juste, de sorte que l'énergie du Ramesseum continue à rayonner.

Méritamon embrassa la main du roi.

– Mon père... tu sais bien que tu ne nous quitteras jamais.

– Par bonheur, nul homme n'échappe à la mort.

– Les pharaons n'en ont-ils pas triomphé ? Bien qu'elle t'ait porté des coups très rudes, tu lui as résisté et je crois même que tu l'as apprivoisée.

– Elle aura le dernier mot, Méritamon.

– Non, Majesté ; la mort a laissé passer l'occasion de t'anéantir. Aujourd'hui, ton nom est présent sur tous les monuments d'Égypte et ta renommée a dépassé nos frontières ; Ramsès ne peut plus mourir.

La révolte des Libyens avait été écrasée, la paix régnait, le prestige de Ramsès ne cessait de grandir, mais les dossiers épineux continuaient à s'entasser sur le bureau d'Améni, de plus en plus grincheux. Et ce n'étaient ni le général en chef Mérenptah ni le grand prêtre Khâ qui apporteraient une solution au problème insoluble sur lequel le secrétaire particulier du roi se cassait les dents. Le vizir lui-même s'était déclaré incompétent. Vers qui se tourner, sinon vers Ramsès ?

– Je ne reproche pas à Ta Majesté de voyager, déclara Améni ; mais, lorsque tu es loin de la capitale, les ennuis ont tendance à s'accumuler.

– Notre prospérité serait-elle en péril ?

– Je persiste à penser que, dans une architecture monumentale, le plus minuscule défaut peut entraîner sa ruine. Moi, je ne travaille pas sur le grandiose, mais sur les accrocs du quotidien.

– M'épargneras-tu un long discours ?

– J'ai reçu une plainte du maire de la ville de Soumenou, en Haute-Égypte ; le puits sacré qui alimente la localité se tarit, et le clergé local s'avoue incapable d'empêcher cette catastrophe.

– As-tu envoyé des spécialistes sur place ?

– M'accuserais-tu de mal remplir ma fonction ? Une armée de techniciens a échoué. Et je me retrouve avec ce puits récalcitrant et une population angoissée !

Plusieurs maîtresses de maison s'étaient rassemblées au bord d'un des canaux qui irriguaient les champs de la cité de Soumenou. Au milieu de l'après-midi, elles venaient laver la vaisselle, à bonne distance des blanchisseurs auxquels était réservée une autre portion du canal. On bavardait, on échangeait des confidences, on colportait des ragots et l'on ne se privait pas de critiquer tel ou telle. La langue la mieux pendue de la ville était celle de Brunette, la jolie épouse d'un menuisier.

– Si le puits est à sec, dit-elle, nous devrons quitter la ville.

– Impossible ! protesta une servante ; ma famille habite ici depuis plusieurs générations, et je ne veux pas que mes enfants soient élevés ailleurs qu'à Soumenou.

– Sans l'eau du puits, comment t'y prendras-tu ?

– Les prêtres doivent intervenir !

– Ils ont échoué. Même le plus savant d'entre eux est incapable de repousser cette calamité.

Aveugle et boiteux, un vieil homme s'approcha du groupe de femmes.

– J'ai soif... Donnez-moi à boire, je vous prie.

Brunette intervint avec vigueur.

– Ne nous importune plus, traînard ! Gagne ta vie, et tu auras à boire.

– La chance a tourné, la maladie m'a accablé, et...

– Nous avons trop entendu cette fable. Décampe, ou nous te jetons des pierres !

L'aveugle battit en retraite, les conversations reprirent.

– À moi, me donnerez-vous de l'eau ?

Les femmes se retournèrent, subjuguées par le sexagénaire qui les avait questionnées. À sa prestance, il était aisé de reconnaître un puissant personnage.

– Seigneur, dit Brunette, nous sommes prêtes à vous satisfaire !

– Pourquoi avez-vous repoussé ce malheureux ?

– Parce qu'il n'est qu'un bon à rien et qu'il nous importune sans cesse !

– Rappelez-vous la loi de Maât : « Ne vous moquez pas des aveugles, ne tournez pas les nains en dérision, ne faites aucun mal aux boiteux, car nous sommes tous, bien portants ou infirmes, dans la main de Dieu. Que personne ne reste abandonné et sans soins. »

Honteuses, les maîtresses de maison baissèrent les yeux ; mais Brunette se rebella.

– Qui êtes-vous, pour nous parler sur ce ton ?

– Le pharaon d'Égypte.

Pétrifiée, Brunette se réfugia dans les jupes de ses compagnes.

– Un maléfice pèse sur le puits principal de Soumenou à cause de votre attitude méprisante et méprisable envers ce malheureux : voilà la conclusion à laquelle je suis parvenu, après avoir passé plusieurs jours ici.

Brunette se prosterna devant Ramsès.

– Modifier notre attitude suffira-t-elle à sauver le puits ?

– Vous avez courroucé le dieu qui l'habite et je dois l'apaiser.

Quand la statue monumentale du dieu Sobek, homme à tête de crocodile assis sur un trône, sortit de l'atelier des sculpteurs de la Maison de Vie de Soumenou, les habitants de la cité se pressèrent sur son passage. Tirée par une équipe de tailleurs de pierre qui la firent glisser sur des rondins disposés sur un sol mouillé, l'effigie progressa lentement jusqu'au puits principal où l'attendait Ramsès, qui récita lui-même les litanies priant Sobek de faire surgir du Noun, océan primordial entourant la terre, l'eau indispensable à la survie des humains.

Puis le roi ordonna aux artisans de descendre le dieu au fond du puits où il accomplirait son œuvre de vie.

Dès le lendemain, le puits de Soumenou dispensait à nouveau le précieux liquide aux habitants de la cité qui organisèrent un banquet où se côtoyèrent l'aveugle et l'épouse du menuisier.

56

Né d'un père égyptien et d'une mère phénicienne, Héfat avait mené une brillante carrière. Écolier studieux, étudiant remarquable à l'université de Memphis où ses dons en mathématiques avaient ébloui des professeurs exigeants, il avait longtemps hésité entre plusieurs postes avant d'entrer au service central de l'hydrologie qui gérait les eaux du Nil, depuis les prévisions de la crue jusqu'aux méthodes d'irrigation.

Au fil des ans, Héfat était devenu l'interlocuteur obligé du vizir, des ministres et des chefs de province. Son habileté à flatter ses supérieurs lui avait permis de s'élever régulièrement dans la hiérarchie, en faisant oublier que son modèle avait été Chénar, le frère aîné du pharaon. Chénar, traître à sa patrie, mais courtisan et politicien à l'ambition fascinante.

Par chance, Héfat s'était montré prudent en évitant de prendre ouvertement parti pour Chénar, qui avait connu une fin tragique.

La cinquantaine dynamique, marié et père de deux enfants, Héfat apparaissait comme un notable bien installé au sommet d'une administration dont il contrôlait chaque rouage d'une main de fer. Qui aurait pu supposer qu'il était le dernier membre important du réseau d'influences mis en place par Chénar, dans sa stratégie de conquête du trône ?

Ces lointains souvenirs auraient dû rester enfouis dans le

passé, si le haut fonctionnaire n'avait pas rencontré le marchand phénicien Narish dont la fortune l'avait ébloui. Héfat avait pris conscience qu'un homme de sa qualité, et disposant de ses compétences, pouvait, lui aussi, devenir très riche.

En dînant avec le Phénicien, Héfat avait ouvert les yeux. Ramsès serait bientôt septuagénaire et il abandonnerait le gouvernement du pays à des hommes conventionnels, incapables de prendre des initiatives. Son fils aîné Khâ était un mystique éloigné des exigences de l'administration ; Mérenptah obéissait aveuglément à son père et serait désemparé lors de sa disparition ; et Améni, scribe vieillissant, serait écarté.

À y bien réfléchir, le pouvoir en place était beaucoup plus fragile qu'il n'y paraissait. Obligé de recourir à la magie des fêtes de régénération et aux soins du médecin-chef Néféret, Ramsès déclinait.

Le moment n'était-il pas venu de frapper un coup décisif et de réaliser le rêve de Chénar ?

Mérenptah introduisit l'ambassadeur du Hatti dans la grande salle d'audience du palais de Pi-Ramsès. Le diplomate était seul, sans la cohorte habituelle de porteurs de cadeaux ; il s'inclina devant Ramsès.

– Majesté, j'ai une triste nouvelle à vous apprendre : votre frère, l'empereur du Hatti, vient de mourir.

De la bataille de Kadesh à la visite en Égypte de l'empereur du Hatti, de nombreuses scènes surgirent de la mémoire du pharaon. Hattousil avait été un redoutable adversaire avant de se comporter en allié loyal ; avec lui, Ramsès avait bâti un monde meilleur.

– Son successeur a-t-il été désigné ?

– Oui, Majesté.

– Est-il décidé à respecter le traité de paix ?

La gorge de Mérenptah se serra.

– Les décisions de notre défunt empereur engagent ses

successeurs, répondit l'ambassadeur. Pas une seule clause du traité ne sera remise en cause.

– Tu transmettras mes condoléances et mes affectueuses pensées à l'impératrice Poutouhépa.

– Hélas, Majesté, l'impératrice était souffrante et le décès de l'empereur Hattousil a précipité sa fin.

– Assure le nouveau maître du Hatti de mon amitié et de ma bienveillance ; qu'il sache que l'aide de l'Égypte ne lui fera pas défaut.

Dès le départ de l'ambassadeur, Ramsès s'adressa à son fils.

– Contacte immédiatement nos informateurs et qu'ils m'adressent, dans les plus brefs délais, un rapport détaillé sur la situation au Hatti.

L'Égyptien Héfat reçut le Phénicien Narish dans sa belle villa de Pi-Ramsès ; il lui présenta son épouse et ses deux enfants, se félicita de leur excellente éducation et du bel avenir qui leur était promis. Après un agréable déjeuner au cours duquel furent échangées force banalités, le chef du service d'hydrologie et le négociant étranger se retirèrent sous un kiosque en bois de sycomore, aux colonnettes finement ouvragées.

– Votre invitation m'honore, dit le Phénicien, mais pardonnez-moi d'être direct : quel en est le véritable motif? Je fais du commerce, vous êtes un technicien supérieur... Nous n'avons aucun point commun.

– J'ai entendu dire que la politique commerciale de Ramsès ne vous donnait pas satisfaction.

– Sa ridicule mise en cause du bien-fondé de l'esclavage nous fait du tort, c'est certain ; mais l'Égypte finira par comprendre qu'elle est isolée et que sa position est intenable.

– Cela pourrait prendre de nombreuses années... Et vous comme moi aimerions nous enrichir sans tarder.

Le Phénicien fut intrigué.

– Je perçois mal le sens de votre discours, Héfat.

– Aujourd'hui, Ramsès règne sans partage ; mais ce ne fut pas toujours le cas. Et ce pouvoir absolu cache une grave faiblesse : son âge. Et je ne parle pas de l'inaptitude des deux favoris pour la succession, Khâ et Mérenptah.

– Je ne me mêle pas de politique, et encore moins de celle de l'Égypte.

– Mais vous croyez à la toute-puissance du profit, n'est-ce pas ?

– N'est-ce pas l'avenir de l'humanité ?

– Hâtons-le, cet avenir ! Vous comme moi, pour des raisons différentes, avons une revanche à prendre sur Ramsès, un vieux roi désormais incapable de réagir. Mais ce n'est pas là l'essentiel ; il est possible de profiter de la dégénérescence du pouvoir central pour réaliser une fantastique opération commerciale.

– De quel ordre ?

– Au bas mot, tripler la richesse de la Phénicie. Et je suis certainement au-dessous de la vérité. Inutile de dire que l'instigateur de cet heureux événement, vous, Narish, sera porté au pinacle.

– Et vous, Héfat ?

– Dans un premier temps, je préfère rester dans l'ombre.

– Quel est votre plan ?

– Avant de vous le dévoiler, je dois être sûr de votre silence.

Le négociant sourit.

– Mon cher Héfat, la parole donnée n'a de valeur qu'en Égypte ; si vous vous lancez dans les affaires, il vous faudra abandonner au plus vite cette morale archaïque.

Le haut fonctionnaire hésita à sauter le pas. Si le Phénicien le trahissait, il finirait ses jours en prison.

– Entendu, Narish ; je vais tout vous expliquer.

Au fur et à mesure qu'Héfat s'exprimait, le Phénicien se demanda comment une telle folie avait pu germer dans la pensée d'un sujet de Pharaon. Mais lui, Narish, ne courait aucun risque, et l'Égyptien avait raison : si l'opération réussissait, une fortune phénoménale leur était promise, et le règne de Ramsès se terminerait par un désastre.

Mérenptah ne parvenait pas à chasser de son esprit l'épisode libyen. Lui, le général en chef chargé de la sécurité du territoire, n'avait pas su déjouer la manœuvre de Malfi. Sans la clairvoyance et l'audace de Ramsès, les révoltés auraient envahi le Delta, saccagé la capitale et tué des milliers d'Égyptiens.

Tirant profit de l'expérience, Mérenptah avait lui-même inspecté les fortins chargés d'observer les déplacements des tribus libyennes et de donner l'alerte en cas de danger. Le fils cadet du roi avait procédé à d'indispensables mutations, resserré la discipline et insisté sur la mission vitale que remplissaient les militaires assignés à cette tâche ingrate.

Mérenptah ne croyait pas à la défaite définitive des Libyens. Certes Malfi avait disparu, mais d'autres revanchards, aussi haineux que lui, le remplaceraient et prôneraient la guerre à outrance contre l'Égypte. Aussi le général en chef avait-il entrepris de renforcer la protection du flanc nord-ouest du Delta, avec le plein accord de Ramsès.

Mais comment évoluerait la situation au Hatti ? La mort d'Hattousil, souverain intelligent et réaliste, ne marquait-elle pas le début d'une crise interne qu'avait tenté de masquer l'ambassadeur par des déclarations rassurantes ? Chez les Hittites, on s'emparait volontiers du trône en utilisant le poison ou le poignard. Et le vieil empereur s'était peut-être trompé en croyant avoir anéanti toute forme d'opposition.

Impatient d'obtenir des nouvelles sûres du Hatti, Mérenptah maintenait ses régiments sur le pied de guerre.

Quoiqu'il ne dédaignât pas le poisson, Veilleur avait une préférence marquée pour la viande rouge ; l'œil aussi vif que les précédents représentants de sa dynastie, le chien de Ramsès prisait les entretiens avec son maître ; un repas sans bonnes paroles n'avait pas le même goût.

Le roi et Veilleur achevaient leur déjeuner en tête à tête lorsque Mérenptah arriva au palais.

– Majesté, j'ai lu tous les rapports de nos indicateurs et je me suis longuement entretenu avec le chef de nos agents en poste à Hattousa.

Ramsès versa du vin dans une coupe en argent et l'offrit à son fils.

– Ne me cache rien, Mérenptah ; je veux connaître l'exacte vérité.

– L'ambassadeur du Hatti ne nous a pas menti : le successeur d'Hattousil est fermement décidé à respecter le traité de paix et à entretenir d'excellentes relations avec l'Égypte.

57

La crue du Nil... Un miracle renouvelé chaque année, un don des dieux qui déclenchait la ferveur de la population et sa reconnaissance envers le pharaon, seul capable de faire monter les eaux du fleuve pour féconder la terre.

Et la crue de cette année-là était remarquable : onze mètres ! Depuis le début du règne de Ramsès, jamais l'eau vivificatrice, jaillie des profondeurs de l'océan céleste, n'avait fait défaut.

La paix avec le Hatti confirmée, l'été s'annonçait riche en fêtes et en promenades d'une agglomération à l'autre, grâce à de multiples barques réparées pendant l'hiver. Comme tous ses compatriotes, le haut fonctionnaire Héfat admirait le spectacle grandiose qu'offrait le Nil, transformé en lac d'où émergeaient les buttes sur lesquelles avaient été bâtis les villages. Sa famille était partie pour Thèbes afin de passer quelques semaines de vacances chez ses parents, et il avait les coudées franches pour agir à sa guise.

Pendant que les paysans se reposaient, les responsables de l'irrigation travaillaient sans relâche. Mais Héfat observait la crue d'un autre œil. Pendant que les bassins de réserve se remplissaient, séparés par des digues de terre que l'on rompait au fur et à mesure des besoins, Héfat se félicitait de l'idée géniale qui allait faire de lui un homme plus riche et plus puissant que Ramsès le Grand.

Les hauts responsables de l'administration égyptienne avaient demandé audience à Ramsès pour lui soumettre une proposition qu'ils estimaient raisonnable. Sans se concerter, les uns et les autres étaient parvenus à la même conclusion.

Le monarque les avait écoutés avec attention. Sans leur opposer un refus catégorique, il leur avait déconseillé d'entreprendre la démarche envisagée dont il souhaitait pourtant le succès. Interprétant les paroles de Ramsès comme un encouragement, le directeur du Trésor, avec un courage apprécié de ses collègues, s'était rendu au bureau d'Améni le soir même, après que le secrétaire particulier du pharaon eut renvoyé son personnel dans ses foyers.

Proche de sa soixante-dixième année, Améni était semblable à l'étudiant qui avait juré fidélité à Ramsès avant que le destin de ce dernier ne fût celui d'un pharaon : le teint pâle, fluet, toujours aussi maigre et aussi affamé malgré la quantité de nourriture qu'il absorbait, le dos perpétuellement douloureux mais capable de supporter des fatigues qui auraient cloué au sol n'importe quel colosse, travailleur acharné, précis et méticuleux ne dormant que quelques heures par nuit et relisant lui-même tous les dossiers.

– Un ennui? demanda-t-il au directeur du Trésor.

– Pas exactement.

– Alors, quoi? Je travaille, moi.

– Nous nous sommes réunis sous la direction du vizir, et...

– Qui, nous?

– Eh bien... le directeur de la Double Maison blanche, le ministre de l'Agriculture, le...

– Je vois. Et quel était le motif de cette réunion?

– À dire vrai, il y en avait deux.

– Voyons d'abord le premier.

– Pour services rendus à l'Égypte, vos collègues de la

haute administration désirent vous offrir une villa dans la localité de votre choix.

Améni posa son pinceau.

– Intéressant... Et le second motif?

– Vous avez beaucoup travaillé, Améni, beaucoup plus que ne l'exigeait l'administration. Sans doute, en raison de votre dévouement, n'y avez-vous pas songé... Mais l'heure de la retraite n'est-elle pas venue pour vous? Une retraite paisible, dans une maison confortable, sans oublier l'estime générale. Qu'en pensez-vous?

Le silence d'Améni parut de bon augure.

– Je savais que vous entendriez la voix de la raison, conclut le directeur du Trésor, ravi; mes collègues apprendront votre décision avec satisfaction.

– Je n'en suis pas si sûr.

– Pardon?

– Jamais je ne prendrai ma retraite, déclara Améni avec fougue, et personne, à l'exception de Pharaon, ne me fera quitter ce bureau. Tant qu'il n'exigera pas ma démission, je continuerai à travailler à mon rythme et selon mes méthodes. Est-ce bien clair?

– Nous pensions que dans votre intérêt...

– N'y pensez plus.

Héfat et le Phénicien Narish se revirent chez l'Égyptien, lors d'une chaude journée d'été. Le négociant apprécia la bière fraîche, légère et digestive qui lui était servie.

– Je ne voudrais pas me montrer prétentieux, dit Narish, mais je crois avoir fait de l'excellente besogne : les marchands phéniciens sont prêts à acheter l'Égypte. Mais vous, Héfat, êtes-vous prêt à la vendre?

– Je n'ai pas changé d'avis.

– La date précise?

– Il m'est impossible de violer les lois de la nature, mais nous n'avons plus longtemps à patienter.

– Aucun obstacle sérieux ?

Héfat afficha sa confiance.

– Grâce à ma position administrative, aucun.

– Le sceau du grand prêtre de Memphis ne vous sera-t-il pas indispensable ?

– Si, mais ce grand prêtre est Khâ, perdu dans sa quête spirituelle et son amour des vieilles pierres. Il ne prendra même pas garde au document qu'il signera.

– Un détail me préoccupe, avoua le Phénicien ; pourquoi haïssez-vous votre pays ?

– Grâce à notre arrangement, l'Égypte ne souffrira guère et s'ouvrira enfin au monde extérieur qui balaiera ses vieilles superstitions et ses coutumes désuètes, comme le souhaitait mon modèle, Chénar. C'est Ramsès qu'il voulait abattre, et c'est moi qui terrasserai ce tyran. Les Hittites, les Libyens, les magiciens ont échoué, et Ramsès ne se méfie plus : mais moi, Héfat, je vaincrai.

– La réponse est non, dit Améni au chef de la province des Deux Faucons, un fort gaillard au menton volontaire.

– Pour quelle raison ?

– Parce que aucune province ne bénéficiera de privilèges particuliers, au détriment des autres.

– J'ai pourtant reçu les encouragements de l'administration centrale !

– Possible, mais aucune administration n'est autorisée à faire la loi ! Si j'avais suivi nos hauts fonctionnaires en toutes circonstances, l'Égypte serait ruinée.

– Votre refus est-il définitif ?

– Le système d'irrigation ne sera pas modifié, et l'eau des bassins de retenue sera relâchée à la période habituelle, et pas auparavant.

– En ce cas, j'exige de voir le roi !

– Il vous recevra, mais ne lui faites pas perdre son temps.

Handicapé par un avis défavorable d'Améni, le chef de province n'avait aucune chance d'emporter l'adhésion de Ramsès ; il ne lui restait plus qu'à regagner sa capitale provinciale.

Améni était intrigué.

Que ce soit par courrier ou au cours d'entretiens directs, six chefs d'importantes provinces lui avaient demandé de confirmer la décision prise par les services d'hydrologie de Memphis : relâcher très vite l'eau des bassins de retenue pour augmenter la surface cultivable.

Double erreur, selon Améni, car, d'une part, un tel développement agricole ne s'imposait pas et, d'autre part, l'irrigation devait être assurée de manière progressive et non brutale. Par bonheur, les techniciens ignoraient que la majorité des chefs de province, avec une discrétion exemplaire, consultaient toujours le secrétaire particulier du roi avant de s'engager sur un terrain glissant.

S'il n'avait pas eu tant de problèmes à régler, Améni aurait volontiers mené une enquête pour identifier le responsable de ces aberrations.

Le scribe commença à étudier un rapport relatif à des plantations de saules en Moyenne-Égypte mais, incapable de se concentrer, interrompit sa lecture. Décidément, cet incident était trop grave pour être négligé.

Ramsès et Khâ franchirent le pylône d'accès du temple de Thot à Hermopolis, traversèrent une cour inondée de soleil et furent accueillis par le grand prêtre du dieu, sur le seuil du temple couvert. Le roi et son fils admirèrent les salles où ne pénétraient que les serviteurs de Thot, patron des scribes et des savants, et se recueillirent dans son sanctuaire.

– C'est ici que se termine ma quête, déclara Khâ.

– As-tu découvert le livre de Thot ?

– J'ai longtemps cru qu'il s'agissait d'un écrit très

ancien, caché dans la bibliothèque d'un temple. Mais j'ai enfin compris que chacune des pierres de nos sanctuaires était l'une des lettres de ce livre, rédigé par le dieu de la Connaissance pour donner un sens à notre vie. Thot a transmis son message dans chaque sculpture et dans chaque hiéroglyphe, et c'est à notre esprit que revient la tâche de rassembler ce qui est épars, de la même façon qu'Isis a réuni les morceaux dispersés du corps d'Osiris. Notre pays entier, mon père, est un temple à l'image du ciel ; et il appartient au pharaon de maintenir ce livre ouvert pour que les yeux du cœur puissent le déchiffrer.

La joie et la fierté qu'éprouva Ramsès en écoutant les paroles du sage, nul poète, même Homère, n'aurait trouvé les mots pour les décrire.

58

Quoique simple, l'idée du technicien Héfat serait d'une efficacité redoutable : relâcher avant l'heure les réserves d'eau accumulées dans les bassins d'irrigation et faire endosser cette erreur à l'administration, et en premier lieu à Khâ, le fils aîné de Ramsès, chargé d'apposer son sceau sur le document engageant son autorité théorique de superviseur des canaux.

Rassurés par les études falsifiées qu'Héfat avait pris soin de leur expédier, les chefs de province étaient tombés dans le piège et croiraient pouvoir disposer de réserves supplémentaires pour développer leurs cultures et enrichir leur région. Quand on prendrait conscience de l'accumulation des erreurs, il serait trop tard. Il n'y aurait plus assez d'eau pour assurer l'irrigation et l'espoir de récoltes serait réduit à néant.

Au-delà de Khâ, c'est Ramsès qui se trouverait accusé.

Interviendraient alors Narish et les commerçants phéniciens qui proposeraient, à un prix exorbitant, les produits dont l'Égypte aurait besoin ; le Trésor serait contraint d'accepter leurs conditions, et le vieux pharaon serait emporté par la tourmente, pendant qu'Héfat récolterait les énormes bénéfices de la transaction. Si les circonstances s'y prêtaient, il chasserait le vizir pour prendre sa place ; sinon, fortune faite, il s'installerait en Phénicie.

Dernière formalité à accomplir : demander à Khâ

d'apposer son sceau. Héfat n'aurait même pas à rencontrer le grand prêtre qui ordonnerait à son secrétaire de s'acquitter de cette tâche.

Ce dernier reçut chaleureusement le technicien.

– Vous avez de la chance, le grand prêtre est ici, et il vous recevra volontiers.

– Ce ne sera pas nécessaire, protesta Héfat ; je ne voudrais pas l'importuner.

– Suivez-moi, je vous prie.

Nerveux, le haut fonctionnaire fut introduit dans une bibliothèque où Khâ, vêtu d'une tunique qu'on eût dit taillée dans une peau de panthère, étudiait des papyrus.

– Je suis heureux de vous rencontrer, Héfat.

– C'est pour moi un grand honneur, prince ; mais je ne souhaitais pas interrompre vos recherches.

– De quelle manière puis-je vous être utile ?

– Une simple régularisation administrative...

– Montrez-moi le document.

La voix de Khâ était grave, son ton autoritaire ; le grand prêtre ne correspondait pas au rêveur qu'Héfat avait imaginé.

– C'est une proposition insolite qui nécessite un examen attentif, estima Khâ.

Le sang du technicien se glaça dans ses veines.

– Non, prince, une méthode banale pour faciliter l'irrigation, rien de plus.

– Vous êtes trop modeste ! Comme je suis incapable d'émettre un avis, je transmettrai ce document à une personnalité compétente.

« Un autre spécialiste », pensa Héfat, rassuré ; il n'aurait guère de peine à le convaincre, en s'appuyant sur sa position prééminente dans la hiérarchie.

– Voici celui qui va vous juger, annonça Khâ.

Vêtu d'une robe de lin fin aux larges manches, Ramsès portait aux poignets ses deux fameux bracelets d'or dont le motif central, en lapis-lazuli, représentait un canard sauvage.

Le regard du pharaon perça l'âme d'Héfat et l'obligea à reculer jusqu'à se heurter aux étagères chargées de papyrus.

– Tu as commis une lourde erreur, déclara Ramsès, en croyant que ton savoir te suffirait à ruiner ton pays ; ignores-tu que l'avidité est une maladie incurable qui rend aveugle et sourd ? Pour un technicien, tu as été bien superficiel en considérant que des incapables gouvernaient l'Égypte.

– Majesté, je vous supplie de...

– Ne gaspille pas la parole, Héfat ; tu n'es pas digne de l'utiliser. Dans ton comportement, je distingue la marque de Chénar, la veulerie qui conduit un homme à se détruire en trahissant Maât. Ton avenir est à présent entre les mains des juges.

C'était Améni qui, grâce à une enquête rigoureuse, avait sauvé le pays d'un danger bien réel. Le roi aurait aimé le récompenser, mais comment ne pas le vexer ? Entre les deux hommes, un simple regard complice avait suffi. Et Améni s'était remis au travail.

Et les saisons et les jours s'étaient écoulés, simples et heureux, jusqu'au printemps de la cinquante-quatrième année du règne de Ramsès le Grand qui, après avoir consulté le médecin-chef Néféret, avait pris une décision contre son avis. Revigoré par la célébration de sa neuvième fête de régénération, le monarque avait éprouvé le désir de parcourir la campagne égyptienne.

Le mois de mai voyait le retour des fortes chaleurs, bienfaisantes pour les rhumatismes du roi.

C'était le temps des moissons. Les paysans progressaient en maniant une faucille au manche de bois et coupaient très haut les tiges des blés mûrs ; puis les épis étaient rassemblés en gerbes et portés sur les aires par des ânes à l'inépuisable courage. La construction des meules de paille réclamait des mains expertes, capables de dresser des pyramides tronquées qui devraient rester solides une bonne partie de l'année. Pour renforcer la meule, on y plantait deux longs bâtons.

Dès que le pharaon entrait dans un village, les notables lui présentaient une table d'offrandes chargée d'épis et de fleurs ; puis le monarque s'asseyait sous un kiosque et écoutait les doléances. Les scribes prenaient des notes et les transmettaient à Améni qui avait exigé de lire l'ensemble des rapports rédigés pendant le voyage.

Le roi constata que, dans l'ensemble, l'agriculture se portait bien et qu'il n'existait pas de maux sans remèdes, bien que la perfection fût hors d'atteinte. Les plaideurs ne se montrèrent pas agressifs, à l'exception d'un paysan de Béni Hassan dont la véhémence choqua l'entourage du pharaon.

– Je passe mes journées à cultiver, se plaignit-il, les nuits à réparer mes outils, je cours après mes bêtes qui ne cessent de s'enfuir, et voici l'inspecteur des impôts qui m'assaille et me pille ! Avec son armée de rapaces, il me traite de voleur, me roue de coups parce que je suis incapable de payer, et emprisonne ma femme et mes enfants ! Comment pourrais-je être heureux ?

Chacun redouta une réaction violente de Ramsès, mais ce dernier demeura impassible.

– Désires-tu formuler d'autres critiques ?

Le paysan fut étonné.

– Non, Majesté, non...

– L'un de tes proches est scribe, n'est-ce pas ?

L'homme ne parvint pas à dissimuler sa gêne.

– Oui, mais...

– Il t'a appris un texte classique enseigné dans toutes les écoles de scribes qui exaltent leur métier pour mieux dénigrer les autres, et tu l'as plutôt bien récité ; mais souffres-tu vraiment de tous les maux que tu viens de me décrire ?

– Il y a quand même des bêtes qui s'enfuient et passent d'un champ à l'autre... Et ça fait des histoires.

– Si tu ne parviens pas à t'entendre à l'amiable avec tes voisins, fais appel au juge du village. Et n'accepte jamais l'injustice, si infime soit-elle. Ainsi, tu aideras Pharaon à gouverner.

Ramsès inspecta de nombreux enclos à céréales et ordonna aux mesureurs des grains de manier le boisseau avec rigueur. Puis il inaugura, à Karnak, la fête des moissons en commençant à remplir l'un des grands greniers du domaine d'Amon. Prêtres et dignitaires notèrent que, malgré son âge, le maître des Deux Terres avait encore la main ferme et le geste sûr.

Bakhen, le grand prêtre, accompagna son hôte illustre sur un chemin qui traversait des champs luxuriants, proches du temple, avant de rejoindre un embarcadère. Fatigué, Ramsès avait accepté d'être transporté en chaise à porteurs.

Bakhen fut le premier à apercevoir le paresseux qui, au lieu de travailler avec ses camarades, sommeillait sous un saule. Il espérait que le roi ne le verrait pas, mais l'œil de Ramsès était encore acéré.

– Cette faute sera punie, promit le grand prêtre.

– Pour une fois, sois indulgent ; n'est-ce pas moi qui ai fait planter des saules dans toute l'Égypte ?

– Cet homme ne saura jamais ce qu'il vous doit, Majesté.

– J'ai parfois eu la tentation, comme lui, de m'endormir sous un arbre et d'oublier le poids de ma fonction.

Non loin de l'embarcadère, Ramsès ordonna aux porteurs de le déposer.

– Majesté, s'inquiéta Bakhen, pourquoi marcher ?

– Regarde cette petite chapelle, là-bas... Elle est en ruine.

Un modeste sanctuaire de la déesse des Moissons, un cobra femelle, avait souffert du temps et de l'indifférence ; entre les pierres disjointes poussaient des herbes folles.

– Voici une véritable faute, estima Ramsès ; fais restaurer et agrandir cette chapelle, Bakhen, équipe-la d'une porte en pierre et qu'une statue de la déesse, créée par les sculpteurs de Karnak, réside en son sein. Ce sont les divinités qui ont façonné l'Égypte ; ne les négligeons pas, même dans leurs aspects les plus modestes.

Le maître des Deux Terres et le grand prêtre d'Amon déposèrent des fleurs des champs au pied du sanctuaire, en hommage au *ka* de la déesse ; au sommet du ciel, un faucon décrivait des cercles en planant.

59

Sur le chemin du retour vers la capitale, Ramsès fit halte à Memphis pour s'entretenir avec son fils Khâ qui venait d'achever le programme de restauration des monuments de l'Ancien Empire et d'embellir encore le temple souterrain des taureaux Apis.

Au débarcadère, ce fut le médecin-chef Néféret, toujours aussi belle et élégante, qui accueillit le roi.

– Comment vous portez-vous, Majesté ?

– Un peu de lassitude, des douleurs dorsales, mais le corps tient bon. Vous semblez bouleversée, Néféret.

– Khâ est très malade.

– Vous ne voulez pas dire... ?

– Une maladie que je connais mais que je ne guérirai pas. Le cœur de votre fils est usé, les remèdes n'agissent plus.

– Où se trouve-t-il ?

– Dans la bibliothèque du temple de Ptah, au milieu des textes qu'il a tant étudiés.

Le roi se rendit immédiatement auprès de Khâ.

À l'approche de la soixantaine, le visage anguleux et sévère du grand prêtre était devenu serein. Dans ses yeux bleu foncé s'était épanouie la paix intérieure d'un être qui, sa vie durant, s'était préparé à rencontrer l'au-delà. Nulle crainte ne déformait ses traits.

– Majesté ! J'espérais tant vous revoir avant mon départ...

Pharaon prit la main de son fils.

– Que Pharaon permette à son humble serviteur de reposer dans la montagne de vie comme un ami utile à son maître, car il n'est pas de plus grand bonheur... Permets-moi d'atteindre le bel Occident et de demeurer l'un de tes proches. J'ai tenté de respecter Maât, j'ai exécuté tes ordres en remplissant les missions que tu m'as confiées...

La voix grave de Khâ s'éteignit doucement, Ramsès la recueillit en lui comme un trésor inaltérable.

Khâ avait été inhumé dans le temple souterrain des taureaux Apis, auprès de ces êtres chers dont la forme animale cachait l'expression de la puissance divine. Ramsès avait posé sur le visage de la momie un masque d'or et choisi les pièces du mobilier funéraire, meubles, vases et bijoux, autant de chefs-d'œuvre créés par les artisans du temple de Ptah et destinés à accompagner l'âme de Khâ sur les beaux chemins de l'éternité.

Le vieux roi avait dirigé la cérémonie des funérailles avec une vigueur surprenante, maîtrisant son émotion pour ouvrir les yeux et la bouche de son fils, afin qu'il parte vivant dans l'autre monde.

À tout instant, Mérenptah se tenait prêt à porter secours à son père, mais Ramsès ne manifesta aucune faiblesse. Pourtant, Améni sentait que son ami d'enfance puisait au tréfonds de lui-même la force nécessaire pour rester d'une dignité exemplaire face à la nouvelle tragédie qui le frappait.

Le couvercle fut posé sur le sarcophage de Khâ, la tombe scellée.

Et lorsqu'il se sentit hors de la vue des courtisans, Ramsès pleura.

C'était l'une de ces matinées chaudes et ensoleillées, comme Ramsès les aimait. Il avait laissé le soin à un grand prêtre de célébrer à sa place le rite de l'aube et ne s'entretiendrait avec le vizir qu'en fin de matinée. Pour essayer d'oublier la souffrance, le roi travaillerait comme à l'accoutumée, bien que son énergie habituelle lui fît défaut.

Mais ses jambes demeurèrent paralysées et il ne parvint pas à se lever. De sa voix impérieuse, il appela son majordome.

Quelques minutes plus tard, Néféret était au chevet du monarque.

– Cette fois, Majesté, il va falloir m'écouter et m'obéir.

– Vous m'en demandez trop, Néféret.

– Si vous en doutiez encore, votre jeunesse s'est définitivement envolée et vous devez changer de comportement.

– Vous êtes l'adversaire le plus redoutable que j'aie eu à affronter.

– Pas moi, Majesté : la vieillesse.

– Votre diagnostic... Et surtout, ne me cachez rien !

– Vous remarcherez dès demain, mais en vous servant d'une canne ; et vous boiterez un peu à cause de l'arthrose de la hanche droite. Je m'efforcerai d'atténuer la douleur, mais le repos est indispensable, et vous devrez désormais économiser vos efforts. Ne vous étonnez pas si vous êtes parfois ankylosé, avec une sensation de paralysie ; elle ne sera que passagère, si vous acceptez plusieurs massages quotidiens. Certaines nuits, vous éprouverez des difficultés à vous étendre de tout votre long ; des pommades calmantes vous viendront en aide. Et de fréquents bains de boue du Fayoum compléteront le traitement médicamenteux.

– Des médicaments... Tous les jours ? Vous me considérez donc comme un vieillard impotent !

– Je vous l'ai déjà dit, Majesté, vous n'êtes plus un jeune homme et vous ne conduirez plus votre char ; mais, si vous devenez un patient docile, vous éviterez une dégradation rapide de votre état de santé. Des exercices quotidiens, comme la marche ou la natation, à condition de ne pas commettre d'excès, préserveront votre mobilité. Votre état général est plutôt satisfaisant, pour un homme qui a oublié, toute sa vie, de prendre du repos.

Le sourire de Néféret réconforta Ramsès. Aucun ennemi n'était parvenu à le vaincre, sauf cette maudite vieillesse dont se plaignait l'auteur préféré de Néfertari, le sage Ptah-hotep. Mais lui avait atteint cent dix ans lorsqu'il avait rédigé ses *Maximes* ! Maudite vieillesse, dont l'unique avantage était de le rapprocher des êtres chers qu'il avait tant envie de rejoindre dans les champs fertiles de l'autre monde où la fatigue n'existait pas.

– Votre point le plus faible, ajouta le médecin-chef, ce sont vos dents ; mais je veillerai sur elles pour vous éviter tout risque d'infection.

Ramsès se plia aux exigences de Néféret. En quelques semaines il recouvra une partie de ses forces, mais il avait compris que son corps, usé par trop de combats et d'épreuves, n'était plus qu'un outil vieilli, sur le point de se briser.

L'accepter fut sa dernière victoire.

C'est dans le silence et l'obscurité du temple de Seth, la formidable puissance du cosmos, que Ramsès le Grand prit son ultime décision.

Avant de l'officialiser sous la forme d'un décret qui prendrait force de loi, le maître des Deux Terres convoqua le vizir, les ministres, les hauts fonctionnaires et tous les dignitaires occupant un poste de responsabilité, à l'exception de son fils Mérenptah, à qui il confia le soin de dresser le bilan de l'économie du Delta.

Le roi s'entretint longuement avec les hommes et les

femmes qui, jour après jour, continuaient à bâtir l'Égypte. Tout au long de ces entrevues, Ramsès fut secondé par Améni, dont les nombreuses notes se révélèrent précieuses.

– Tu n'as pas commis beaucoup d'erreurs, dit-il à son secrétaire particulier.

– En aurais-tu repéré une seule, Majesté ? En ce cas, signale-la-moi !

– Ce n'était qu'une formule toute faite pour te porter témoignage de ma satisfaction.

– Admettons, bougonna Améni ; mais pourquoi as-tu confié une mission extravagante à ton général en chef ?

– Tenterais-tu de me faire croire que tu ne l'as pas deviné ?

S'aidant de sa canne, Ramsès marchait lentement dans une allée ombragée, en compagnie de Mérenptah.

– Quels sont les résultats de tes investigations, mon fils ?

– Les impôts de la région du Delta que tu m'as demandé de contrôler ont été établis sur la base de 8 760 contribuables ; chaque patron vacher a la responsabilité de cinq cents bêtes, et j'ai recensé 13 080 chevriers, 22 430 gardiens de volailles et 3 920 âniers qui s'occupent de plusieurs milliers d'ânes. Les récoltes ont été excellentes, les fraudeurs peu nombreux. Comme trop souvent, l'administration s'est montrée tatillonne, mais j'ai tenu un discours très ferme pour que les petits chefs n'importunent pas les honnêtes gens et se préoccupent davantage des tricheurs.

– Tu connais bien le Delta, mon fils.

– Cette mission m'a beaucoup appris ; en parlant avec les paysans, j'ai senti battre le cœur du pays.

– Oublierais-tu les prêtres, les scribes et les militaires ?

– Je les ai beaucoup fréquentés ; il me manquait un contact direct et prolongé avec les hommes et les femmes de la terre.

– Que penses-tu de ce décret ?

Ramsès tendit à Mérenptah un papyrus écrit de sa main. Son fils le lut à haute voix.

– « Moi, Ramsès, pharaon d'Égypte, élève le prince, scribe royal, gardien du sceau, général en chef de l'armée, Mérenptah, à la fonction de souverain du Double Pays. »

Mérenptah contempla son père, appuyé sur sa canne.

– Majesté...

– J'ignore le nombre d'années d'existence que m'accordera le destin, Mérenptah, mais le moment est venu de t'associer au trône. Comme mon père Séthi a agi, j'agis ; je suis un vieillard, tu es un homme mûr qui vient de franchir le dernier obstacle que je lui ai imposé. Tu sais gouverner, gérer et te battre ; prends en main l'avenir de l'Égypte, mon fils.

60

Douze années avaient passé, et Ramsès, âgé de quatre-vingt-neuf ans, régnait depuis soixante-sept ans sur l'Égypte. Conformément à son décret, il laissait à Mérenptah le soin de la gouverner. Mais le fils cadet du roi consultait fréquemment son père qui, pour les habitants des Deux Terres, demeurait le pharaon régnant.

Le monarque résidait une partie de l'année à Pi-Ramsès et l'autre à Thèbes, toujours en compagnie de son fidèle Améni ; en dépit de son grand âge et de ses multiples douleurs, le secrétaire particulier du roi continuait à travailler selon ses méthodes.

L'été naissait.

Après avoir écouté les mélodies que sa fille Méritamon avait composées, Ramsès effectuait sa promenade quotidienne dans la campagne proche de son temple des millions d'années où il avait élu résidence. Sa canne était maintenant sa meilleure alliée, car chaque pas devenait difficile.

Lors de sa quatorzième fête de régénération, célébrée l'année précédente, Ramsès avait passé une nuit entière à converser avec Sétaou et Lotus qui avaient fait de la Nubie une province riche et heureuse. Le robuste charmeur de serpents était, lui aussi, devenu un vieillard, et même la jolie Lotus avait cédé aux assauts du grand âge. Que de souvenirs ils avaient évoqués ! Combien d'heures exaltantes ils avaient vécues ! Et personne n'avait parlé d'un avenir qu'aucun d'eux ne pouvait plus façonner.

Sur le bord du chemin, une vieille femme cuisait du pain dans un four ; la bonne odeur flatta l'odorat du roi.

– Me donneras-tu une galette ?

La vue basse de la maîtresse de maison ne lui permit pas de reconnaître le roi.

– Je fais un travail ingrat.

– Et qui mérite rétribution, bien entendu... Cette bague en or te suffira-t-elle ?

La vieille lorgna sur le bijou qu'elle fit briller en le frottant avec le bas de son pagne.

– Avec ça, je pourrais m'acheter une belle maison ! Garde ta bague et mange mon pain... Qui es-tu donc, pour posséder de telles merveilles ?

La croûte était dorée à point ; des saveurs d'enfance en jaillirent, effaçant un instant les tourments de la vieillesse.

– Garde cette bague, tu sais faire le pain mieux que personne.

Ramsès passait volontiers une heure ou deux en compagnie d'un potier. Il aimait voir ses mains pétrir l'argile pour lui donner la forme d'une jarre qui servirait à conserver de l'eau ou des nourritures solides. À chaque instant, le dieu à tête de bélier ne créait-il pas le monde et l'humanité sur son tour de potier ?

Le roi et l'artisan n'échangeaient aucune parole. Ensemble, ils écoutaient la musique du tour, vivaient dans le silence le mystère de la transformation d'une matière informe en un objet utile et harmonieux.

L'été naissait, et Ramsès songeait à partir pour la capitale où la chaleur serait moins écrasante. Améni ne sortait plus d'un bureau bien aéré par des fenêtres hautes, et le roi fut surpris de ne pas le trouver à sa table de travail.

Pour la première fois de sa longue carrière, non seulement le secrétaire particulier de Ramsès s'était accordé un moment de repos en pleine journée, mais il s'exposait au soleil, au risque de brûlures sur sa peau très pâle.

– Moïse est mort, déclara Améni, bouleversé.

– A-t-il réussi ?

– Oui, Majesté ; il a trouvé sa Terre Promise où son peuple, désormais, vivra librement. Notre ami est allé au terme de sa longue quête, le feu qui l'animait s'est transformé en une contrée où l'eau sera généreuse et le miel abondant.

Moïse... L'un des architectes de Pi-Ramsès, l'homme dont la foi avait triomphé de nombreuses années d'errance, le prophète à l'enthousiasme indestructible ! Moïse, fils de l'Égypte et frère spirituel de Ramsès, Moïse dont le rêve était devenu réalité.

Les bagages du roi et de son secrétaire particulier étaient prêts. Avant la fin de la matinée, ils s'embarqueraient pour le Nord.

– Accompagne-moi, demanda le pharaon à Améni.

– Où désires-tu aller ?

– Cette journée n'est-elle pas splendide ? J'aimerais me reposer sous l'acacia de mon temple des millions d'années, sous cet arbre planté en l'an deux de mon règne.

Le ton de voix du monarque fit frissonner Améni.

– Nous sommes sur le point de partir, Majesté.

– Viens, Améni.

Le grand acacia du temple des millions d'années luisait au soleil, et ses feuilles vertes bruissaient sous un vent léger. Combien Ramsès avait-il fait planter d'acacias, de tamaris, de figuiers, de perséas, de grenadiers, de saules et d'autres représentants de ce peuple des arbres qu'il aimait tant ?

Veilleur, le vieux chien héritier d'une dynastie de fidèles compagnons du roi, avait oublié ses douleurs pour suivre

Ramsès. Ni lui ni son maître ne s'inquiétèrent du bruyant ballet des abeilles qui, inlassables, récoltaient le nectar du somptueux acacia en fleur dont le parfum subtil réjouit l'odorat de l'animal comme celui de l'homme.

Ramsès s'assit contre le tronc de l'arbre, Veilleur se lova sur ses pieds.

– Te souviens-tu, Améni, des paroles que prononce la déesse de l'acacia d'Occident lorsqu'elle accueille les âmes dans l'au-delà ?

– « Reçois cette eau fraîche, que ton cœur soit apaisé grâce à elle, grâce à cette eau divine qui provient du bassin rituel de la nécropole ; reçois cette offrande, afin que ton âme réside dans mon ombre. »

– C'est notre mère céleste qui nous offre la vie, rappela Ramsès, et c'est elle qui place l'esprit des pharaons parmi les étoiles infatigables et indestructibles.

– Tu as peut-être soif, Majesté. Je vais chercher...

– Reste, Améni. Je suis las, mon ami, une fatigue mortelle m'envahit. Te souviens-tu, lorsque nous parlions du vrai pouvoir ? Selon toi, seul Pharaon était en mesure de l'exercer, et tu avais raison, à condition qu'il respecte la règle de Maât en luttant sans cesse contre les ténèbres. Si ce pouvoir-là s'affaiblit, la solidarité entre ciel et terre disparaît, et l'humanité est livrée à la violence et à l'injustice. L'histoire d'un règne doit être celle d'une fête, disait mon père ; que le petit comme le grand reçoivent de Pharaon leur subsistance, que l'un ne soit pas négligé au détriment de l'autre. Aujourd'hui, les femmes vont et viennent à leur guise, les enfants rient, les anciens se reposent à l'ombre des arbres. Grâce à Séthi, grâce à Néfertari, grâce aux proches et aux fidèles qui ont œuvré à la grandeur et au rayonnement de notre civilisation, j'ai tenté de rendre ce pays heureux et d'agir en rectitude. À présent, que les dieux me jugent.

– Non, Majesté, ne pars pas !

Veilleur soupira. Un soupir intense, profond comme

l'océan primordial, apaisé comme un coucher de soleil sur le Nil. Et le dernier représentant de la dynastie des Veilleur s'éteignit aux pieds de son maître.

L'été naissait, et Ramsès le Grand venait d'entrer dans l'éternité, sous l'acacia d'Occident.

Améni fit un geste qu'il n'avait jamais osé accomplir pendant quatre-vingts années d'une amitié indéfectible : il prit les mains du pharaon entre les siennes et les embrassa avec ferveur.

Puis le porte-sandales et secrétaire particulier de Pharaon s'assit en scribe et, avec un pinceau neuf, traça des hiéroglyphes sur une tablette en bois d'acacia.

– Je consacrerai le reste de mon existence à écrire ton histoire, promit-il ; dans ce monde et dans l'autre, personne n'oubliera le Fils de la Lumière.

Cet ouvrage a été réalisé par la
SOCIÉTÉ NOUVELLE FIRMIN-DIDOT
Mesnil-sur-l'Estrée
pour le compte des Éditions Robert Laffont
24, avenue Marceau, 75008 Paris
en février 1997

Imprimé en France
Dépôt légal : décembre 1996
N° d'édition : 37823/62 - N° d'impression : 37585